城北埼玉中学校

〈収録内容〉

※第1回国語の大問三は、問題に使用された作品の著作者が二次使用の許可を出していないため、問題を掲載しておりません。

JN101271

便利な DL コンテンツは右の QR コードから

解答用紙　過去年度　国語の問題は紙面に掲載 ⇒

※データのダウンロードは 2025 年 3 月末日まで。
※データへのアクセスには、右記のパスワードの入力が必要となります。 ⇒ 098935

〈合格最低点〉

※学校からの合格最低点の発表はありません。

本書の特長

実戦力がつく入試過去問題集

- ▶ 問題 ……………… 実際の入試問題を見やすく再編集。
- ▶ 解答用紙 …… 実戦対応仕様で収録。
- ▶ 解答解説 …… 詳しくわかりやすい解説には、難易度の目安がわかる「基本・重要・やや難」の分類マーク（下記参照）。各科末尾には合格へと導く「ワンポイントアドバイス」を配置。採点に便利な配点つき。

入試に役立つ分類マーク

基本 確実な得点源！
受験生の 90%以上が正解できるような基礎的、かつ平易な問題。
何度もくり返して学習し、ケアレスミスも防げるようにしておこう。

重要 受験生なら何としても正解したい！
入試では典型的な問題で、長年にわたり、多くの学校でよく出題される問題。
各単元の内容理解を深めるのにも役立てよう。

やや難 これが解ければ合格に近づく！
受験生にとっては、かなり手ごたえのある問題。
合格者の正解率が低い場合もあるので、あきらめずにじっくりと取り組んでみよう。

合格への対策、実力錬成のための内容が充実

- ▶ 各科目の出題傾向の分析、合否を分けた問題の確認で、入試対策を強化！
- ▶ その他、学校紹介、過去問の効果的な使い方など、学習意欲を高める要素が満載！

解答用紙ダウンロード 解答用紙はプリントアウトしてご利用いただけます。弊社ＨＰの商品詳細ページよりダウンロードしてください。トビラのＱＲコードからアクセス可。

UD FONT 見やすく読みまちがえにくいユニバーサルデザインフォントを採用しています。

城北埼玉中学校

徹底した受験指導で県内トップの進学校

生徒数　353名
〒350-0014
埼玉県川越市古市場585-1
☎049-235-3222
埼京線南古谷駅、東武東上線ふじみ野駅、西武新宿線本川越駅　各スクールバス

URL	https://www.johokusaitama.ac.jp/

プロフィール　「大学進学指導」と「人間形成」を柱に

1980（昭和55）年に城北中・高校と建学の精神と教育理念を同じくする男子進学校として開校。2002年に中学校を開校「着実・勤勉・自主」を校訓として、「人間形成」と「大学進学指導」を２本の柱とした独自の教育を展開。

環境　恵まれた自然環境

緑豊かな自然環境に恵まれた本校の充実した校内外の施設設備は、生徒にとって勉学に励む上での格好のステージといえる。県内トップの進学校であり、遠隔地からの生徒も多い。

カリキュラム　適性や個性を伸ばす独自のカリキュラム

中高一貫教育では、６ヶ年を２年ずつの３つのブロックに分けている。中１・２年次の「基礎力習得期」では「JSノート」を活用し、基礎学力の習得と学習習慣の定着を図る。中３・高１年次の「実力養成期」では学習への探求心を深め、自己の適性や志望への意識を促す。高校２・３年次の「理解と完成期」では第１志望大学の合格を目指し、受験に必要な科目に絞った学習を行う。なお、中学１年から高校２年まで、成績上位者による選抜クラスを設置する。

ネイティブによる英会話授業

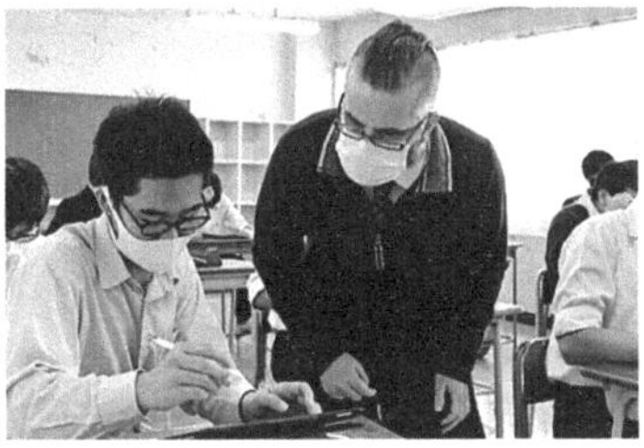

高校では、「本科コース」と「フロンティアコース」を設置する。本科コースでは２年次に文理分けを行い、３年次では文系Ⅰ型・文系Ⅱ型・理系Ⅰ型・理系Ⅱ型から志望に合わせたコースを選択する。一貫生とは３年次に混合される。フロンティアコースでは文理融合型で体験学習を取り入れた教育を展開し、発信力を養成する。一貫生も高校進学時にこのコースを選択することができ、１年次からクラスは混合となる。両コースとも授業以外に補習・講習・受験講座を開設し、塾・予備校等に頼らずに必要な学力を身につけられるプログラムが用意されている。

開校以来、教育の特色の一つとして毎授業の前に「静座」が行われている。心を整え、物事に対する集中力を高める伝統的な指導法である。

学校生活　限られた時間内で充実のクラブ活動

「生徒に良いものを直に体験させたい」との趣旨で、毎年１回一流のアーティストを招いて芸術鑑賞会を開いている。高校の体育会系クラブでは少林寺拳法部が世界大会銅メダル受賞をはじめ、剣道部・陸上部・自転車競技部などが好成績をあげている。文化系クラブでは模型部が国際ジオラマグランプリでグランプリ受賞。鉄道研究部は全国高等学校鉄道模型コンテストで５年連続入賞を果たしている。

全国大会出場の実績を持つ剣道部

進路　指定校推薦大学を数多く持つ

卒業生の100％が進学する。2023年春（卒業生225名）は、国公立へ20名が合格した。また、各大学からの指定校推薦も約50の大学より指定を受けている。主な進学先は、茨城、東京農工、埼玉などの国公立大をはじめ、私立大では、早稲田、慶應、東京理科、上智、明治、立教、中央、法政、青山学院、学習院など。また、医学部医学科にも多数合格している。

国際化　オーストラリア語学研修

中３～高２の希望者を対象に、８月下旬13日間の語学研修を実施。

2024年度入試要項

試験日　1/10午前（第１回）　1/10午後（特待）
1/11（第２回）　1/12（第３回）
1/18（第４回）　2/4（第５回）

試験科目　算・理 か 算・英（特待）
国・算・理・社（第１回）
国・算または国・算・理・社（第2・3回）
国・算（第４・５回）

2024年度	募集定員	受験者数	合格者数	競争率
第１回	60	327	280	1.2
第２回	20	255	223	1.1
第３回	40	127	112	1.1
第4回/第5回	若干	40/6	35/5	1.1/1.2
特待	40	341	285	1.2

過去問の効果的な使い方

① **はじめに**　ここでは，受験生のみなさんが，ご家庭で過去問を利用される場合の，一般的な活用法を説明していきます。もし，塾に通われていたり，家庭教師の指導のもとで学習されていたりする場合は，その先生方の指示にしたがって，過去問を活用してください。その理由は，通常，塾のカリキュラムや家庭教師の指導計画の中に過去問学習が含まれており，どの時期から，どのように過去問を活用するのか，という具体的な方法がそれぞれの場合で異なるからです。

② **目的**　言うまでもなく，志望校の入学試験に合格することが，過去問学習の第一の目的です。そのためには，それぞれの志望校の入試問題について，どのようなレベルのどのような分野の問題が何問，出題されているのかを確認し，近年の出題傾向を探り，合格点を得るための試行錯誤をして，各校の入学試験について自分なりの感触を得ることが必要になります。過去問学習は，このための重要な過程であり，合格に向けて，新たに実力を養成していく機会なのです。

③ **開始時期**　過去問との取り組みは，通常，全分野の学習が一通り終了した時期，すなわち6年生の7月から8月にかけて始まります。しかし，各分野の基本が身についていない場合や，反対に短期間で過去問学習をこなせるだけの実力がある場合は，9月以降が過去問学習の開始時期になります。

④ **活用法**　各年度の入試問題を全問マスターしよう，と思う必要はありません。完璧を目標にすると挫折しやすいものです。できるかぎり多くの問題を解けるにこしたことはありませんが，それよりも重要なのは，現実に各志望校に合格するために，どの問題が解けなければいけないか，どの問題は解けなくてもよいか，という眼力を養うことです。

算数

どの問題を解き，どの問題は解けなくてもよいのかを見極めるには相当の実力が必要になりますし，この段階にいきなり到達するのは容易ではないので，この前段階の一般的な過去問学習法，活用法を2つの場合に分けて説明します。

☆偏差値がほぼ55以上ある場合

掲載順の通り，新しい年度から順に年度ごとに3年度分以上，解いていきます。

ポイント1…問題集に直接書き込んで解くのではなく，各問題の計算法や解き方を，明快にわかるように意識してノートに書き記す。

ポイント2…答えの正誤を点検し，解けなかった問題に印をつける。特に，解説の 基本 重要 がついている問題で解けなかった問題をよく復習する。

ポイント3…1回目にできなかった問題を解き直す。同様に，2回目，3回目，…と解けなければいけない問題を解き直す。

ポイント4…難問を解く必要はなく，基本をおろそかにしないこと。

☆偏差値が50前後かそれ以下の場合

ポイント1～4以外に，志望校の出題内容で「計算問題・一行問題」の比重が大きい場合，これらの問題をまず優先してマスターするとか，例えば，大問2までをマスターしてしまうとよいでしょう。

理科

理科は1から順番に解くことにほとんど意味はありません。理科は，性格の違う4つの分野が合わさった科目です。また，同じ分野でも単なる知識問題なのか，あるいは実験や観察の考察問題なのかによってもかかる時間がずいぶんちがいます。記述，計算，描図など，出題形式もさまざまです。ですから，解く順番の上手，下手で，10点以上の差がつくこともあります。

過去問を解き始める時も，はじめに1回分の試験問題の全体を見通して，解く順番を決めましょう。得意分野から解くのもよいでしょう。短時間で解けそうな問題を見つけて手をつけるのも効果的です。くれぐれも，難問に時間を取られすぎないように，わからない問題はスキップして，早めに全体を解き終えることを意識しましょう。

社会

社会は1から順番に解いていってかまいません。ただし，時間のかかりそうな，「地形図の読み取り」，「統計の読み取り」，「計算が必要な問題」，「字数の多い論述問題」などは後回しにするのが賢明です。また，3分野(地理・歴史・政治)の中で極端に得意，不得意がある受験生は，得意分野から手をつけるべきです。

過去問を解くときは，試験時間を有効に活用できるよう，時間は常に意識しなければなりません。ただし，時間に追われて雑にならないようにする注意が必要です。“誤っているもの”を選ぶ設問なのに“正しいもの”を選んでしまった，“すべて選びなさい”という設問なのに一つしか選ばなかったなどが致命的なミスになってしまいます。問題文の“正しいもの”，“誤っているもの”，“一つ選び”，“すべて選び”などに下線を引いて，一つ一つ確認しながら問題を解くとよいでしょう。

過去問を解き終わったら，自己採点し，受験生自身でふり返りをしましょう。できなかった問題については，なぜできなかったのかについての分析が必要です。例えば，「知識が必要な問題」ができなかったのか，「問題文や資料から判断する問題」ができなかったのかで，これから取り組むべきことも大きく異なってくるはずです。また，正解できた問題も，「勘で解いた」，「確信が持てない」といったときはふり返りが必要です。問題集の解説を読んでも納得がいかないときは，塾の先生などに質問をして，理解するようにしましょう。

国語

過去問に取り組む一番の目的は，志望校の傾向をつかみ，本番でどのように入試問題と向かい合うべきか考えることです。素材文の傾向，設問の傾向，問題数の傾向など，十分に研究していきましょう。

取り組む際は，まず解答用紙を確認しましょう。漢字や語句問題の量，記述問題の種類や量などが，解答用紙を見て，わかります。次に，ページをめくり，問題用紙全体を確認しましょう。どのような問題配列になっているのか，問題の難度はどの程度か，などを確認して，どの問題から取り組むべきかを判断するとよいでしょう。

一般的に「漢字」→「語句問題」→「読解問題」という形で取り組むと，効率よく時間を使うことができます。

また，解答用紙は，必ず，実際の大きさのものを使用しましょう。字数指定のない記述問題などは，解答欄の大きさから，書く量を考えていきましょう。

算数　出題傾向の分析と合格への対策

●出題傾向と内容

近年の出題数は，大問が4題または5題，小問が20題前後である。第1回，特待ともに後半の問題に限らず，前半でも難易度が高い内容がふくまれる。

すなわち，標準的なレベルの問題が多く出題されているが，ところどころにやや難しめの問題も出題されている。

出題分野としては，「平面図形」，「速さの三公式と比」，「割合と比」，「場合の数」，「数列・規則性」に関する問題の出題割合が高い。

難しい問題が出題されていても，この場合には時間を考慮し，他を優先して基本問題・標準問題のケアレスミスに注意しながら解き進めていくことが重要である。

学習のポイント

基本～標準レベルの問題を数多く解いておくこと。特に，数の性質，平面図形，立体図形，図形や点の移動，仕事算，消去算など。

●2025年度の予想と対策

全体的に基礎力と考える力をしっかり見る内容となっている。日頃の学習では難問に挑戦するよりも，基礎問題・標準問題に徹底的に取り組み，正解をきちんと速く導けるようにしておくことが重要である。

面積・体積を求める問題については，計算の工夫をして，できるだけ簡単な計算で答えを求められるようにしておくことが重要である。

さらに，これまであまり出題されていない分野の問題についても，基本・標準を中心に学習して十分対応できるようにしておこう。

過去問としっかり取り組み，出題レベルに慣れておこう。

▼年度別出題内容分類表

※　よく出ている順に☆，◎，○の３段階で示してあります。

出題内容		2022年		2023年		2024年	
		1回	2回	1回	2回	1回	特待
数と計算	四則計算	○	○	○	○	○	○
	概数・単位の換算	○	☆	○	○		
	数の性質	☆	☆		○		○
	演算記号	◎					
図形	平面図形	☆	☆	☆	☆	☆	☆
	立体図形	☆		☆	☆	☆	☆
	面積	◎	○	○	☆	☆	◎
	体積と容積	○	◎	◎			○
	縮図と拡大図	☆	○	◎	○		○
	図形や点の移動		☆		◎	◎	☆
速さ	三公式と比	☆	☆	☆	○	○	☆
速さ　文章題	旅人算			☆			☆
	流水算	☆		☆			
	通過算・時計算					○	
割合	割合と比	☆	☆	☆	☆	☆	☆
割合　文章題	相当算・還元算		○				
	倍数算				○	○	
	分配算						
	仕事算・ニュートン算	○			○		○
文字と式							
2量の関係（比例・反比例）			○				
統計・表とグラフ		○	☆		◎		
場合の数・確からしさ		☆	◎	○	○	☆	
数列・規則性			○	☆	☆	☆	☆
論理・推理・集合		○		○	☆		
その他の文章題	和差・平均算					◎	◎
	つるかめ・過不足・差集め算			○			
	消去・年令算	○	◎	○			
	植木・方陣算						

城北埼玉中学校

算数 ——グラフで見る最近３ヶ年の傾向——

最近３ヶ年に出題されたすべての問題を内容別に分類・集計し，全体に対して何パーセントくらいの割合になっているかを示しました。

░……50校の平均　　■……城北埼玉中学校

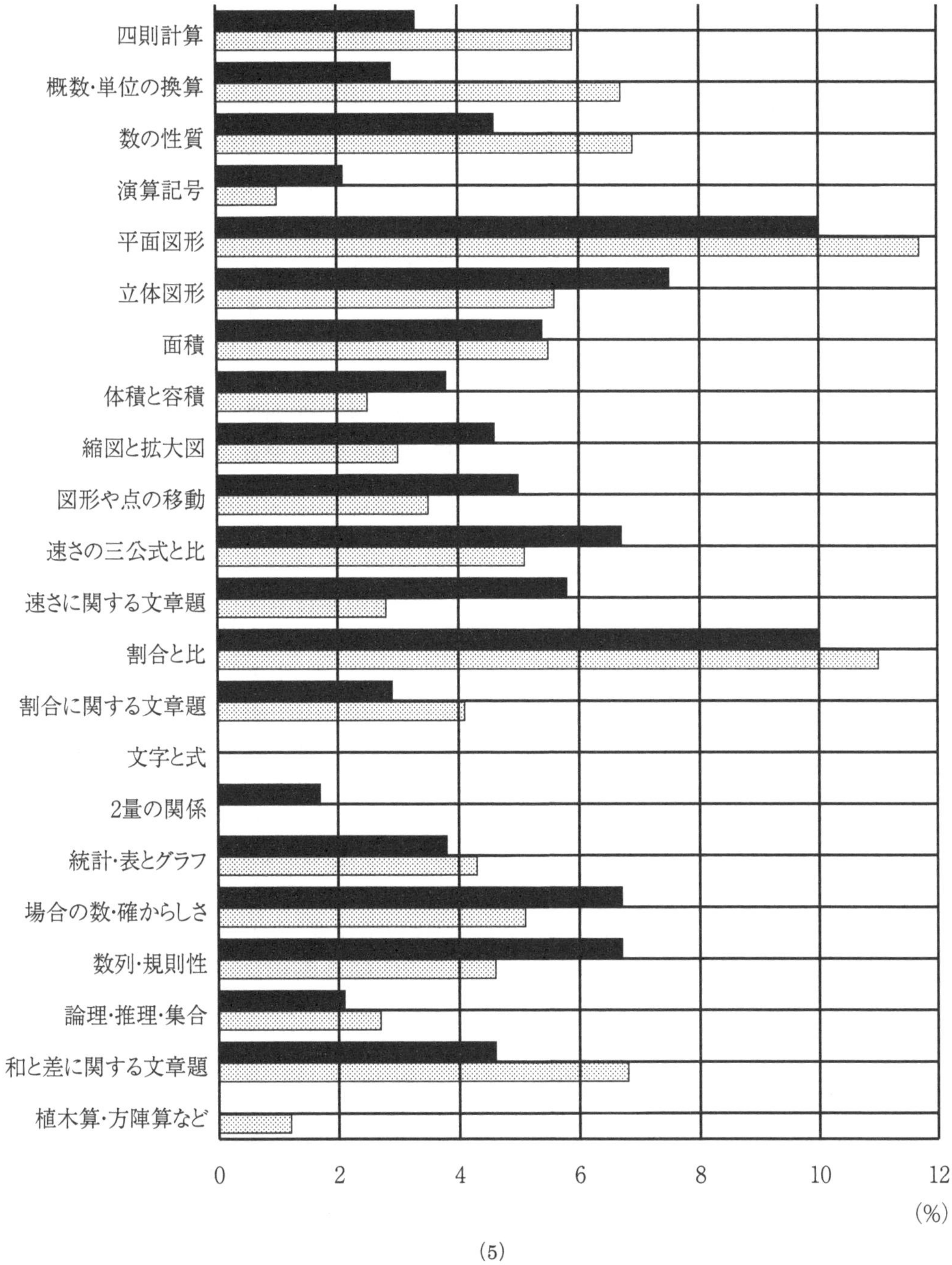

理科　出題傾向の分析と合格への対策

●出題傾向と内容

大問が第1回・特待ともに4題で，小問数はどちらも25問程度である。第1回は基本～標準レベルの問題が多い。特待入試は文章を読みこんだり，与えられた図やグラフ，表などをもとにして，その場で考えるような思考力を試す問題があり，計算が必要な問題も出されている。第1回は30分，特待入試は40分の試験時間では，見直しをする時間を十分にとることが難しい内容といえる。本年度は第1回・特待ともに計算問題の比率が多くなっている。

生物・化学・地学・物理の分野から出題されているが，どの分野においても，知識問題だけではなく，応用問題も出されている。

✔学習のポイント

基本的な計算問題，実験や観察，環境，時事的内容，身近な現象をテーマにした問題に慣れておこう。

●2025年度の予想と対策

生物・化学・地学・物理のすべての分野において，まず基本的な問題をしっかり練習しておくこと。その上で，できるだけ多くの応用問題を解いておく必要がある。また，環境に関する問題や時事的内容，身近な現象を題材とした問題にも慣れておこう。特に計算問題などにおいては，与えられた条件をもとに短い時間で要領よく解く力を身につけておきたい。また，選択問題においても，文意をしっかり読み取る力を要求するものが多く出されている。また，実験に関する問題に対しては，目的や条件の整理，結果に対する考察などをつねに意識して取り組むとよい。特待入試では，実験・観察についての文が長文となることが予想される。

▼年度別出題内容分類表

※　よく出ている順に☆，◎，○の３段階で示してあります。

出題内容		2022年		2023年		2024年	
		1回	2回	1回	特待	1回	特待
生物	植物	○	☆	☆			
	動物	○				☆	
	人体				☆		☆
	生物総合						
天体・気象・地形	星と星座						
	地球と太陽・月		☆	○		☆	
	気象	☆			☆		☆
	流水・地層・岩石						
	天体・気象・地形の総合						
物質と変化	水溶液の性質・物質との反応	◎		☆	☆		
	気体の発生・性質	○	◎	○			
	ものの溶け方						☆
	燃焼	◎	○			☆	
	金属の性質	○		○			
	物質の状態変化		☆			☆	
	物質と変化の総合						
熱・光・音	熱の伝わり方						
	光の性質	☆					
	音の性質						
	熱・光・音の総合						
力のはたらき	ばね						
	てこ・てんびん・滑車・輪軸						☆
	物体の運動						
	浮力と密度・圧力				☆		
	力のはたらきの総合						
電流	回路と電流						
	電流のはたらき・電磁石			☆			
	電流の総合						
実験・観察		◎	◎	○	◎	◎	○
環境と時事／その他		☆	☆	☆		◎	◎

城北埼玉中学校

理科　――グラフで見る最近３ヶ年の傾向――

最近３ヶ年に出題されたすべての問題を内容別に分類・集計し，全体に対して何パーセントくらいの割合になっているかを示しました。

□……50 校の平均　　■……城北埼玉中学校

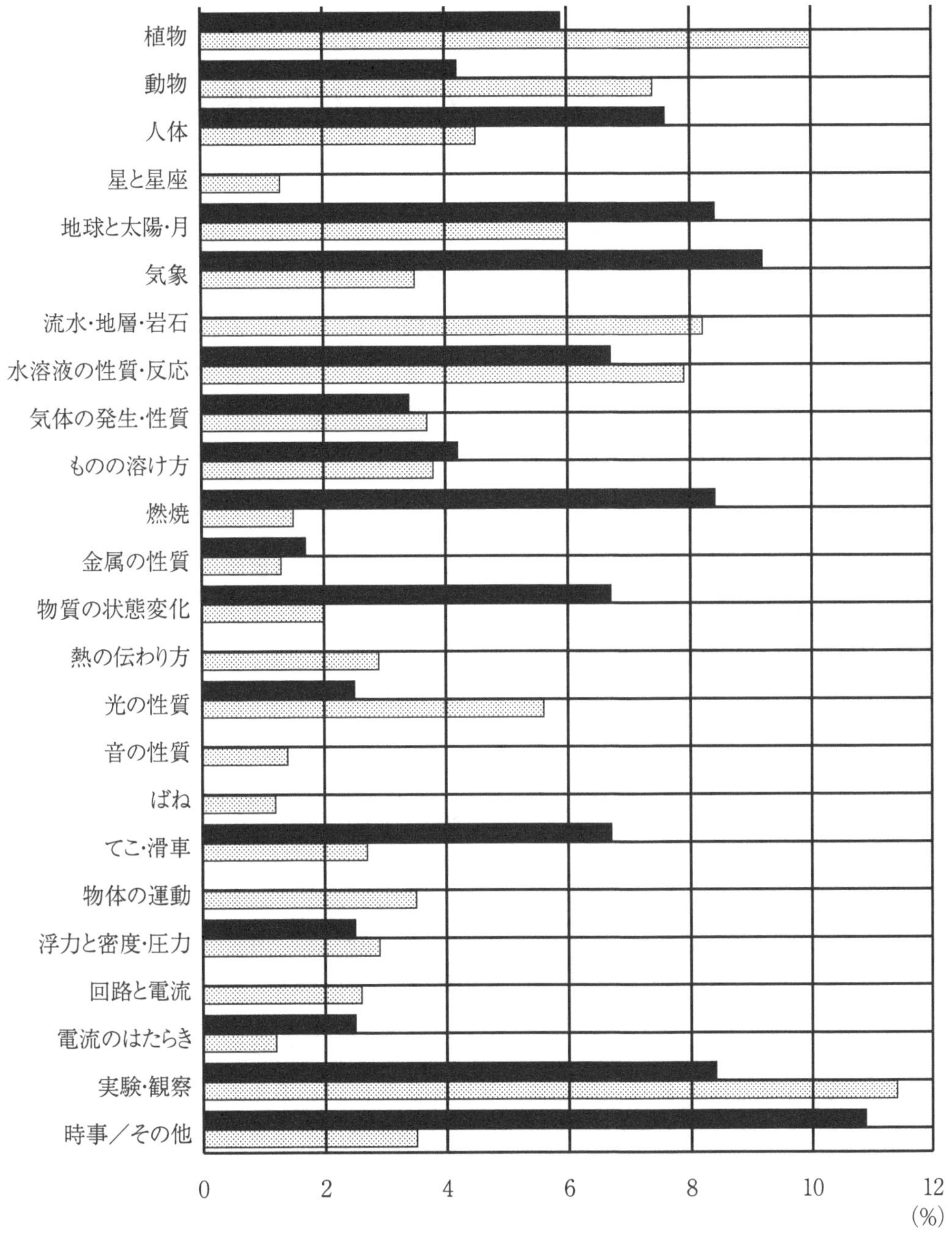

社会　出題傾向の分析と合格への対策

●出題傾向と内容

小問数は30～40問程度で記号選択が中心である。また，三分野総合問題も必ず出題される。地理は，略地図，グラフ，図表，画像，イラストなどの資料の読みとり，諸地域や都道府県，重要都市などに関する出題が多く，日本の国土と自然に関する問題も多い。歴史は，古代から現代に至る知識を問う内容が多い。また，歴史地図，家系図，画像，イラストなどの資料を活用した問題もある。政治は政治のしくみや，国際社会，時事問題に関する出題が多くみられる。

学習のポイント

地図帳で位置を確認する習慣をつけよう！
資料を活用し，時代の流れを確認しよう！
現代社会の諸問題に関心をもち，時事問題に強くなろう！

●2025年度の予想と対策

問題量は，標準であるが，小・中学校で学習する領域を超えた設問も多いので，できるかぎり多くの知識を身につけるため，重要事項を調べる習慣をつけたい。地理は，基本的事項を確実におさえて，日本の国土と自然の特色や各国の国旗と重要都市などについても，地図帳や資料集などで正確に理解しておこう。歴史は，時代ごとの特色をつかんだうえで，テーマごとに学習すること。重要事項・人物及び年号も日本史と世界史を関連させて理解したい。政治は，政治・経済のしくみや国際社会などをマスターしておきたい。現代社会の諸問題に関する時事問題に対応するため日頃からインターネットの主要な内外の報道を検索・考察して関心を高め，ノートにまとめておこう。

▼年度別出題内容分類表

※　よく出ている順に☆，◎，○の３段階で示してあります。

出題内容			2022年		2023年	2024年
			1回	2回	1回	1回
地理	日本の地理	地図の見方				
		日本の国土と自然	◎	☆	☆	☆
		人口・土地利用・資源		○		○
		農業	☆	○	○	○
		水産業				
		工業	◎			○
		運輸・通信・貿易	○	○	○	
		商業・経済一般	○	○		
	公害・環境問題					
	世界の地理		○		○	
日本の歴史	時代別	原始から平安時代	◎	☆	☆	◎
		鎌倉・室町時代	☆	☆	◎	◎
		安土桃山・江戸時代	○	◎	◎	◎
		明治時代から現代	○	☆	○	◎
	テーマ別	政治・法律	☆	☆	◎	◎
		経済・社会・技術	◎	◎	◎	◎
		文化・宗教・教育	○	○	○	○
		外交	◎	◎	◎	◎
政治	憲法の原理・基本的人権					
	政治のしくみと働き		◎	○	◎	◎
	地方自治					○
	国民生活と福祉		◎		○	○
	国際社会と平和			☆	○	
時事問題			☆	◎	◎	◎
その他			☆	◎	☆	☆

城北埼玉中学校

社会 ——グラフで見る最近３ヶ年の傾向——

最近３ヶ年に出題されたすべての問題を内容別に分類・集計し，全体に対して何パーセントくらいの割合になっているかを示しました。

……50校の平均　　……城北埼玉中学校

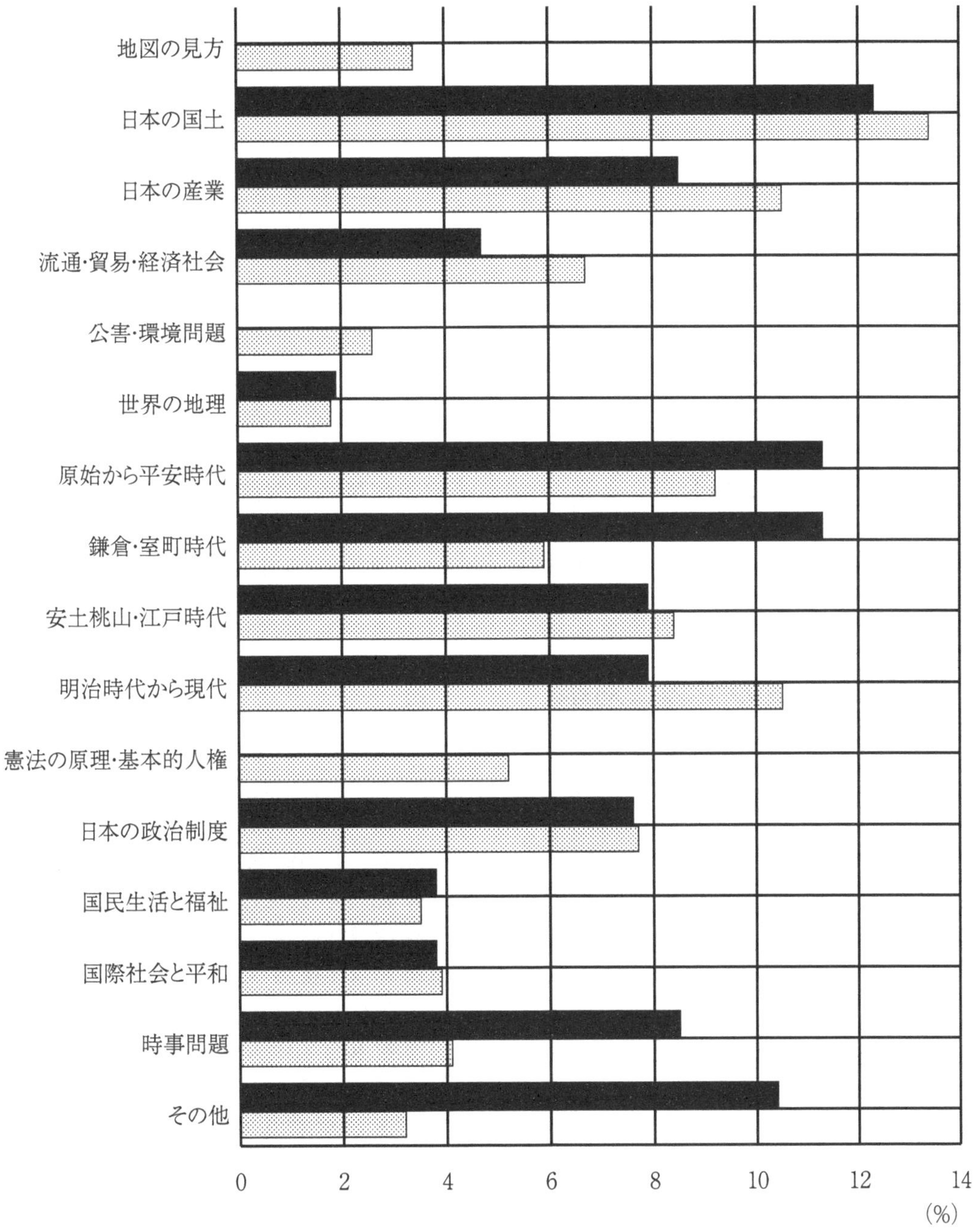

国語　出題傾向の分析と合格への対策

●出題傾向と内容

今年度も，漢字の読み書きが1題，長文読解問題が2題となっている。小説と論説文であった。読解問題の中で，文法・漢字の問題も出題されている。

今年度は，記号選択の問題，文章中のことばをぬき出して答える問題，記述式の問題が出題されている。文章中の内容に関連して自分の考えを書く問題も出題された。

漢字は，あまり特別な漢字や難読の字は出題されていないので，標準的な漢字練習をすることが大切だ。

学習のポイント

ことばの意味や用法に注意しながら，細部までていねいに読み取るようにしよう！

●2025年度の予想と対策

長文2題の出題は今後も変わらないと予想される。ただし，どのジャンルの文章が出題されるかはわからない。今年度も小説が出題されたが，以前のように随筆が出題される可能性もある。したがって，説明的文章の読解に重点を置きつつ，さまざまなジャンルの文章の読解練習をするとよい。

文章に書かれている内容を的確につかめるように，さまざまな文章を読みこむようにしよう。

今年度の漢字は標準的なものであったが，熟字訓を問われた年もあるので，まとまった漢字の出題があっても読み書きできるように，よく練習をしておくようにしよう。

▼年度別出題内容分類表

※　よく出ている順に☆，◎，○の３段階で示してあります。

出題内容			2022年		2023年	2024年
			1回	2回	1回	1回
内容の分類	読解	主題・表題の読み取り	○	○		
		要旨・大意の読み取り	○	○	○	○
		心情・情景の読み取り	☆	☆	☆	☆
		論理展開・段落構成の読み取り				
		文章の細部の読み取り	☆	☆	☆	☆
		指示語の問題	◎	○	◎	○
		接続語の問題			○	
		空欄補充の問題	☆	☆	☆	☆
	知識	ことばの意味			○	○
		同類語・反対語				
		ことわざ・慣用句・四字熟語	○		○	
		漢字の読み書き	☆	☆	☆	☆
		筆順・画数・部首				
		文と文節				
		ことばの用法・品詞				○
		かなづかい				
		表現技法				
		文学作品と作者				
		敬語				
	表現	短文作成				
		記述力・表現力	◎	◎	◎	◎
文の種類		論説文・説明文	○		○	○
		記録文・報告文				
		物語・小説・伝記	○	◎	○	○
		随筆・紀行文・日記				
		詩（その解説も含む）				
		短歌・俳句（その解説も含む）				
		その他				

城北埼玉中学校

国語 ——グラフで見る最近3ヶ年の傾向——

最近3ヶ年に出題されたすべての問題を内容別に分類・集計し，全体に対して何パーセントくらいの割合になっているかを示しました。

……50校の平均　　……城北埼玉中学校

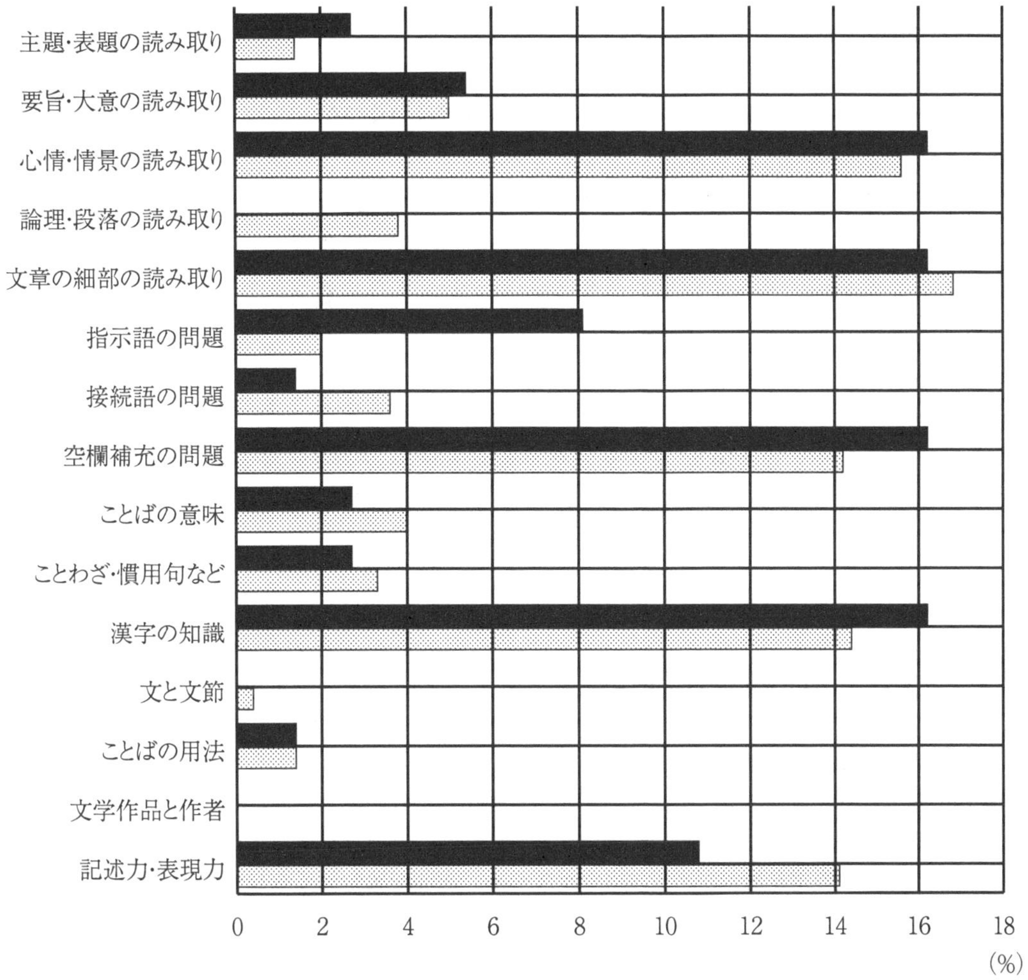

	論説文 説明文	物語・小説 伝記	随筆・紀行 文・日記	詩 (その解説)	短歌・俳句 (その解説)
城北埼玉 中学校	37.5%	62.5%	0%	0%	0%
50校の平均	47.0%	45.0%	8.0%	0%	0%

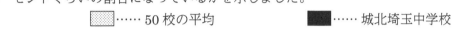

2024年度　合否の鍵はこの問題だ!!

(第1回)

算　数　4 (3)

単純ではない数列の問題ではあるが，難しいレベルの問題でもない。
(3)「100番目までの整数の和」の求め方は，複数の解き方があり，これらを比較してみよう。

【問題】

整数が規則にしたがって，次のように並んでいる。

1，2，3，2，3，4，3，4，5，4，5，6，5，6，7，…

(3)　左から数えて100番目までの整数をすべて足すと，いくつか。

【考え方】

$\{(1+34)\times 34+(2+34+3+35)\times 33\}\div 2$

$=35\times 17+37\times 33=595+1221=1816$

この表を利用する →

1	2	3
2	3	4
3	4	5
	⋮	
33	34	35
34		

【別解】

1行目の和…6

2行目の和…9

3行目の和…12

33行目の和…$6+3\times 32=102$

したがって，求める和は$(6+102)\times 33\div 2+34=1782+34=1816$

社　会　1 問18(2)

本校では，基本的な知識事項の丸暗記だけでは対応できない「思考力」や「読み取り力」が試される問題が出題される。自分自身で持っている知識を活用したり，まとまった分量のリード文や資料データを読解することが求められている。このような力は一朝一夕では身につかないものなので，日々の継続的なトレーニングの積み重ねが不可欠となってくる。設問が変わってもしっかり対応できるような汎用性の高い力をつけることができるかが大切になってくる。

1問18 (2)の設問は，以上のような出題傾向を象徴している問題であり，過去問演習等で対策してきた受験生とそうでない受験生とではっきり差がつくことが予想される。形式に慣れていないと試験本番で焦ってしまう可能性がある。この設問は，「物価上昇の要因」を判別する問題であるが，一定時間内に正確にできるかどうかがポイントとなってくる。「スピード」と「慎重さ」がともに求められる設問となる。本校の社会の問題は全体的に設問数が多く，この問題に必要以上に時間を割いてしまうと，制限時間切れになってしまう危険性もある。

この設問の配点自体が他の設問と比べて著しく高いということはないが，合格ラインに到達するためにはこのような問題で確実に得点することが求められ,「合否を左右する設問」といっても過言ではない。

理　科　[1] 問4，[2] 問4・問5

[1]問4は，与えられたグラフから空気の温度と体積の変化の関係を読み取り，計算する問題である。グラフが直線であることから100mLの空気が1度の温度変化で0.37mL変化することを読み取ることで計算できる。この問題ができれば問6も正解できる。

[2]問4・問5は，マグネシウムの酸化に関する問題で，表からマグネシウム：酸素：酸化マグネシウムの重さの比が3：2：5となることを確認できる。問4では，燃焼後に増加した質量から酸素と反応したマグネシウムの質量を求める。問5では銅1gが$\frac{5}{4}$gの酸化銅になり，マグネシウム1gが$\frac{5}{3}$gになることから「つるかめ算」する問題である。

いずれの問題も演習したことがあると思われる問題であるので，数値の関係をグラフや表から確認して，全問正解したい。

国　語　三 問4

三　問4

★合否を分けるポイント(この設問がなぜ合否を分けるのか？)

文章の内容を正しく読み取った上で，選択肢の文の細かい部分と照らし合わせながら検討し，正誤を判断する必要がある。

★この「解答」では合格できない！

(×)ア：○　→「狩野川」「猫越川」「長野川」は，文章中に「天城山系」とあるので，選択肢の文の「天城山系」は正しい。しかし，文章中に「狩野川の本流に，猫越川とか，長野川とかいった支流が流れ込んでいる」とあるので，選択肢の文の「狩野川から枝分かれしたのが猫越川，長野川である」の部分は誤り。

(×)イ：○　→文章中に「泳ぐのはヘイ淵専門であった。ヘイ淵は男の子の水浴び場」とあるので，男の子が主に遊んだのは「ヘイ淵」であることがわかる。ただし，文章中に「狩野川の本流には猫越淵，……おつけの縁，支流の長野川にはヘイ淵，……があった」とあるので，選択肢の文の「本流のヘイ淵」の部分は誤り。

(×)ウ：×　→文章中に「私の郷里の村は，……狩野川の上流に沿っている」とあり，「村の中でその狩野川の本流に，猫越川とか，長野川といった支流が流れ込んでいる」とあるので，選択肢の文は正しい。

(×)エ：×　→文章中に「めったに本流にはいかなかった。そこは……他の集落の子供たちの縄張りであった」とあり，また，「男の子と女の子の水域は截然と別れていた」とあるので，選択肢の文は正しい

★こう書けば合格だ！

(○)ア：×　イ：×　ウ：○　エ：○

MEMO

大切なことはメモしておこうネ！

2024年度

★★★★★★★★★★★★★★★★★★★★★★★★

入　試　問　題

2024年度

城北埼玉中学校入試問題（特待）

【算　数】（50分）　＜満点：100点＞

【注意】 ○分数で答えるときは約分して，もっとも簡単な分数にしなさい。

○比で答えるときは，もっとも簡単な整数を用いなさい。

○円周率の値を用いるときは，3.14として計算しなさい。

○コンパス，定規は使用できますが，分度器や計算機（時計などの）は使用できません。

1 次の各問いに答えなさい。

(1) 次の計算をしなさい。

$321-(105+123)\div19\times23$

(2) 次の $\square$ にあてはまる数を求めなさい。

$$\left\{\left(1.25-\square\right)\times\frac{3}{4}+\frac{7}{8}\right\}\div1.3=1\frac{1}{4}$$

(3) Ｊ君は地点Ａから地点Ｂまで行きは時速６km，帰りは時速９kmで往復しました。このとき往復の平均の速さは時速何kmですか。

(4) ある牧場には草が生えていて毎日一定の割合で増えます。その牧場に毎日一定の割合で草を食べる牛を36頭入れると８日で草がなくなり，24頭入れると16日で草がなくなります。この牧場の草が少なくとも30日間なくならないようにするとき，最大で何頭の牛を入れることができますか。

(5) ある直方体は面積の異なる３つの面Ａ，Ｂ，Ｃでできています。机の上に１つの面が接するように置きます。机と接している面を除いた５つの面の面積の合計は，机と面Ａが接するときは $118\mathrm{cm}^2$，面Ｂが接するときは $143\mathrm{cm}^2$，面Ｃが接するときは $134\mathrm{cm}^2$ でした。

① 最も大きい面の面積を求めなさい。

② 最も長い辺の長さを求めなさい。

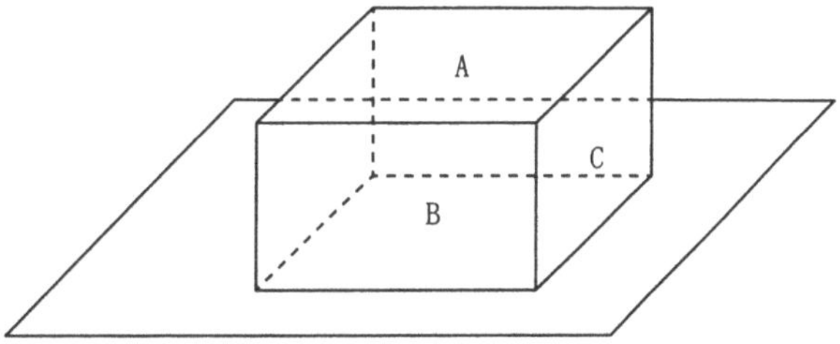

(6) 右の図のように，長方形ＡＢＣＤをEF，EGを折り目として折りました。アとイの角度を求めなさい。

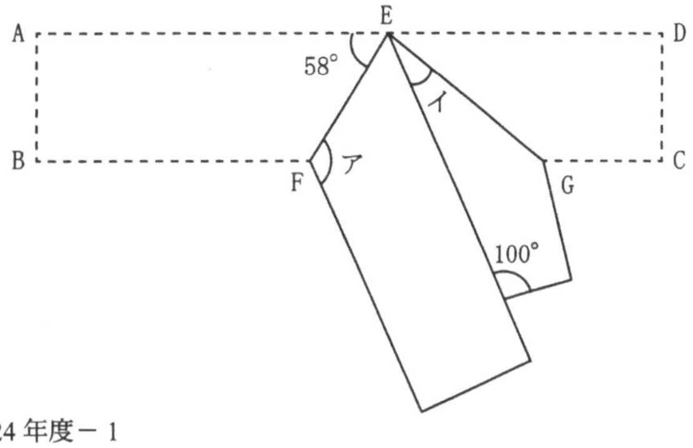

(7) 右の図のように，長方形ABCDがあり，三角形ABCの中の２つの四角形は正方形です。色をぬった部分の面積を求めなさい。

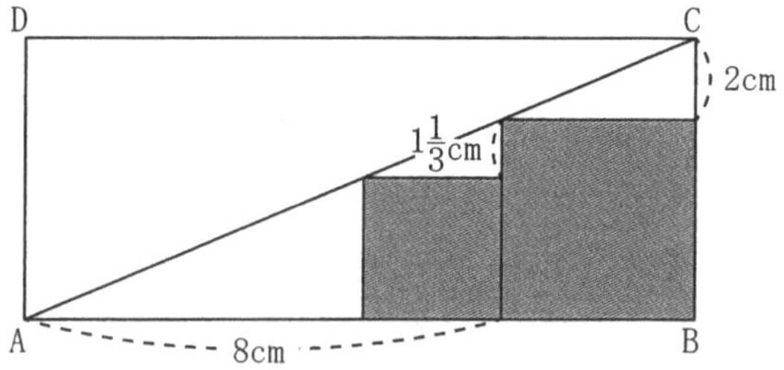

2 1周4900mの池の周りをある地点からA君とB君は同じ方向に，C君は反対方向に同時に出発しました。A君はC君と出会うと向きを変えて，もと来た道を同じ速さで進むとC君と出会ってから７分後にB君に出会いました。A君はB君に出会うと，再び向きを変えて今来た道を同じ速さで進みました。A君は分速100m，B君は分速60mの速さで進み，C君も一定の速さで進みます。
次の問いに答えなさい。

(1) A君が最初にC君に出会うのは出発してから何分後ですか。

(2) C君の速さは分速何mですか。

(3) A君が２回目にC君と出会うまでにC君はスタートしてから何m進みましたか。

3 平らな面に色々な形のくいを１本打ち，半径２cmのリングを通し，そのリングを平らな面から浮かさないように動かします。ただし，リングの太さは考えません。
次の問いに答えなさい。

(1) 太さを考えないくいを打ったとき，リングを動かすことのできる部分の面積を求めなさい。

(2) 半径１cmの太さのくいを打ったとき，リングを動かすことのできる部分の面積を求めなさい。

(3) １辺の長さが２cmの正三角形を底面とする三角柱のくいを打ったとき，リングを動かすことのできる部分の面積を求めなさい。

4 立方体ABCD－EFGHと三角柱AJE－DIHがくっついた容器に水が入っています。図１のように，四角形FGIJが底になるように置くと，水面の高さは容器の半分の位置になりました。
次の問いに答えなさい。

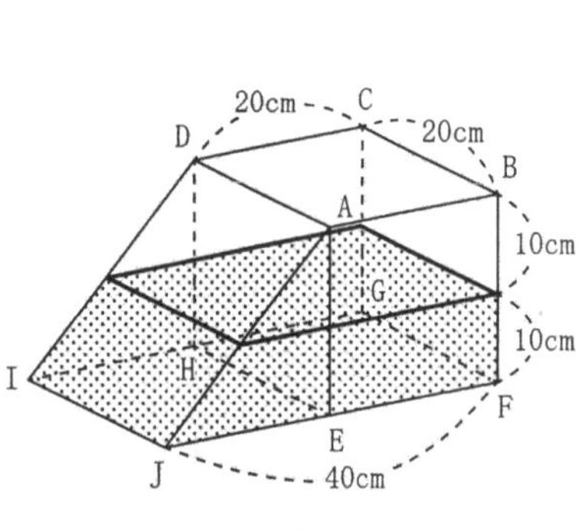

図１

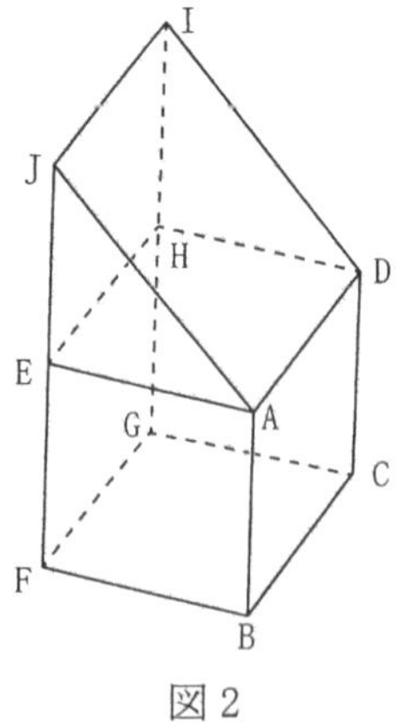

図２

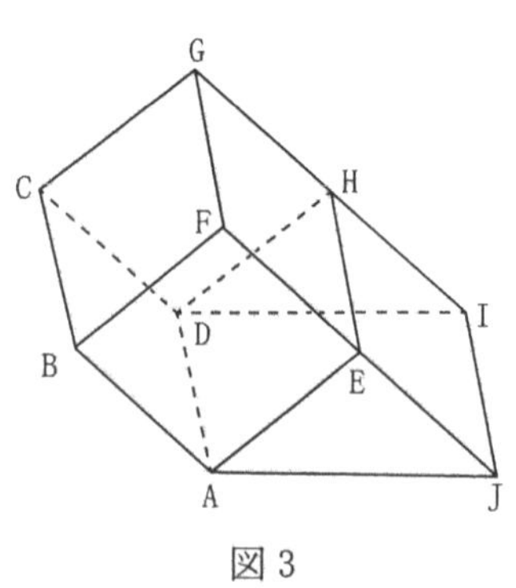

図３

(1) 容器に入っている水の量を求めなさい。

(2) 図２のように四角形BCGFが底になるように置いたとき，水面の高さは底から何㎝になりますか。

(3) 図３のように四角形ＡＪＩＤが底になるように置いたとき，辺ＦＪにある水面の位置を点Ｐとおきます。FP：PJを求めなさい。

5 正五角形ABCDEのすべての頂点に赤色か緑色に点灯できるランプがついています。
次のようにランプの点灯の仕方と整数を対応させます。図では消灯を「O」，赤色に点灯を「R」，緑色に点灯を「G」で表します。
次の問いに答えなさい。

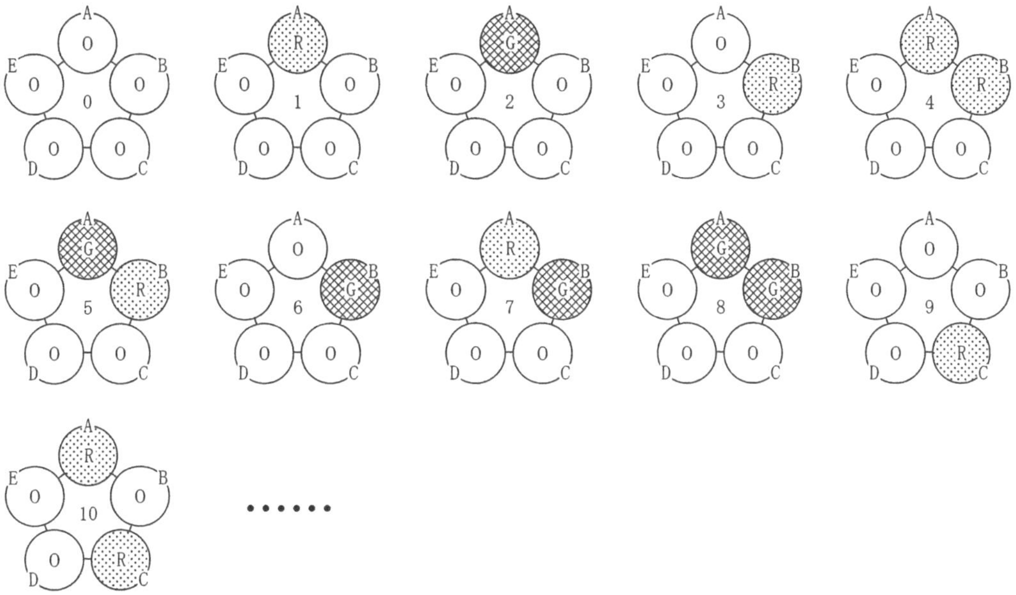

(1) 12に対応するランプの点灯の仕方になるように解答用紙の○に「O」，「R」，「G」の文字を書き入れなさい。なお，色をぬる必要はありません。

(2) 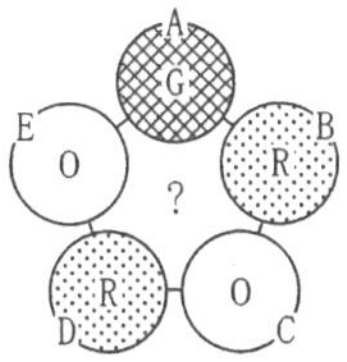 に対応する整数を答えなさい。

(3) Oでない整数Xに対応する点灯の仕方では，D，Eのランプは消灯しています。Xに対応する点灯の仕方を時計回りに144度回転させた点灯の仕方に対応する整数をYとします。YはXの何倍ですか。

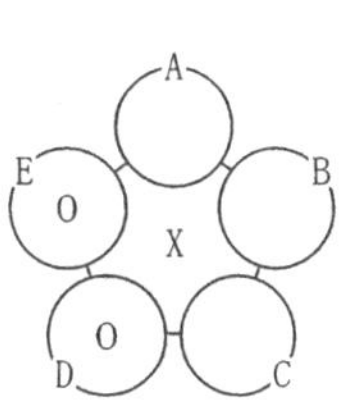

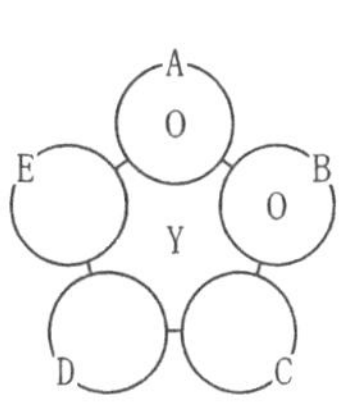

【理　科】（40分）　＜満点：70点＞

【注意】 グラフや図を描く場合は，定規を使用してもかまいません。

1 滑車《かっしゃ》について，次の各問いに答えなさい。

問１　図１のように天井に定滑車が固定されており，動滑車にはおもり１をつないで空中で静止させています。おもり１の重さは120ｇです。それぞれの滑車の重さは無視できるものとし，次の(1) (2) の問いに答えなさい。

(1)　点Ａを支えている力の大きさは何ｇですか。

(2)　図１の状態から点Ａを真下に引き，おもり１を20cm上げるとき，ひもを何cm引けばよいですか。

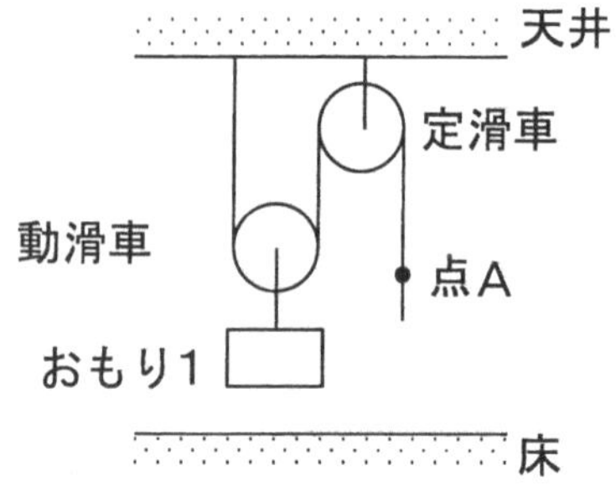

図１

問２　図２のように天井に定滑車が固定されており，２つの動滑車はひもでつながっています。１つの動滑車にはおもり２がつながっており，空中で静止させています。おもり２の重さは200ｇです。それぞれの滑車の重さは無視できるものとし，次の(1) (2) の問いに答えなさい。

(1)　点Ｂを支えている力の大きさは何ｇですか。

(2)　図２の状態から点Ｂを真下に引き，おもり２を10cm上げるとき，ひもを何cm引けばよいですか。

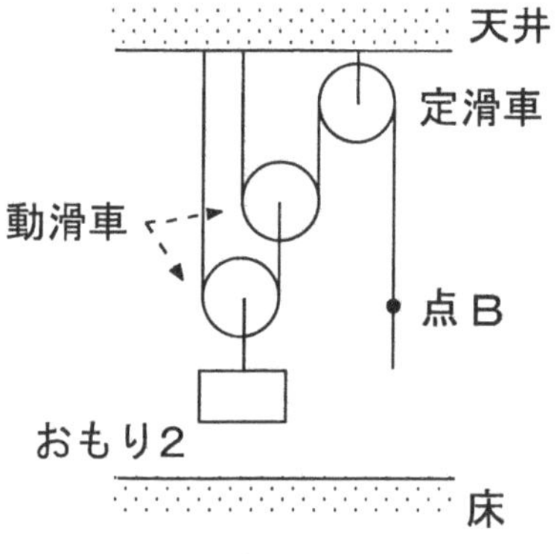

図２

問３　図２において定滑車と動滑車の重さがそれぞれ20ｇのとき，次の(1) (2) の問いに答えなさい。

(1)　点Ｂを支えている力の大きさは何ｇですか。

(2)　図２の状態から点Ｂを真下に引き，おもり２を10cm上げるとき，ひもを何cm引けばよいですか。

問４　図３のように天井に２つ定滑車が固定されており，２つの動滑車はおもり３につながっています。おもり３の重さは120ｇであり，空中で静止させています。それぞれの滑車の重さは無視できるものとし，次の(1) (2) の問いに答えなさい。

(1)　点Ｃを支えている力の大きさは何ｇですか。

(2)　図３の状態から点Ｃを真下に引き，おもり３を15cm上げるとき，ひもを何cm引けばよいですか。

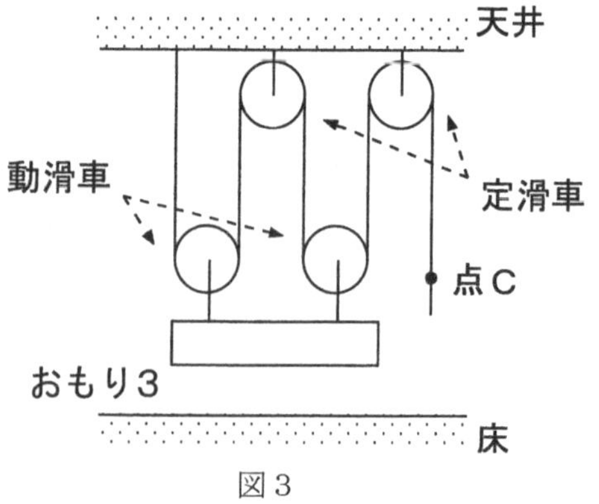

図３

2 一定量の水にとける物質の重さは，物質の種類と水の温度によって決まっています。食塩，ミョウバン，ホウ酸のそれぞれについて，とける物質の重さと温度との関係を調べるために次の実験を行いました。下の各問いに答えなさい。

［実験］ ビーカーに100 g の水を入れ，20℃，60℃ の各温度で，食塩をとけ残りが出るまで少しずつ加えた。ミョウバン，ホウ酸についても同様の実験を行った。

［結果］ 各物質，各温度について，100 g の水にとける限界量は右の表のようになった。

		温度(℃)	
		20	60
物質	食塩(g)	37.8	39.0
	ミョウバン(g)	11.4	57.4
	ホウ酸(g)	4.9	15.0

問１ もののとけ方に関する次のア～ウの文について，正しいものを１つ選び，記号で答えなさい。

ア 水の温度ととけるものの重さは比例する。

イ 食塩水の水が蒸発すると，とけた食塩が結晶として出てくる。

ウ 物質を水にとかす前ととかした後で，全体の重さは変化する。

問２ 20℃の水100 g に，食塩を28 g とかしました。あと何 g の食塩をとかすことができますか。

問３ 20℃の水400 g に，ホウ酸は何 g までとかすことができますか。

問４ 60℃の水に，食塩をとけるだけとかしました。このときできる食塩水の濃さは何％になりますか。答えは小数第２位を四捨五入して小数第１位まで求めなさい。

問５ 60℃の水にホウ酸をとけるだけとかし，460 g の水溶液をつくりました。この水溶液中にホウ酸は何 g とけていますか。

問６ 問５の水溶液を20℃まで冷やしました。このとき，とけきれなくなって出てくるホウ酸は何 g ですか。

3 血液の種類をＡ型，Ｂ型，AB型，Ｏ型の４種類にわける方法をABO式血液型といいます。ABO式血液型は，親から子へ遺伝《いでん》することが知られています。下の各問いに答えなさい。

ABO式血液型に関係する遺伝子《いでんし》はＡ，Ｂ，Ｏの３種類があり，ヒトはこのうち２つの遺伝子をもっています。遺伝子の組み合わせはAA，AO，BB，BO，AB，OOの６種類であり，このように２つの遺伝子の組み合わせをアルファベット２文字であらわしたものを遺伝子型《いでんしけい》といいます。

遺伝子型とその結果あらわれる血液型との関係は，次のページの表１のようになります。遺伝子型がAAのヒトの血液型はＡ型になり，遺伝子型がOOのヒトの血液型はＯ型になりますが，遺伝子型がAOのヒトの血液型はＡ型になります。よって，同じＡ型の血液型であっても，遺伝子型はAAとAOの２つのタイプがあります。同じような関係は，Ｂ型の血液型についてもいえます。

子の血液型は，両親から血液型に関係する遺伝子を一つずつ受け取ることによって決定します。たとえば，血液型がＡ型で遺伝子型がAOの父親と，血液型がＢ型で遺伝子型がBOの母親から子が生まれる場合，次のページの図１のように①～④の４通りが考えられます。このとき，それぞれの血液型の子が生まれる可能性はみな等しく25％ずつとなります。

表１　遺伝子型と血液型の関係

２つの遺伝子の組み合わせ	遺伝子型	血液型
Aが２個	ＡＡ	Ａ型
ＡとＯ	ＡＯ	
Ｂが２個	ＢＢ	Ｂ型
ＢとＯ	ＢＯ	
ＡとＢ	ＡＢ	ＡＢ型
Ｏが２個	ＯＯ	Ｏ型

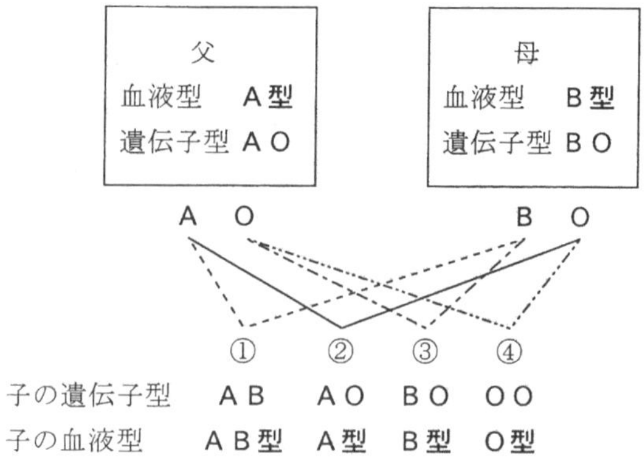

図１

［図１の説明］

①　父親からＡの遺伝子を，母親からＢの遺伝子を受けついだ場合，子の遺伝子型はABとなり，血液型はAB型となる。

②　父親からＡの遺伝子を，母親からＯの遺伝子を受けついだ場合，子の遺伝子型はAOとなり，血液型はＡ型となる。

③　父親からＯの遺伝子を，母親からＢの遺伝子を受けついだ場合，子の遺伝子型はBOとなり，血液型はＢ型となる。

④　父親からＯの遺伝子を，母親からＯの遺伝子を受けついだ場合，子の遺伝子型はOOとなり，血液型はＯ型となる。

問１　血液型がＡ型で遺伝子型がＡＡの父親と，血液型がＢ型で遺伝子型がBBの母親から生まれる子の血液型は何型ですか。考えられる血液型を次のア～エの中からすべて選び，記号で答えなさい。

ア　Ａ型　　イ　Ｂ型　　ウ　AB型　　エ　Ｏ型

問２　血液型がＡ型の父親と，血液型がわからない母親からＯ型の子が生まれました。母親の血液型として考えられるものを次のア～エの中からすべて選び，記号で答えなさい。

ア　Ａ型　　イ　Ｂ型　　ウ　AB型　　エ　Ｏ型

下の図２は，ある二つの家《か》系《けい》におけるABO式血液型の遺伝をあらわしたものです。は男性，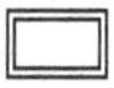は女性をあらわし，その下に書かれたアルファベットは血液型をあらわしています。

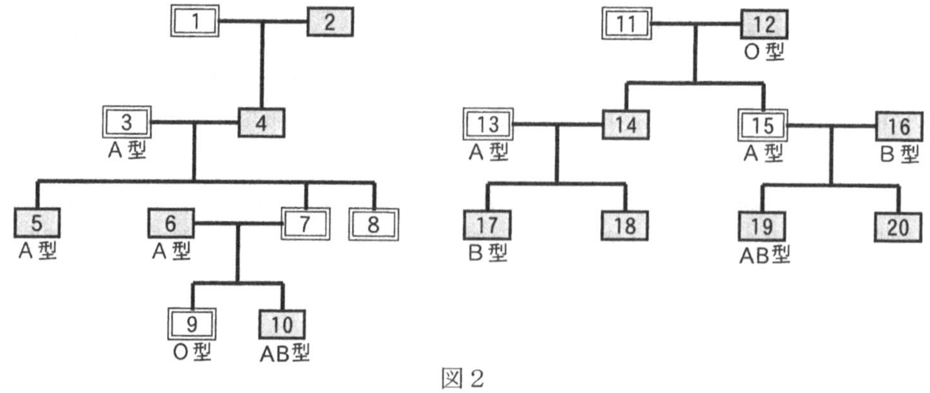

図２

問3　図2の [7] の遺伝子型として考えられるものを，次のア～カの中から1つ選び，記号で答えなさい。

ア　AA　　イ　AO　　ウ　BB　　エ　BO　　オ　AB　　カ　OO

問4　図2の [14] の血液型として考えられるものを，次のア～エの中から1つ選び，記号で答えなさい。

ア　A型　　イ　B型　　ウ　AB型　　エ　O型

問5　図2の [11] の遺伝子型として考えられるものを，次のア～カの中から1つ選び，記号で答えなさい。

ア　AA　　イ　AO　　ウ　BB　　エ　BO　　オ　AB　　カ　OO

問6　図2の [7] と [8] は，一卵性双生児《いちらんせいそうせいじ》です。この場合，[7] と [8] の血液型や遺伝子型は，同じになります。[8] と [17] から子が生まれた場合，それぞれの血液型の子が生まれる可能性は，A型が（①）％，B型が（②）％，AB型が（③）％，O型が（④）％になります。①～④に当てはまる数字を，次のア～オの中からそれぞれ選び，記号で答えなさい。必要ならば，同じ記号を何度用いても構いません。

ア　0　　イ　25　　ウ　50　　エ　75　　オ　100

[4]　近年，夏の暑さは災害級の暑さと言われ，熱中症《しょう》にかかる人が増加しています。そのため熱中症を予防することを目的とした目安である「暑さ指数」を意識することが大切になってきました。

暑さ指数は気温だけで決まるのではなく湿度なども考慮《こうりょ》に入れた温度の目安で，単位は気温と同じ［℃］を使います。暑さ指数の計算には気温を測定する乾球《かんきゅう》温度計の測定値の他に湿度に関係する湿球《しっきゅう》温度計の測定値などを使います。次の各問いに答えなさい。

問1　「暑さ指数」を表すアルファベット4文字を次のア～エから選び，記号で答えなさい。

ア　SDGs　　イ　WGPS　　ウ　JAXA　　エ　WBGT

問2　湿球温度計について説明した次の文の（ア）と（イ）にあてはまる語句をそれぞれ答えなさい。

湿球温度計は，温度計の球部を水で湿らせたガーゼで包んだ温度計です。空気がかわいているほど乾球温度との差が（　ア　）くなり，湿球温度は乾球温度よりも（　イ　）くなります。

問3　暑さ指数の計算では乾球温度計の測定値よりも湿球温度計の測定値の割合を大きくしています。このことについて述べた次の文の（ウ）にあてはまる語句を漢字2字で答えなさい。

熱中症は，からだから熱が放出されにくくなることでかかりやすくなります。湿度が高い場所では汗が（　ウ　）しにくいのでからだから空気へ熱をにがしにくくなってしまい，熱中症にかかりやすくなります。そのため湿度は熱中症の予防には特に注意すべき項目となります。

問4　夏のある日に学校で乾球温度と湿球温度を測定し，別の日にも同じ測定をしました。暑さ指数が高いと考えられるのは次のアとイのどちらの日ですか。

ア　乾球温度32.5℃，湿球温度27.5℃　　イ　乾球温度32.5℃，湿球温度29.5℃

問5　環境省と気象庁は暑さ指数が33℃以上と予測された場合に熱中症の危険性が極めて高くなることから，危険な暑さへの注意や気象情報，熱中症予防行動などの情報を発信します。この情報発信のことを何といいますか。次のア～ウから選び，記号で答えなさい。

ア　熱中症注意アラート　　イ　熱中症警戒アラート　　ウ　熱中症危険アラート

問６　問５の情報に含まれないものを次のア～エの中からすべて選び，記号で答えなさい。

ア　予想最大瞬間風速　　イ　予想最高気温　　ウ予測される暑さ指数　　エ　予想最高湿度

問７　問５の情報が発信された場合に行う熱中症予防行動として適さないものを次のア～オから２つ選び，記号で答えなさい。

ア　どうしても急ぐ用事などがある場合以外は，外出を控える。

イ　部屋の中でエアコンなどを使って涼しく過ごす。

ウ　水分補給はのどが渇《かわ》いてから行う。

エ　甘いものをいつも以上に食べる。

オ　適度な塩分補給を行う。

2024年度

城北埼玉中学校入試問題（第１回）

【算　数】（50分）　＜満点：100点＞

【注意】　○分数で答えるときは約分して，もっとも簡単な分数にしなさい。
○比で答えるときは，もっとも簡単な整数を用いなさい。
○円周率の値を用いるときは，3.14として計算しなさい。
○コンパス，定規は使用できますが，分度器や計算機（時計などの）は使用できません。

１　次の各問いに答えなさい。

(1)　次の計算をしなさい。

$$7-4\div2-1\frac{1}{3}\div18\times\frac{1}{2}\div\frac{1}{6}$$

(2)　次の □ にあてはまる数を求めなさい。

$$27-63\div(54-\square\times3)=24$$

(3)　電車が360mの鉄橋を渡り始めてから渡り終わるまでに27秒かかり，600mのトンネルに入り始めてから通過し終わるまでに39秒かかりました。この電車の長さは何mですか。

(4)　Ａグループには男子４人と女子４人，Ｂグループには男子４人と女子２人がいます。この２つのグループに同じテストを行ったところ，Ａグループの男子の平均点は50点で女子の平均点より５点高くなりました。また，Ｂグループの男子の平均点は10点で女子の平均点より４点高くなりました。このとき，ＡグループとＢグループを合わせて男子８人と女子６人で平均点を計算すると，男子と女子のどちらの平均点の方が何点高くなりますか。

(5)　太郎君，次郎君，花子さんがはじめにいくつかのメダルをもっています。太郎君は自分のメダルから花子さんのもっているメダルの$\frac{1}{3}$の数を次郎君に渡しました。その結果，太郎君のもっているメダルと次郎君のもっているメダルの数は同じになり，花子さんのもっているメダルのちょうど２倍の数になりました。はじめに次郎君は花子さんより300枚多くメダルをもっています。太郎君がはじめにもっていたメダルの数はいくつですか。

(6)　下の図のような，半径６㎝の半円があります。色をぬった部分の面積を求めなさい。

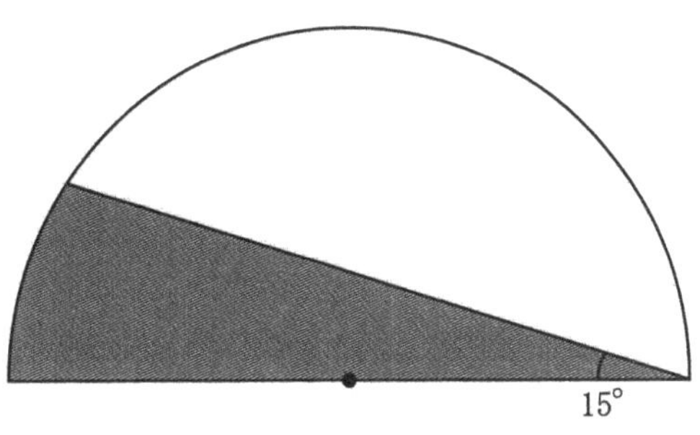

(7)　右の図のように，AB＝AC＝ADであるとき，アの角度を求めなさい。

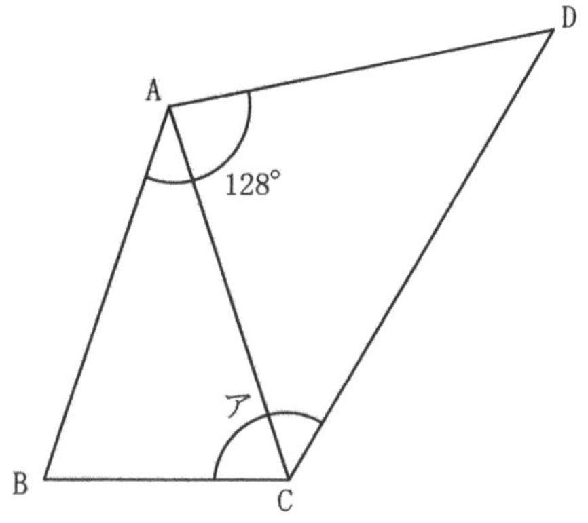

(8)　下の図において，AB，BC以外の辺はすべてABまたはBCに平行です。このとき，図の周の長さを求めなさい。

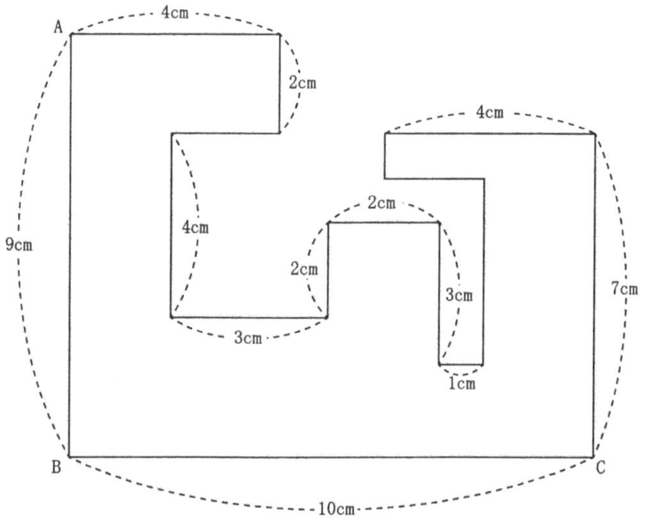

2　図１のように，水そうに２枚の仕切り（あ），（い）を底面に垂直に入れ，ある位置から毎秒36cm^{3}でこの水そうがいっぱいになるまで水を入れます。図２は，このときの水面の最も低いところの高さと水を入れ始めてからの経過時間の関係を表したものであり，２つの部分（A）と（B）は平行です。

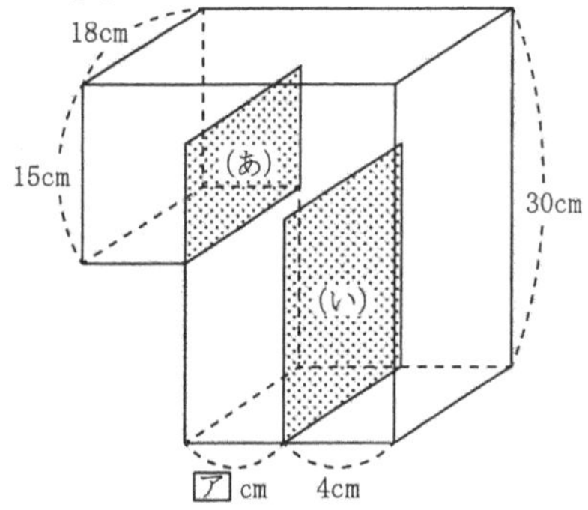

図１

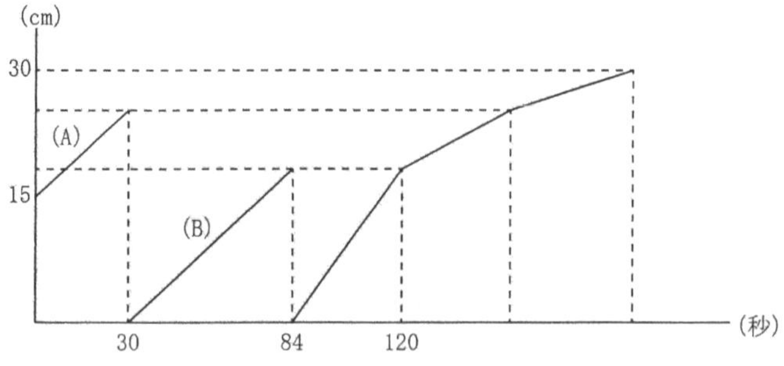

図２

次の問いに答えなさい。

⑴　（前のページの）図１の ア に入る数を答えなさい。

⑵　仕切り（あ）の高さを求めなさい。

⑶　水そうがいっぱいになるのは，水を入れ始めてから何秒後ですか。

3　図のような１辺の長さが１cmの立方体ABCD－EFGHの頂点Aから出発して，立方体の辺を通って再びAに戻るときの通った辺を考えます。ただし，次の２つのルールに従うこととします。

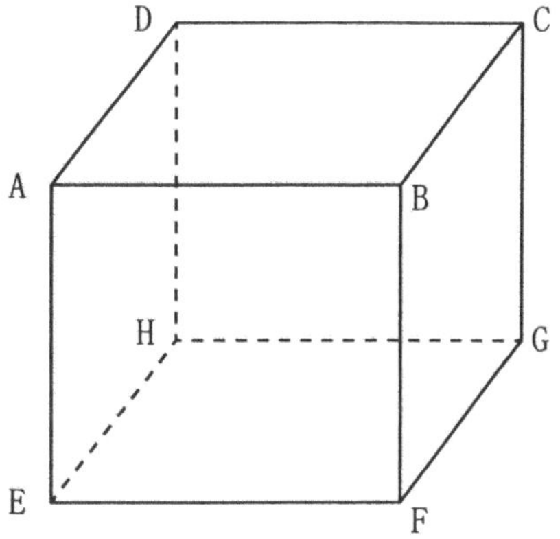

ルール

・同じ辺は通らない

・順番が違っていても通った辺が同じであれば１通りとする

（A－B－C－D－AとA－D－C－B－Aは同じと考える）

次の問いに答えなさい。

⑴　Aの次にBに行き，再びAに戻る１つ前にDを通る場合を考えます。

①　通った辺の長さの和が８cmになるものは何通りありますか。

②　通った辺の長さの和が６cmになるものは何通りありますか。

⑵　Aを出発して，再びAに戻る方法は全部で何通りありますか。

4　整数がある規則に従って，次のように並んでいます。

１，２，３，２，３，４，３，４，５，４，５，６，５，６，７，…

次の問いに答えなさい。

⑴　初めて10があらわれるのは，左から数えて何番目ですか。

⑵　左から数えて100番目の整数はいくつですか。

⑶　左から数えて100番目までの整数をすべて足すといくつですか。

5　対角線の長さが20cmの正方形ABCDがあります。

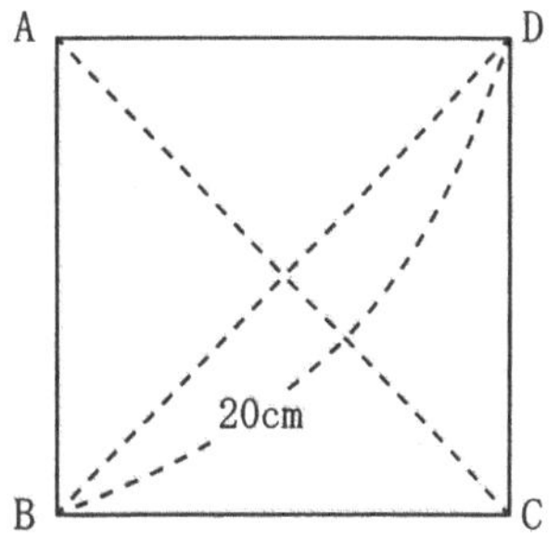

次の問いに答えなさい。

⑴　正方形ABCDの面積を求めなさい。

⑵　点Cを中心に，時計回りに90度回転させたとき，正方形ABCDが通った部分の面積を求めなさい。

⑶　点Cを中心に，時計回りに90度回転させたとき，対角線BDが通った部分の面積を求めなさい。

【理　科】（30分）　＜満点：50点＞

【注意】 グラフや図を描く場合は，定規を使用してもかまいません。

1　ピストンがなめらかに動く注射器の中に空気や水を入れて栓《せん》をして密閉《みっぺい》して冷やす実験を行いました。注射器内に何も入っていない状態で栓をして重さをはかると80ｇでした。

　0℃の空気を100℃にあたためると，その体積は1.37倍となり，その間の空気の温度と体積はグラフのように変化します。この問題では，空気の重さはないものとします。また水の重さは１mLあたり１ｇとし，水が氷になると体積は1.09倍になるものとします。下の各問いに答えなさい。

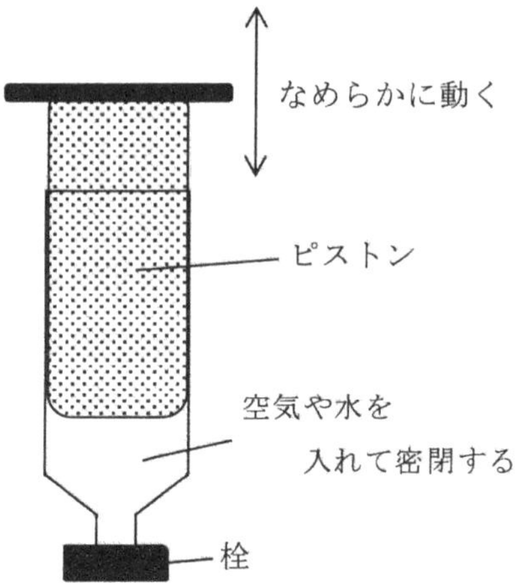

［実験１］　注射器に40℃の空気と40℃の水を入れて栓をして密閉した。注射器内の体積（空気と水の体積の合計）は50mLであった。重さをはかると100ｇであった。

問１　このときの注射器内の空気の体積を答えなさい。

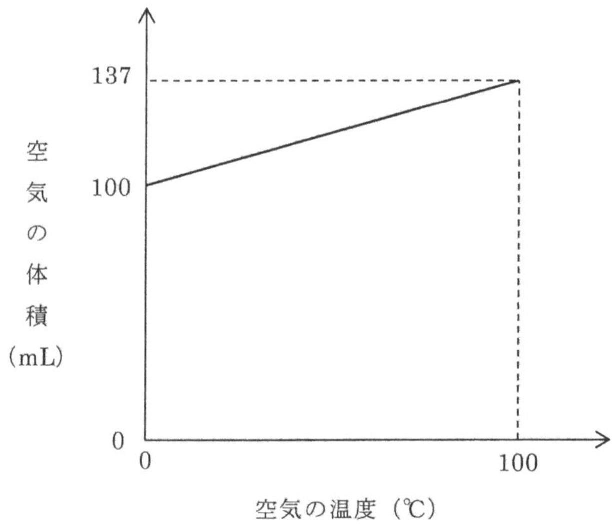

［実験２］［実験１］ののち，注射器を20℃まで冷やした。

問２　注射器のピストンの位置について，［実験１］のときに比べてどうなりますか。右図のア～ウから選び，記号で答えなさい。

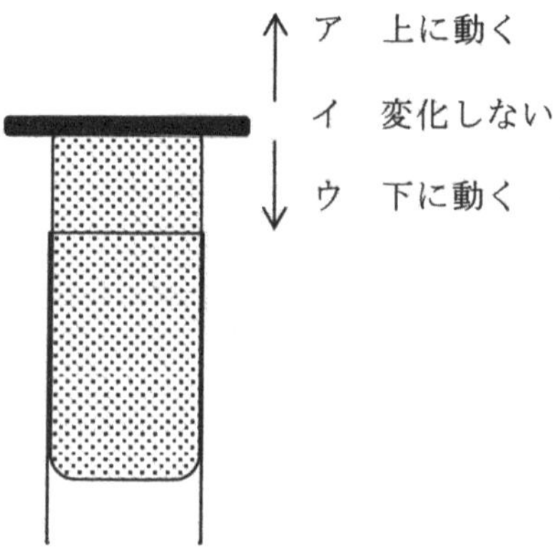

問３　注射器内の水の体積を答えなさい。

問４　注射器内の空気の体積として最も近いものを，ア～エから選び，答えなさい。

ア　20mL　　イ　24mL

ウ　28mL　　エ　33mL

［実験３］ ［実験２］ののち，注射器をさらに冷やし，０℃ に保ったところ，注射器内の水はすべて氷になった。

問５　注射器内の氷の体積を答えなさい。

問６　注射器内の体積（空気と氷の体積の合計）として最も近いものを，ア～エから選び，記号で答えなさい。

ア　48mL　　イ　50mL　　ウ　52mL　　エ　54mL

2　マグネシウムと銅を用いて，次のような実験を行いました。下の各問いに答えなさい。

［実験１］ マグネシウムの重さをはかり，ステンレス皿にのせてガスバーナーで加熱し，十分に反応させた後，反応後のステンレス皿の上に残った物質の重さをはかった。はじめに取るマグネシウムの重さを変えて何回か同じ実験を繰り返し，結果を表１にまとめた。

［実験２］ 銅の重さをばかり，ステンレス皿にのせてガスバーナーで加熱し，十分に反応させた後，反応後のステンレス皿の上に残った物質の重さをはかった。はじめに取る銅の重さを変えて何回か同じ実験を繰り返し，結果を表２にまとめた。

表１　反応前のマグネシウムと反応後の物質の重さ

反応前のマグネシウムの重さ（g）	1.2	2.4	3.6	4.8
反応後にできた物質の重さ（g）	2.0	4.0	6.0	8.0

表２　反応前の銅と反応後の物質の重さ

反応前の銅の重さ（g）	1.2	2.4	3.6	4.8
反応後にできた物質の重さ（g）	1.5	3.0	4.5	6.0

問１ ［実験１］と［実験２］に関する説明文として，正しいものはどれですか。次のア～エから１つ選び，記号で答えなさい。

ア　マグネシウムを加熱すると，強い光を出しながら変化し，反応後は白色の物質になる。

イ　［実験１］でできた反応後の物質は，塩化マグネシウムである。

ウ　銅を加熱すると，炎《ほのお》をあげながら変化し，反応後は赤色の物質になる。

エ　マグネシウムや銅を加熱すると，たまごのくさったようなにおいのある気体が発生する。

問２　次の(1)と(2)にあてはまる整数比を，次のア～キからそれぞれ選び，記号で答えなさい。

(1)　マグネシウムとマグネシウムに結びつく酸素の重さの比。

(2)　銅と銅に結びつく酸素の重さの比。

ア　2：1　　イ　3：1　　ウ　3：2　　エ　3：4　　オ　3：5

カ　4：1　　キ　4：5

［実験３］ あらたにマグネシウム7.2ｇを加熱したところ，十分に反応が起こらず，反応後の物質の重さが10.2ｇとなった。

問３ ［実験３］において，仮にマグネシウム7.2ｇがすべて反応していたとき，反応後の物質の重さは何ｇになりますか。

問４ ［実験３］において，反応せずに残ったマグネシウムは何ｇですか。

［実験４］あらたにマグネシウムと銅の混合物32ｇを加熱し，十分に反応させた後，反応後の物質の重さは50ｇとなった。

問５　［実験４］において，反応前の混合物に含まれていたマグネシウムの重さは何ｇですか。

3　2023年８月に，ＡさんとＢさんは野外で観察された生物について次のような会話をしました。下の各問いに答えなさい。

Ａさん：この前，ある池の周りを散歩していたんだ。その時，たくさんのカメが石の上に並んでいたんだよね。何のためにそんな行動をするんだろう。

Ｂさん：それは，「甲羅干《こうらぼ》し」といわれる行動だと思う。体温を調節したり，紫外線《しがいせん》を浴びてビタミンＤを合成したり寄生虫や病原菌《びょうげんきん》を殺菌《さっきん》したりしているそうだよ。

Ａさん：そうなんだ。意味のある行動なんだね。そういえば，甲羅干しをしていたカメの中には，顔の横が赤いカメがたくさんいたな。何かの病気に感染したのかな。それとも模様なのかな。

Ｂさん：あ，それはアカミミガメだと思う。よくミドリガメって呼ばれる外来種(※１)のカメだね。

Ａさん：そうなんだ。スマホで調べてみるね。2023年６月１日から新たな規制がスタートしたみたい。「特定外来生物による生態系等に係《かかわ》る被害《ひがい》の防止に関する法律施行《しこう》令の一部を改正する政令」によって，アメリカザリガニと一緒に（　Ａ　）に指定されたみたいだね。

Ｂさん：６月１日から，どのような行為《こうい》が規制された状態になったのかな？

Ａさん：（　Ｂ　）が規制されているみたい。販売《はんばい》や購入《こうにゅう》もできないみたいだね。でも，なんで規制されるんだろう。何か悪いことをしているのかな。

Ｂさん：①アカミミガメもアメリカザリガニも，人の手で海外から持ち込まれてから生息範囲《はんい》を広げて，日本にもともとある生態系(※２)に大きな影響《えいきょう》を与えているらしいよ。調べるとたくさんの例が出てくるね。

Ａさん：生態系には，②生物どうしの「食べる・食べられる」の関係が成り立っているからね。このバランスが崩《くず》れてしまったら，たくさんの生物に影響があるよね。そして，人間は生態系からたくさんの恩恵《おんけい》を受けているからね。かわいそうだけど，駆除《くじょ》する必要があると私も思うな。ただ，アカミミガメもアメリカザリガニも，生きるために必死なだけなんだよね。そもそも，規制しなくちゃいけない状況《じょうきょう》にならないように，安易《あんい》に外部から生物を持ち込まないようするとか，生態系への影響を考えて行動することが大切だと思う。

※１外来種：もともとはその地域に生息しておらず，人間の行為によって別の地域から入ってきた生物

※２生態系：生物の集団と，それを取り巻いている自然環境《かんきょう》を，１つのまとまりとしてとらえたもの

写真１　アカミミガメ

写真２　アメリカザリガニ

（環境省自然環境局ホームページより引用）

問１　文章中の（A）に適する用語として正しいものを，次のア～エから１つ選び，記号で答えなさい。

ア　国内希少野生動植物種《こくないきしょうやせいどうしょくぶつしゅ》　イ　条件付特定外来生物《じょうけんつきとくていがいらいせいぶつ》　ウ　遺伝子組み換え生物
エ　絶滅危惧種《ぜつめつきぐしゅ》

問２　アカミミガメとアメリカザリガニの特徴《とくちょう》に関する，次の(1)と(2)の各問いに答えなさい。

(1)　せきつい動物は，それぞれの生物がもつ特徴をもとに魚類，両生類，は虫類，鳥類，ほ乳《にゅう》類になかま分けされます。アカミミガメがなかま分けされるなかまの名前を，次のア～オから１つ選び，記号で答えなさい。

ア　魚類　イ　両生類　ウ　は虫類　エ　鳥類　オ　ほ乳類

(2)　アメリカザリガニのからだのつくりとして正しいものを，次のア～カから２つ選び，記号で答えなさい。

ア　からだは頭部，胸部，腹部に分かれている。
イ　からだは頭部とどう部に分かれている。
ウ　からだは頭胸部《とうきょうぶ》と腹部に分かれている。
エ　胸部に６本の足がついている。
オ　どう部に多数の足がついている。
カ　頭胸部に10本の足がついている。

問３　文章中の（B）に適する2023年６月１日以降に行うことができない行為として正しいものを，次のア～オから３つ選び，記号で答えなさい。

ア　申請《しんせい》や許可，届出《とどけで》などなく，一般家庭で飼育している個体を，これまで通りに飼育し続けること。
イ　専門のペットショップにおいて，販売や購入をしたりすること。
ウ　有償《ゆうしょう》・無償に関わらず，不特定多数の人に配り分けること。
エ　池や川などの野外に放したり逃《に》がしたりすること。
オ　無償で責任をもって飼うことができる人に譲渡《じょうと》すること。

問４　下線部①について，アカミミガメとアメリカザリガニに関する規制が設けられた背景に関する，次の(1)と(2)の各問いに答えなさい。

(1)　アカミミガメの分布状況《じょうきょう》や生態系への影響，飼育に関する記述として間違ったものを，次のア～オから１つ選び，記号で答えなさい。

ア　日本に元から生息するのカメ類と，食料や日光浴の場所をめぐって競争している。
イ　北海道から沖縄までの，全都道府県に分布している。
ウ　主に魚類や甲殻類《こうかくるい》を捕食するため，農作物への被害は小さいと考えられている。
エ　水質汚濁《おだく》に強く，汚染《おせん》された河川にも分布している。
オ　飼育下では寿命《じゅみょう》は，40年に達することがある。

(2)　アメリカザリガニの特徴や分布状況，駆除方法に関する文章として間違ったものを，あとのア～カから１つ選び，記号で答えなさい。

ア　雑食性であり，水草や水生昆虫《すいせいこんちゅう》，オタマジャクシなどのさまざまな生物を捕食《ほしょく》する。
イ　高水温・低酸素・水質汚染《すいしつおせん》に強く，劣悪《れつあく》な環境でも生息することができる。
ウ　河川の氾濫《はんらん》によって，アメリカザリガニの分布域の拡大は促進されると考えられる。
エ　拡散した理由の一つには，人による持ち運びがあると考えられている。
オ　池干しなどで水をすべて抜くと，その池に生息していたすべてのアメリカザリガニを取り除くことができると考えられている。

カ　効率的に駆除をするためには，卵をもったメスが多い６月から９月の捕獲《ほかく》が重要である。

問５　下線部②について，生物どうしの「食べる・食べられる」の関係が鎖《くさり》のようにつながっていることを何というか答えなさい。

4　次の各問いに答えなさい。

問１　光は１秒間に地球を約７周半の距離を進みます。地球の半径を6400㎞として，光がおよそ１秒間に進む距離を，次のア～エから選び，記号で答えなさい。

ア　1.5万㎞　　イ　３万㎞　　ウ　15万㎞　　エ　30万㎞

問２　地球から月までの距離をはかる方法の１つに，月面に設置された反射装置に向けてレーザー光を送り，反射して戻ってくるまでの時間を用いて計算するものがあります。その往復時間は約2.51秒です。地球から月までのおよその距離を，次のア～エから選び，記号で答えなさい。

ア　19万㎞　　イ　30万㎞　　ウ　38万㎞　　エ　75万㎞

問３　太陽－月－地球の順に一直線にならんだとき，地球上の限られた場所においては，太陽全体が月にかくれます。この現象を何といいますか。ア～エから１つ選び，記号で答えなさい。

ア　部分日食　　イ　部分月食　　ウ　かいき日食　　エ　かいき月食

問４　月は地球のまわりを公転しており，下の図は地球の北側から月の公転のようすを表したものです。必要ならばこの図を参考にして，問３の現象では，太陽は東西南北どの方角から欠けていくのか答えなさい。

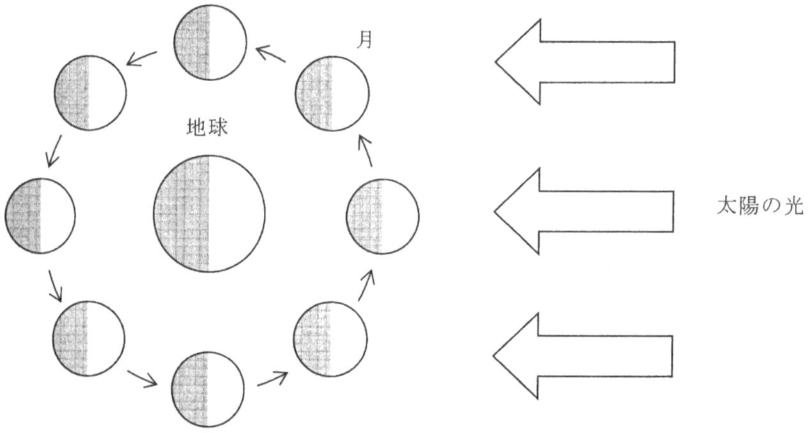

問５　次の文中の（　）にあてはまるものを，あとのア～エから２つ選び，記号で答えなさい。

特に問３の現象の際には，「地球から見た月の大きさ」と「地球から見た太陽の大きさ」はほぼ同じであることが分かる。このことから，（　　　）の比は，（　　　）の比と等しいと言える。

ア　「月の重さ」と「太陽の重さ」

イ　「月の直径」と「太陽の直径」

ウ　「月の表面温度」と「太陽の表面温度」

エ　「地球から月までの距離」と「地球から太陽までの距離」

問６　太陽光が地球に届くまで約８分19秒かかります。地球の直径は月の直径の約４倍です。太陽の直径は地球の直径の約何倍ですか。ア～エから選び，記号で答えなさい。

ア　100倍　　イ　200倍　　ウ　1000倍　　エ　2000倍

【社　会】（30分）　＜満点：50点＞

1　次の文章を読み，以下の問いに答えなさい。

城北埼玉中学校は埼玉県①川越市の南東にあり，中学校の社会科の授業では，地域の歴史を学ぶために川越市やその周辺の自治体の博物館や記念館を見学します。また，併設《へいせつ》されている城北埼玉高校フロンティアコースでは，「川越学」という名称で，より深く地域の歴史や行事を学び，地元の方々との交流を深めています。自分たちが通っている学校の地域が身近になることで，②その地域の魅力や抱える課題が明らかになり，自分たちができることを考えることは地方自治の在り方に通じるところもあるでしょう。昨年（2023年）の８月には，埼玉県③知事選挙が行われましたが，選挙権を有する年齢が満（　1　）以上に引き下げられたことで，中学・高校で政治に興味を持つような活動・授業はより重要性を増してきました。地元を知る，身近な地域を知ることは受験生のみなさんが大人になっていくうえでも重要です。今に至《いた》ることを知ることは未来につながっていることを意識しながら，城北埼玉中学校がある川越市に関して，詳しくみていきましょう。

川越市のウェブサイトのなかにある「川越市のプロフィール」の一部を引用しました。

「川越市は，埼玉県の中央部よりやや南部，（　2　）台地の東北端に位置し，109.13平方キロメートルの面積と［　A　］万人を超える人口を有する都市です。都心から30キロメートルの首都圏に位置する④ベッドタウンでありながら，商品作物などを生産する⑤近郊農業，交通の利便性を生かした流通業，伝統に培われた商工業，豊かな歴史と文化を資源とする観光など，充実した都市機能を有しています。～（中略）～大正11（1922）年には埼玉県内で初めて市制を施行し，昭和30（1955）年には隣接する９村を合併し現在の市域となりました。平成15（2003）年には埼玉県内で初めて中核市に移行，令和４（2022）年12月に市制施行（　3　）周年を迎えました。」

と書いてあるように，埼玉県のなかでも歴史があり，重要な都市であることがわかります。この説明は，川越市が誕生してからのものですが，それ以前の歴史もみていきましょう。現在の川越市内にあたる地域にも旧石器時代や縄文時代，弥生時代の遺跡が（　2　）台地上を中心に分布しています。例えば，縄文時代の人々のゴミ捨て場である（　4　）が小仙波《こせんば》や寺尾《てらお》で発見されており，内陸部の埼玉県で発見されることは⑥当時の海岸線を知る上でも重要な遺跡になっています。古墳時代になると，数基や数十基で構成される古墳群が形成され，日本最大の上円下方墳である⑦山王塚《さんのうづか》古墳も南大塚《みなみおおつか》古墳群の中の一つとして数えられます。⑧７世紀後半の古墳時代終末期の古墳であり，地域的な要素と⑨畿内的な要素の両方を確認することができる重要な古墳です。奈良時代になると，律令体制の構築のなかで五畿七道が整備され，川越市の領域を含む（　5　）国は東山道に分類されましたが，771年に東山道から東海道へと移されました。平安時代には仙波《せんば》に無量《むりょう》寿寺《じゅじ》が建立され，次第に川越の中心部になる地域が開発されていきました。

平安時代末から鎌倉時代になると各地の荘園を武士が掌握《しょうあく》するようになり，川越は⑩桓武平氏の流れを汲《く》む河越氏《かわごえし》が勢力を固めていきました。河越氏は鎌倉幕府の御家人として重用され，河越重《かわごえしげ》頼《より》の息女が源義経の正室として迎えられましたが，源義経とその兄である源頼朝の関係が悪化すると所領を没収された経緯があります。所領が回復されると，河越氏は鎌倉幕府によく仕え，有力御家人として川越の地で繁栄することになります。室町時代になると，関東地方は関東管領上杉氏と鎌倉公方との対立から戦乱が収まらず，いち早く戦国時代に突入しました。川越の地も関東平野の交通の要衝《ようしょう》として注目され，1457年に扇谷上杉持朝《おうぎがやつうえすぎもちとも》の家臣である⑪太田道真《どうしん》・道灌《どうかん》親子が現在の初《はつ》雁《かり》公園周辺に川越城を築城し，守りを固めました。太田氏の居城として発展した川越城でしたが，太田道灌が主君の扇谷上杉氏に誅殺《ちゅうさつ》されると，城は扇谷上杉氏のものとなり，北条氏の関東侵攻を待つことになってしまいます。16世紀に入り，全国へと下剋上の風潮が広がりを見せると，北条早雲が⑫小田原を拠点として相模国から勢力を広げ，２代目 [B] が川越城を上杉氏から奪い取ります。その後，川越城は北条氏対上杉氏の最前線となり激しい戦が繰り広げられました。特に，1546年の川越城の夜戦は，その後の関東地方の盟主を決める戦いとなり，これに敗れた上杉氏は関東地方から勢力を徐々に失い，最終的には越後へと落ち延びていくことになりました。関東の盟主となった北条氏も1590年に（　6　）から小田原を攻められると，籠城《ろうじょう》して抵抗するものの，最終的には降伏し，（　6　）による全国統一が達成されました。敗れた北条氏のかわりに関東に入ったのは，東海地方から転封された徳川家康でした。

1603年に徳川家康が江戸に幕府を開くと，川越の地は有力な譜代大名や親藩に与えられ，（　5　）国のなかで最も石高が大きい藩として発展していきます。現在の川越城の城下町は，４代将軍徳川家綱の側近として有名な松平信綱《まつだいらのぶつな》が藩主のときに整備されました。1638年の火事の直後に川越を与えられた信綱は，消失した川越城と川越の城下町の再建に尽力《じんりょく》しながら，新しく町割をやり直して現在の城下町を形成し，幕末まで踏襲《とうしゅう》されることになります。また，このときの火事で⑬喜多院も被害を受け，江戸城の建物が移築され修復・再建されました。その後，江戸城と江戸の町が明暦の大火で大きな被害を受けたため，初期の江戸城の遺構としては現存する唯一の建物となっています。江戸の町が大きくなるにつれて，[C] を使って多くの物資を素早く江戸へ運ぶことができる川越は，物資の集散地として栄えるようになり，⑭多くの問屋が立ち並びました。開国後，諸外国との貿易が開始されると，北関東の⑮生糸が（　7　）へと直接運ばれるようになり，その中継点としても栄えました。江戸幕府は，江戸の町の物資が不足し，⑯物価高騰《こうとう》を招いたため，直接（　7　）へ物資を運ぶことを禁止する命令を出しましたが，あまり効果はありませんでした。

明治時代になると，1871年の⑰廃藩置県により川越藩は川越県となりました。その後，入間県，熊谷県を経て1876年に埼玉県へ編入され，1889年に川越市の前身となる川越町が誕生しました。誕生したばかりの川越町に1893年に火事が襲い掛かります。町の中心部のほとんどを焼き尽くしたこの火災により，火事に強い町づくりを目指し現在の⑱蔵造りの商家が建てられました。蔵造りの商家は，一般的な家よりも高い建築費用がかかりましたが，江戸時代から続く流通経路としての川越の発展がその資金を支えました。その後，川越町は順調に規模を拡大し，大正11年に県内初の市制が施行され，川越市となりました。昭和時代になると近隣の村と⑲合併し現在の市域となりました。

現在は，蔵造りの商家が残る「（　8　）川越」として町をアピールしており，同じような特徴のある千葉県香取市・栃木県栃木市とともに1996年から2019年まで（　8　）サミットを開催し交流していました。また，2021年に開催された⑳東京オリンピック2020ではゴルフ競技の会場として川越市にある霞ヶ関カンツリークラブが使用されました。

川越市の地域の歴史はどうだったでしょうか。自分が住んでいる地域の歴史は小学校のときに学習したと思います。春から通う中学校の地域の歴史にも興味を持ってみたらどうでしょうか。きっと新しい発見や興味がわくような出来事があるはずです。世界の事を考えることも大事ですが，身近なことにも目をむけてみましょう。

（参考サイト　川越市ホームページ　https://www.city.kawagoe.saitama.jp/index.html）

問１　空欄（１）～（８）にあてはまる**適当な語句**を答えなさい。ただし，空欄（３）は**算用数字**で答えなさい。

問２　空欄 A ～ C について，次の問いに答えなさい。

⑴　空欄 A にあてはまる数字として**適当なもの**を次のア～オの中から一つ選び，その記号を答えなさい。

ア　15　　イ　25　　ウ　35　　エ　45　　オ　55

⑵　空欄 B にあてはまる人物名として**正しいもの**を次のア～エの中から一つ選び，その記号を答えなさい。

ア　北条義時　　イ　北条氏政　　ウ　北条時政　　エ　北条氏綱

⑶　空欄 C にあてはまる輸送手段として**適当なもの**を次のア～エの中から一つ選び，その記号を答えなさい。

ア　船　　イ　馬車　　ウ　自動車　　エ　飛行機

問３　下線部①について，川越市の位置として**正しいもの**を，下の地図１のア～エの中から一つ選び，その記号を答えなさい。

＜地図１＞

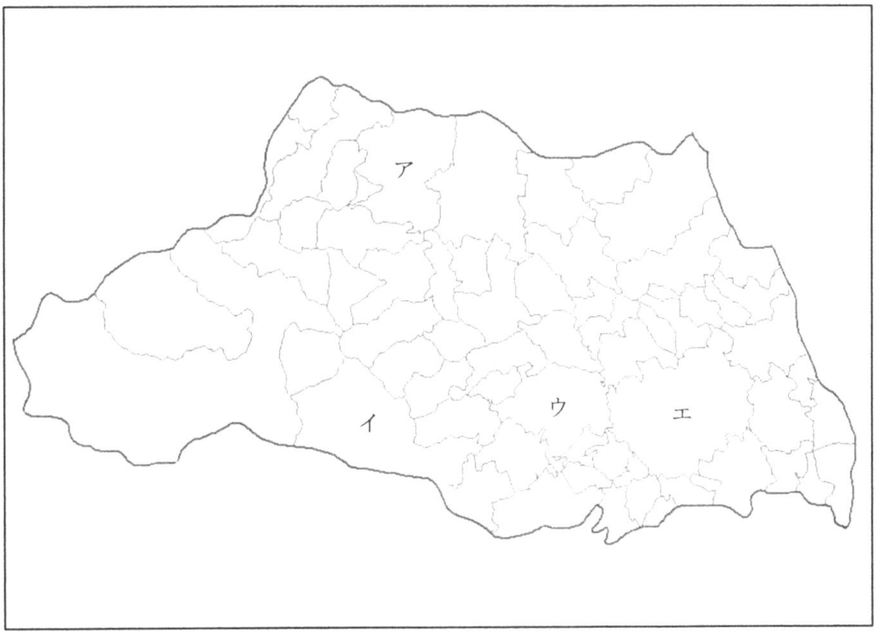

問４　下線部②について，このように身近な地域の問題から政治について考えることができる地方自治のことを，イギリスの学者であるジェームズ・ブライスがこのように表現しました。

「地方自治は［　　　　］の学校である」

空欄にあてはまる言葉を**漢字**で答えなさい。

問５　下線部③について，知事に関しての説明として**正しいもの**をあとのア～エの中から一つ選び，その記号を答えなさい。

ア　知事の任期は参議院議員と同じ４年である。

イ　知事が議会を解散できるのは，不信任決議が可決された場合と，有権者からリコールされたときである。

ウ　知事の被選挙権は，日本国民である満30歳以上の男子のみに与えられる。

エ　議会を召集する時間がない場合，知事は専決処分を行うことができる。

問６　下線部④について，ベッドタウンの説明として**適当なもの**を次のア～エの中から一つ選び，その記号を答えなさい。

ア　都心へ通勤する人が多い都市のことで，昼間人口よりも夜間人口のほうが多くなる。

イ　ベッドタウンが発達することによって，ドーナツ化現象が弱まった。

ウ　日本だけの特徴的な都市で，アメリカやヨーロッパにはない都市の特徴である。

エ　急激に人口が増えたことにより，ベッドの需要が高まったことで，この名称が付けられた。

問７　下線部⑤について，次の問いに答えなさい。

⑴　近郊農業の説明として**適当なもの**を次のア～エの中から一つ選び，その記号を答えなさい。

ア　冬の暖かな気候を利用して，野菜を早く出荷する農業。

イ　夏の涼しい気候を利用して，野菜を遅く出荷する農業。

ウ　作物に適した土地を確保し，大規模で機械化された経営で大量に生産する農業。

エ　消費地への輸送費が安く，新鮮なうちに出荷することができる農業。

⑵　川越市だけでなく埼玉県でも近郊農業はさかんです。埼玉県の農作物のなかで都道府県別出荷額が**上位（３位以内）に入らない**農作物を次のア～エの中から一つ選び，その記号を答えなさい。

ア　こまつな　　イ　さつまいも　　ウ　ねぎ　　エ　ほうれんそう

問８　下線部⑥について，当時の海岸線の大体の位置として**最も適当なもの**を下の地図２のア～エの中から一つ選び，その記号を答えなさい。

＜地図２＞

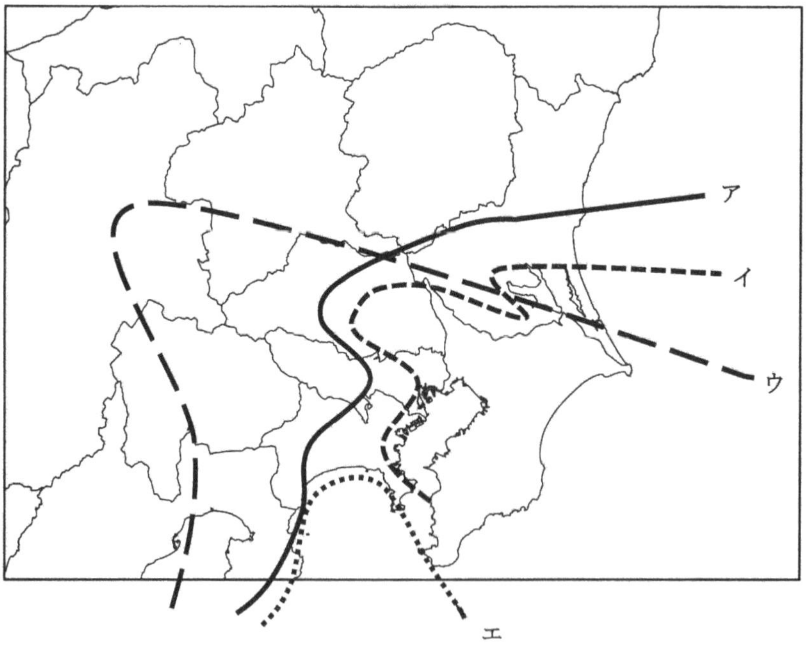

問９　下線部⑦について，山王塚古墳を上から見た形状として**最も適当なもの**を次のア～エの中から一つ選び，その記号を答えなさい。

ア

イ

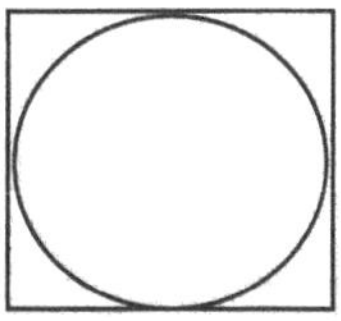

ウ

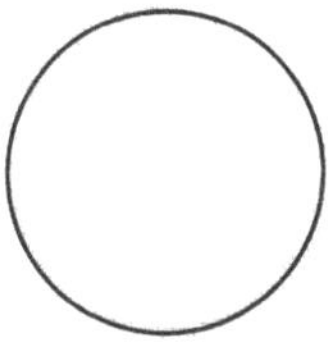

エ

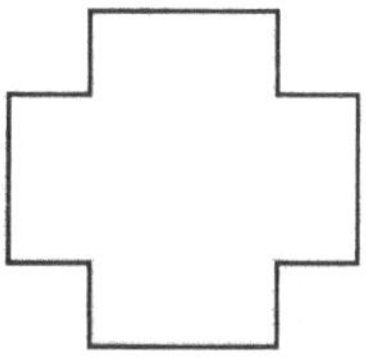

問10　下線部⑧について，７世紀後半に起こった以下の出来事ア～エを**左から古い順**になるようにならべかえ，記号で答えなさい。

ア　壬申の乱で勝利した大海人皇子が即位して天武天皇となった。

イ　白村江の戦いで，唐・新羅の連合軍に敗れた。

ウ　中大兄皇子が近江大津宮に都を遷《うつ》した。

エ　唐の都を参考にして藤原京が造営された。

問11　下線部⑨について，畿内に含まれる国名（旧国名）として**正しいもの**を次のア～エの中から一つ選び，その記号を答えなさい。

ア　近江国　　イ　大和国　　ウ　尾張国　　エ　伊勢国

問12　下線部⑩について，下の説明文は桓武平氏に関係するある人物のものです。この説明文にあたる人物と**同時期の人物の組み合わせ**を次のア～エの中から一つ選び，その記号を答えなさい。

（ある人物の説明文）
　下総国猿島郡を本拠地とし，所領争いから一族内で争いを繰り返していた。常陸国府を襲撃したことにより国家的反乱にいたり，関東地方に勢力を拡大した。独立国家樹立を目指し，新皇と称したが討伐された。

ア　源頼義・源義家　　イ　安倍頼時・安倍貞任

ウ　平忠盛・平清盛　　エ　藤原純友・藤原秀郷

問13　下線部⑪について，川越城以外にもいくつかの城を築城しています。太田道灌が築城したとされる城の現在の姿として**最も適当なもの**をあとのア～エの中から一つ選び，その記号を答えなさい。

ア

イ

ウ

エ

問14　下線部⑫について，小田原の位置として**最も適当な場所**を下の地図3のア～エの中から一つ選び，その記号を答えなさい。

＜地図3＞

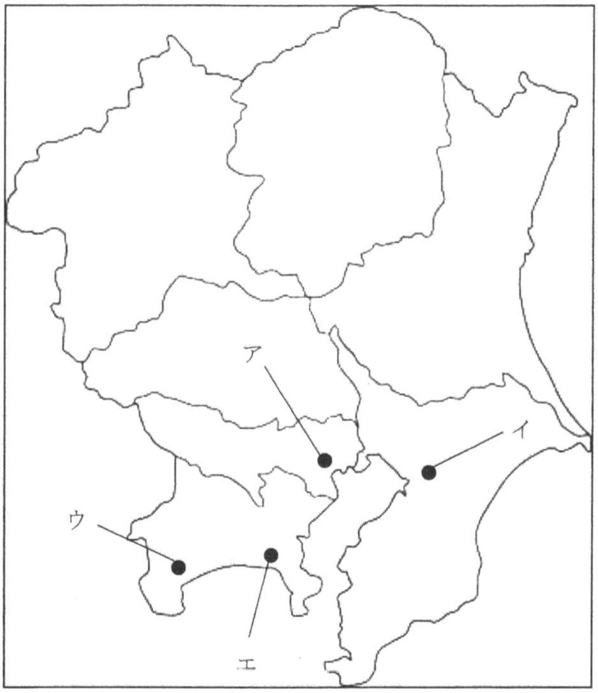

問15　下線部⑬について，徳川家康の腹心として仕え，寺の名称を喜多院と改めた人物として**正しいもの**を次のア～エの中から一つ選び，その記号を答えなさい。

ア　南光坊天海　　イ　林羅山　　ウ　安国寺恵瓊　　エ　金地院崇伝

問16　下線部⑭について，江戸幕府が公認した商人や職人の独占的な組合の名称を**漢字**で答えなさい。

問17　下線部⑮について，次の問いに答えなさい。

(1)　生糸の原料は蚕《かいこ》のマユです。蚕の幼虫がエサとして食べる植物として**正しいもの**を次のア～エの中から一つ選び，その記号を答えなさい。

ア　松　　イ　白樺　　ウ　桑　　エ　楓

(2)　日本の伝統的な織物には，生糸（絹）を原材料とするものが多くあります。生糸（絹）から作られる織物として**正しいもの**を次のア～エの中から一つ選び，その記号を答えなさい。

ア　小千谷縮《ちぢみ》　　イ　結城紬《つむぎ》　　ウ　奈良晒《さらし》　　エ　久留米絣《かすり》

問18　下線部⑯について，次の問いに答えなさい。

(1)　貨幣の価値が下がり，物価が高騰する現象を**カタカナ８字**で答えなさい。

(2)　2022年～2023年にかけて，日本国内の物価が急激に上がりました。一度だけでなく，段階的に数度値上がりした商品もありました。物価が上がった理由は複数ありますが，**最も関係がないもの**を次のア～エの中から一つ選び，その記号を答えなさい。

ア　日本の老年人口が減り，物資の供給が減ったから。

イ　ロシアによるウクライナ侵攻によって，エネルギー価格の高騰が起こったから。

ウ　日本とアメリカで異なる金融政策が行われているから。

エ　世界的な天候不順やコロナ禍などが原因で，物資の流通が滞ったから。

問19　空欄⑰について，廃藩置県の前後の出来事Ａ～Ｄを左から古い順になるようにならべかえたとき，**正しいもの**を次のア～カの中から一つ選び，その記号を答えなさい。

Ａ　地租改正の実施

Ｂ　民撰議院設立建白書の提出

Ｃ　版籍奉還の実施

Ｄ　学制の発布

ア　Ｃ → Ａ → Ｂ → Ｄ　　イ　Ｃ → Ａ → Ｄ → Ｂ　　ウ　Ｃ → Ｂ → Ａ → Ｄ

エ　Ｃ → Ｂ → Ｄ → Ａ　　オ　Ｃ → Ｄ → Ａ → Ｂ　　カ　Ｃ → Ｄ → Ｂ → Ａ

問20　下線部⑱について，現在も蔵造りの商家が多数保存され川越の重要な観光資源となっています。川越の街の様子として**最も適当なもの**を次のア～エの中から一つ選び，その記号を答えなさい。

ア

イ

ウ

エ

問21　下線部⑲について，平成の時代にも「平成の大合併」とよばれる市町村合併がおこなわれました。これにより市町村の数は大幅に減りました。現在の市町村の数として**最も適当なもの**を次のア～エの中から一つ選び，その記号を答えなさい。

ア　約1000　　イ　約1700　　ウ　約2400　　エ　約3100

問22　下線部⑳について，東京オリンピック2020が開催された時の日本の内閣総理大臣として**正しいもの**を次のア～エの中から一つ選び，その記号を答えなさい。

ア

イ

ウ

エ

問8　傍線6「周囲への悪影響も考えずに『大事にする』こと」とありますが、そのことが具体的に書かれている箇所《かしょ》を、解答欄に合うように本文中から十四字で抜き出し、最後の六字を記しなさい。

□□□□□□こと。

問9　傍線7「幸せな未来」とありますが、あなたは人間と野生の生き物の「幸せな未来」とはどのような関係を築くことだと考えますか。次の条件に合うように記しなさい。

条件①　どのような関係かを文頭に記すこと。

条件②　その関係を築くためにしてはいけないことと、するべきことを記すこと。

条件③　字数は五十字以上、八十字以内にすること。（句読点、カッコなども字数に数えて答えなさい。）

問10　次に示す会話は、この文章を読んだ五人の生徒が、「埼玉県にある地元の森へカブトムシが帰ってくるにはどうしたら良いか」について話し合っている場面です。本文を踏まえた意見として合致《がっち》するものにはAを、そうでないものにはBを記しなさい。

ア　村上君「ここの森にも昔はカブトムシがたくさんいたらしいけど、今はあんまり見られなくなったな。そういえば、九州のおじいちゃんの家の近くの森にカブトムシがいるから、帰省した時に大量につかまえてきて、この森に放してカブトムシを増やしてみるというのはどうだろう。」

イ　内田君「子供たちも喜ぶし、森の再生にもつながるはずだよ。僕《ぼく》もこの間、知り合いのおじさんからもらった大量の鈴虫《すずむし》を飼いきれなくなってここの森に放してあげたんだ。しばらくきれいな声で鳴いていたよ。」

ウ　川島君「でも、今現在この森に暮らしている地域の生き物たちの暮らしや自然のバランスを壊《こわ》してしまうことにはならないかな。カブトムシが樹液を占領《せんりょう》してしまって他の虫のエサが不足してしまうかもしれないよ。」

エ　木村君「それなら、樹液を買って来てこの森の木に塗《ぬ》ってあげれば解決だね。今回はカブトムシを増やすことが目的なんだからカブトムシが住みやすい環境を作り上げることを最優先にしよう。」

オ　森田君「九州のカブトムシがこの森に順応できるかはわからないし、この森に元々残っている地元のカブトムシの生活を圧迫《あっぱく》してしまう可能性もあるよね。まず専門家の意見を聞きに行ってみようよ。」

語群
ア　倒れ　　イ　まくし立て　　ウ　念押《ねんお》しし
エ　手を加え　　オ　焦《あせ》っ

問２　傍線ａ～ｄと同じ漢字を含《ふく》む語を後の語群の中からそれぞれ一つずつ選び、記号で答えなさい。ただし、同じ記号を二回以上用いてはならない。

ａ　シンセツ　　ｂ　センヨウ　　ｃ　フッキ　　ｄ　カンコウ

語群
ア　帰国　　イ　容易　　ウ　新刊　　エ　観葉　　オ　危害
カ　期間　　キ　進学　　ク　寒気　　ケ　心機　　コ　信用
サ　親権　　シ　必要

問３　傍線１「『何とかしてあげたい』」とありますが、どのような気持ちですか。解答欄に合うように本文中から四文字で抜き出しなさい。

□□□□気持ち。

問４　傍線２「そのままにしておくよう指示しました。」とありますが、そのように答えた理由として適当でないものを次から一つ選び、記号で答えなさい。
ア　野生の生き物はばい菌や寄生虫を持っていることがあるから。
イ　その場所で自然のままに生き、死んでいくのが本来の姿だから。
ウ　死体でさえも他の生き物にとっては大事な食べ物になるから。
エ　野外で傷ついた生き物を助けるのは保護団体や、役所の仕事だから。

問５　傍線３「最終的に赤ちゃんバイソンを安楽死させる道を選びました。」とありますが、その理由として最も適当なものを次から一つ選び、記号で答えなさい。
ア　生後間もないバイソンの赤ちゃんにとって、寒すぎる環境は適していなかったから。
イ　母親のバイソンが赤ちゃんバイソンの育児を元々放棄していたから。
ウ　外に出すための必要な検査ができず、公園の事務所で育てる態勢も整っていないから。
エ　群れから離れたバイソンの赤ちゃんは安楽死させることが法で定められているから。

問６　傍線４「それも簡単な話ではありません。」とありますが、その理由として最も適当なものを次から一つ選び、記号で答えなさい。
ア　命を思う気持ちは人それぞれ程度に差があるため、助けてあげることを全員に強要することはできないから。
イ　野生生物の生死は生態系の重要な要素でもあることを理解したうえで「生物多様性の保全」に基づき対応するべきだから。
ウ　傷ついた生き物を保護するためには、行政の許可が必要で、許可が出るまでの期間放置しておくことは、逆に死に至る危険性があるから。
エ　全ての生き物を分け隔てなく助けるだけの人材はいるのだが、その施設や予算が足りていないため、どうすることもできないから。

問７　傍線５「リスク」とありますが、言い換《か》えた語として最も適当なものを次から一つ選び、記号で答えなさい。
ア　必然性　　イ　絶対性　　ウ　危険性　　エ　先天性

ある。

・けがや病気の鳥獣を助ける際には、これらの考え方を踏《ふ》まえた上で、絶滅《ぜつめつ》の恐れのある種の保全や、環境の状態を知る指標として活用すること、けがや病気がなぜ起きたのかや、どうしたら予防できるのかといった、生物多様性の保全に役立つことに重点を置いて対応を検討する。

簡単にまとめてしまえば、命を大切に思う気持ちは人として自然なものであるけれども、生き物の生死も含《ふく》めて生態系が存在していることを踏まえ、生き物を助ける際にも「生物多様性の保全」という視点が重要であるということです。報告書では、「鳥獣」として、鳥類と哺乳《ほにゅう》類だけを対象としていることに注意が必要ですが、爬虫《はちゅう》類や魚など他の生き物でも、この考え方は参考になります。

都道府県に対して実施したアンケートでは、けがや病気の鳥獣を助ける事業の課題として「資金・施設・人材の確保が困難」と答えた自治体が半分の24にものぼりました。仮に全ての生き物を分け隔《へだ》てなく助けようとしても、人もお金も足りていない様子がうかがえます。

【中略】

人が野生の生き物に餌を与えたり馴れさせたりすることで、距離《きょり》が近づいたり接触《せっしょく》の機会が増えたりすることは、事故や病気をもらう5リスクを高めます。大型動物であれば駆除《くじょ》しなければならなくなるかもしれません。餌を食べる一部の動物だけが増えてしまう恐れや、餌を求めて集まった場所で病気が広がり、生態系に悪影響《えいきょう》が出るリスクもあります。本当に生き物や生態系を大事にしようと思うのであれば、自己判断での餌やりは果たして正しいことでしょうか。ある生き物はあなたにとってはかわいいと感じられても他の人には迷惑《めいわく》だったり、場合によっては怖《こわ》いと感じたりする存在かもしれません。好きだからといって隣人《りんじん》が家の前に大量の生ゴミを出してカラスを集めてしまったり、ペットフードをばらまいてノラネコに勝手に餌やりを始めたりしたらどうでしょうか。やはり多くの人はよい気持ちはしないのではないかと思います。生き物を自分の都合だけで、6周囲への悪影響も考えずに「大事にする」ことは、人間同士のトラブルにもつながる恐れがあります。

また、生き物が傷ついた姿を見て助けたいと思っても、助ける生き物には優先度があったり、助ける側の資源に限界があったりするという事実も、忘れないでいて欲しいと思います。中には絶滅の恐れがあり、助けるべき優先度が高い生き物もいますが、そういう場合も素人判断は禁物です。種が分からなければ、自治体などに通報し、専門家の判断にゆだねてその場を離れる勇気も必要です。

お腹を空かせた生き物に何かを与えたい、傷ついた生き物を助けてあげたい、そんな気持ちは自然なもので、決して否定されるべきものとは思いません。しかし、人と野生の生き物の間には引くべき一線があり、それを越《こ》えた先に7幸せな未来はないこともまた事実です。好きだからこそ、そのままの姿を片思いで見守る気持ちも大切なのです。

（小坪《こつぼ》　遊《ゆう》「『池の水』抜《ぬ》くのは誰《だれ》のため？」　新潮社）

問1　空欄Ⅰ～Ⅳの中に入る語句として正しいものを次のページの語群の中からそれぞれ一つずつ選び、記号で答えなさい。ただし、同じ記号を二回以上用いてはならない。

をしてはならない」と定めています。一般《いっぱん》の人が無断で鳥を保護することは、この捕獲や採取とみなされる恐《おそ》れがあります。

　また、保護のつもりでも、人が捕《つか》まえることは、生き物に大きなストレスを与《あた》えるといわれています。私たちの気持ちを言葉や表情で野生の生き物に伝えることはできません。生き物たちにしてみたら、巨大《きょだい》な生物から捕まえられているのと同じことです。鳥のヒナの場合は、近くに親鳥がいることも少なくおりません。捕まえて保護すれば、親鳥とヒナを引き離《はな》すことになります。

　仮に持ち帰っても、きちんと育てるには、その生き物についての知識や、場合によってはセンbヨウの設備が必要です。簡単なことではありませんし、無事にまた野生にフッcキできる保証もありません。一度人に馴《な》れてしまった生き物は、自分では餌《えさ》をとったりすみかを探したりできないかもしれません。「かわいそうだから」と保護して、持ち帰った生き物を飼いきれないからと野外に放つのは無責任です。先はどのムクドリのように、自然の中では常に「生き死に」があり、たとえ死んでも、他の生物に食べられたり、分解されたりすることで、自然の中で栄養を回すという役割を果たしています。傷ついた生き物などがいても、安易に手を出す前に一瞬《いっしゅん》立ち止まって、こうしたことを考えてみてはいかがでしょうか。

　鳥ではありませんが、米イエローストーン国立公園では２０１６年、生後間もないバイソンの赤ちゃんを、dカンコウ客が「寒そう」だからと、車に乗せて保護する「事件」がありました。公園のフェイスブックアカウントによると、赤ちゃんバイソンを群れに再び引き合わせて合流させようとしたけれども、うまくいかなかったことなどが書かれています。動物の場合、一度引き離された親子を再び元の状態に戻《もど》そうとしても、母親が育児放棄《ほうき》などをすることは珍《めずら》しくありません。さらに、この赤ちゃんバイソンは繰《く》り返し沿道のカンコウ客や車に接近するなど、一歩間違《まちが》えば事故につながる危険な状況《じょうきょう》だったそうです。

　公園は、3最終的に赤ちゃんバイソンを安楽死させる道を選びました。その上で、公園から赤ちゃんバイソンを外に出すには、必要な検査を受けなければならなかったが、その検査を行える態勢にはなかったことや、たとえ赤ちゃんバイソンを保護しても、公園の事務所では育てることはできないことなどを説明しています。

　せめて傷つき苦しんでいる生き物を助けてやることは出来ないものでしょうか。しかし、4それも簡単な話ではありません。

　環境《かんきょう》省が２０１８年にまとめた報告「行政における傷病鳥獣救護の考え方と地域の取組み事例」という報告書では、傷ついた生き物（鳥獣）を保護する前提として、同じ環境省の「鳥獣の保護及び管理を図るための事業を実施《じっし》するための基本的な指針」を引用しつつ、おおむね以下のように説明しています。

・鳥獣は、自然環境の中で他の生物を食べながら、生と死を繰り返している。生態系は野生生物の生と死によって成り立っていて、自然のけがや病気によって鳥獣が死ぬことも、生態系の重要な要素の一つである。

・一方で、人には鳥獣の命を大切に思う気持ちがある。けがや病気の鳥獣を助けることは、もともと人道的な行為《こうい》として行われてきた側面も

問９　空欄２に入る語を本文中から二字で抜《ぬ》き出して答えなさい。

問10　空欄３に入る語として最も適当なものを次から一つ選び、記号で答えなさい。

ア　土蔵　イ　校庭　ウ　山　エ　淵

問11　空欄４に入るものとして最も適当なものを次から一つ選び、記号で答えなさい。

ア　朝日が昇《のぼ》る頃とか昼頃
イ　夕暮れ時とか人々が寝《ね》静まった頃
ウ　午下《ひるさ》がりとか暮色の迫《せま》る頃
エ　深夜とか夜が明ける頃

三　次の文章を読んで後の問いに答えなさい。

　私にもこんな経験があります。ある日、小学生の息子から電話がかかってきました。何事かと思って出ると「父さん、公園で遊んでいたら、ムクドリが倒《たお》れて動かないよ」と［Ⅰ］した声で［Ⅱ］てきます。ムクドリとは黄色いくちばしが特徴《とくちょう》で、全長24センチ程度の、それこそどこにでもいる鳥です。話を聞いてみると、近所の公園で友達と遊んでいたところ、地面に落ちて［Ⅲ］ているムクドリを友達が発見。息子が生き物を好きなことを知っていた友達から「どうしたらいいの？」と聞かれたのですが、どうしたらいいのか分からず、私に電話をしてきたということでした。

「ねえ、このままだと死んじゃうと思うんだけど、どうしたらいいのかな？」

　電話口からは１「何とかしてあげたい」という思いが伝わってきます。

私は、野生の生き物はばい菌《きん》や寄生虫を持っていることがあるので、触らないように［Ⅳ］た上で、２そのままにしておくよう指示しました。ただ、息子は「放っておいていいの？」という疑問も持ったようです。それに対しては、助けずにそのままにすることへの説明をしなければいけないな、とも思ったのでした。

　伝えたかったのは、野生の生き物、特に元々その地域にすんでいた生き物たちは、その場所で自然のままに生き、死んでいくのが本来の姿であり、人が必要以上に手を加えることは避《さ》けた方がいいということでした。今回は、死にかけたムクドリというかなり気の毒な対象だったこともあり、「助けてあげたい」という気持ちも理解はできるのです。ただ、そのムクドリがそのまま死んでも、昆虫《こんちゅう》などが死体を食べ、さらに微生《びせい》物《ぶつ》に分解されていきます。死体も生態系の一員なのです。息子には、「ムクドリが死んでも無駄《むだ》になるわけではないし、それで他の生き物の命が助かっている。助けたい気持ちはとても大事だけど、死体でさえも他の生き物にとっては大事な食べ物なんだから、それを横取りしてしまうのはやめておこう」と伝えました。

　野外では、傷ついた生き物や、鳥の子育ての季節に地面に落ちたヒナを見ることがあります。どうしたらいいのか分からない人は少なくなく、保護団体や役所には毎年のように問い合わせが来ているようです。共通して注意するべき点がいくつかあります。

　まず、鳥や動物を保護するというのは、ａシンセツ心からでも、法律違反《いはん》になる可能性があります。鳥獣《ちょうじゅう》保護管理法という法律では、その８条で、「鳥獣及《およ》び鳥類の卵は、捕獲《ほかく》等又《また》は採取等（採取又は損傷をいう）

※柳田国男……１８７５～１９６２。民俗学者。
※さしずめ……結局のところ。
※生起……事件や現象が現れ起こること。

問１　傍線１「祖母がそのように仕付けてくれていたのであろう」とありますが、「祖母」がどのように「仕付けてくれていた」と「私」は思っていますか。解答欄《らん》に合うように、本文中の言葉を使い、二十字以内で答えなさい。（句読点、カッコなども字数に数えて答えなさい。）

［二十字以内］ように仕付けてくれていたと思っている。

問２　傍線２「それ」の指す内容として最も適当なものを次から一つ選び、記号で答えなさい。
ア　話の中に出てくるお化けが、実際に存在すること。
イ　お化けの話を聞いて、ひどくおびえている自分。
ウ　自分なりに想像した、話の中に出てくるお化けの姿。
エ　実際に存在するかのように聞こえるお化けの話。

問３　空欄１に入る語として最も適当なものを次から一つ選び、記号で答えなさい。
ア　実感　　イ　迷信　　ウ　異常　　エ　驚《きょう》異

問４　「私」の郷里のことについて、正しいものには○、間違っているものには×を記しなさい。
ア　天城山系から流れ出した狩野川から枝分かれしたのが猫越川、長野川である。
イ　男の子が主に遊んだのは、本流のへイ淵であった。
ウ　「私」の郷里の村で、本流である狩野川に猫越川、長野川といった支流が合流している。
エ　他の集落の子供たちや、男の子、女の子の水域ははっきりと分かれていた。

問５　次の傍線部をそれぞれ言い切りの形にしたとき、波線１「不気味な」の言い切りの形と同じになるものを次から一つ選び、記号で答えなさい。
ア　海が深くなる。　　イ　今日、課題図書を読んだ。
ウ　波が高ければ遊泳禁止。　　エ　母は陽気で元気な人だ。

問６　波線２「立たざるを得ない」の意味として最も適当なものを次から一つ選び、記号で答えなさい。
ア　立ってはならない。　　イ　立たなければならない。
ウ　立とうとした。　　エ　どうしても立てない。

問７　波線３「そうな」と同じ用法ではないものを次から一つ選び、記号で答えなさい。
ア　明日は雨が降りそうだ。
イ　弟は悲しそうな目をしていた。
ウ　兄は明日京都へ行くそうだ。
エ　あまりのくやしさに涙が出そうになった。

問８　傍線３「このように解釈している」とありますが、どのように解釈しているのですか。解答欄に合うように、**いけない時刻**、**先祖帰り**、という二つの言葉を使い、二十五字以内で答えなさい。（句読点、カッコなども字数に数えて答えなさい。また、**いけない時刻**、**先祖帰り**、という二つの言葉を使う順序は問いません。）

人間が［二十五字以内］と解釈している。

よってわし摑《づか》みにされそうな、そんな怖さであったと思う。どの淵にも主《ぬし》か居るというようなことが言われていたが、主といった形があるものの怖さではなくて、もっと別のもののような気がする。何となくそこらに漂《ただよ》っているものの怖さなのであって、精霊とでも言った方がぴったりする。

——おい、坊《ぼう》！

振《ふ》り返っても、誰も居ない。姿は見えないが、何ものかにわし摑みにされていて足は動かない。

——こっちへ来な。

逃げようにも体は身動きできなくなっている。助けてくれと叫《さけ》ぼうとするが、声は出ない。謂《い》ってみれば、このようなことが起《おこ》り3そうな怖さなのである。

※柳田国男《やなぎた》に「山の人生」という有名な随筆《ずい》がある。その中で神かくしのことに触れて、神かくしに遇《あ》った人は大抵《たいてい》暮れ方に村はずれに出て行って、そのまま帰って来なくなっている。そういう事件について、昔の人は、いけない時刻に田圃《たんぼ》などへ出て行くからそういうことになるのだという言い方をしている。そうした点から考えると、昔の人は、人間が先祖帰りするいけない時刻というもののあるのを知っていたようである。つまり、そのいけない時刻に身を置くと、ふいに原始時代の心が立ち戻って来て、山に向《むか》って歩いて行くようなことになる。——その随筆では、神かくしなるものを、3このように解釈《かいしゃく》している。今日の〝蒸発〟も同じことかも知れない。

柳田国男は空間のことについては、はっきりと触れていないが、いけない時刻というものがあるなら、いけない空間というものもあってよさそうな気がする。暮色が迫って来る時刻をいけない時刻とするなら、[2]の拡《ひろが》りなどは、※さしずめいけない空間ということになりそうである。

何年か前に、この有名な随筆を読んだ時、私は幼い頃に一人で淵の畔《ほと》りに立った時の怖さを思い出した。そしてなぜあのように言い知れぬ恐怖感に襲《おそ》われたか不思議に思っていたが、もしかしたら、それはいけない時刻に身を置いたことから※生起《せいき》するものではなかったかと思った。幼い者にとっては、[3]というものはいけない空間であり、[4]というのはいけない時刻であったかも知れない。そして幼い者だけが持つ原始感覚は、その空間と時刻の組合せが誘発《ゆうはつ》しようとしているものを鋭敏《えいびん》に感じ取っていたのではないか。——もちろん、これは私の勝手な想像である。柳田先生在世《ざいせい》なら、伺《うかが》ってみるところであるが、先生は小説家というものは勝手なことを考えるものですねと、笑っておっしゃるかも知れない。

それはともかくとして、幼い頃は一人で淵の畔りに立つと怖かったものである。幽霊やお化けの怖さではなく、ふいに魂《たましい》でも摑まれそうな一種独特の畏怖感だったのである。

（井上《いのうえ》　靖《やすし》『幼き日のこと・青春放浪』「山火事」新潮社）

※土蔵……外壁《がいへき》を土壁として漆喰《しっくい》などで仕上げられるもの、蔵とよばれることが多い。
※われがちに……我先に
※截然……区別や差がはっきりしているさま。
※インキ壺……インクを入れておく机上用の小容器。
※畏怖感……おそれおののく気持ち。

そういった場所に一人で行った時感ずる、自分の他には誰も居ないといった思いであったようだ。自分の他には誰も居ないが、と言って、自分一人ではない。眼には見えないが、何か別のものが、そこには居るのである。滝の精霊《せいれい》であり、淵の精霊である。

　子供たちにとっては、お化けの方はお話の怖さであったが、滝や淵の精霊の方は、それを[1]として受け取っていた。私たちは一日中川で真裸《まっぱだか》になって遊び呆《ほう》けているくせに、いざそこを引き上げるとなると、※われがちに着物を抱《かか》えた。一番あとに、ひとり取り遺《のこ》されるのが怖かったのである。

　私の郷里の村は、狩野川《かのがわ》台風で有名になった狩野川の上流に沿っている。そして村の中でその狩野川の本流に、猫越《ねっこ》川とか、長野川とかいった支流が流れ込んでいる。現在はもちろん町制が布《し》かれ、天城湯ヶ島《あまぎゆがしま》町という立派な名前を持っているが、町になる以前は、上狩野村湯ヶ島である。そしてその湯ヶ島の集落で、共に天城山系から流れ出す三本の川は落合《おちあ》っている。

　狩野川の本流には猫越淵、大淵、宮ノ淵、おつけの淵、支流の長野川にはヘイ淵、巾着《きんちゃく》淵といった淵があった。淵は本流にある方が大きかったが、私たちは、家が支流の長野川に近かったので、泳ぐのも、魚を獲《と》るのも、蟹《かに》受けを伏せるのも、みな長野川に於《お》いてであった。めったに本流には行かなかった。そこは他の集落に属する水域であり、他の集落の子供たちの縄張《なわばり》であった。

　泳ぐのはヘイ淵専門であった。ヘイ淵は男の子の水浴び場、巾着淵は女の子たちの水浴び場であった。

男の子と女の子の水域は※截然《せつぜん》と別れていた。

　狩野川台風以後、ヘイ淵は淵としての形を失ってしまったが、私たちが夏休みの間、毎日のように泳ぎに行っていた頃《ころ》は、小さくはあったが、急深の、※インキ壺のような淵であった。一、二年の幼い頃は淵の裾《すそ》で遊び、少年になると、そのインキ壺に岩の上から跳《と》び込《こ》んだ。そして、唇《くちびる》が紫《むらさき》色になり、足の裏が白くなると、冷えきった体を、流れの中にころがっている石に抱《だ》きついて暖めた。腹を暖めたり、背を暖めたりした。河童《かっぱ》が甲羅《こうら》を乾《かわ》かしているのと少しも異らなかった。大きい河童も居れば、小さい河童も居た。

　従って、ヘイ淵は私たちの毎日の遊び場であり、川瀬の中に沈《しず》んでいる石の、どれが滑《すべ》るか滑らないかまで知っていた。それなのに、そこを引き上げる時は、一番あとに遺《のこ》されるのが厭《いや》で、われ先に着物を抱えたものである。

　――おれ、へこ帯を置いて来た。

途中で、着物を着る時になって、そんなことを言い出すのが居た。そして、一人で引返《ひきかえ》して行き、駈《か》け戻《もど》って来ると、

　――出なかった!

必ず、そんなことを言った。大勢で居れば怖くも何でもない水浴び場であったが、一人で行くと、何かが出て来るかも知れない1不気味な場所であったのである。

　私もまた、何回かヘイ淵の岸に一人で2立たざるを得ないことがあったが、人の気のないヘイ淵は全く異ったものに見えた。明るい陽光の降っている真昼は真昼で、暮れ時は暮れ時で、それぞれに不気味であった。淵の水の色も、川瀬の音も、異ったものに感じられた。

　一人で淵に行った時感ずる言い知れぬ※畏怖《いふ》感は、ふいに何ものかに

【国　語】（五〇分）〈満点：一〇〇点〉

【注意】○文字ははっきりと丁寧《ていねい》に書くこと。
○特に漢字の書き取りは、トメ・ハネにも注意すること。
○字数に制限がある問いに対しては、その指示をよく確認すること。

一　次の傍線部《ぼうせん》のカタカナを漢字に、漢字をひらがなに改めなさい。

1　あの馬はキショウがあらい。
2　旅をしてケンブンを広める。
3　マドギワは暖かい。
4　この書はカイシンの出来だ。
5　定石どおりにことを進める。
6　式が厳かにおこなわれる。
7　軽く会釈をかわす。

二　次の文章を読んで、後の問いに答えなさい。

私は祖母と二人で※土蔵に住んでいたが、めったに淋《さび》しいとか怖《こわ》いとか思うことはなかった。祖母が用事で他家に出掛けた夜などは、一人で土蔵に寝《ね》ていたが、別段淋しいとも思わないで眠《ねむ》った。鼠《ねずみ》が枕許《まくらもと》を走り廻《まわ》っても、賑《にぎ》やかでいいと思うくらいであるから、怖さということは知らなかった。1祖母がそのように仕付《しつ》けてくれていたのであろう。

幽霊《ゆうれい》とか、お化けに興味を持つようになったのは小学校へ上がってからである。〝ばた、ばた、ばた、ばた、おすわどん〟と言いながら、両手を前でだらりと下げて、幽霊の恰好《かっこう》をしてみせることがはやったのは、小学校の一、二年頃のことであろうか。私たちは毎日のように日が暮れるまで校庭で遊んでいたが、そろそろ家に帰ろうという時になって、誰《だれ》か一人が〝おすわどん〟をやると、みんなわれもわれもというように〝おすわどん〟をやった。やらないでいると怖かったので、自分から進んでお化けの方になったのである。暮色《ぼしょく》の立ち籠《こ》め始めた校庭にはたくさんのお化けができた。そして、みんな〝おすわどん〟をやりながら、多少うそ寒い気持で家に引き上げて行った。

ばた、ばた、ばた、というのは、団扇《うちわ》をあおぐ音で、おすわどんというのは団扇をあおぎながら出て来るお化けの恨《うら》みの対象になっている人物の名前らしかった。何か恨みでも持っている女の怨霊《おんりょう》なのであろう。

私たちは幽霊やお化けの話を聞きたがった。怖くはあったが、興味があった。私だちより五、六歳年長の本家の若い叔父《おじ》が、子供たちを集めては、よくお化けの話をして聞かせた。私たちは彼《かれ》の廻りに集《あつ》まると、お化けの話を期待した。

――お前ら、傘《かさ》のお化けというのを知っているか。

相手の口からそんな言葉が出ると、女の子供たちは、それだけで悲鳴をあげて逃《に》げ去ったものである。

子供たちは子供たちで、お化けの話は怖くはあったが、根本的には、それに信用をおいていないところがあった。怖くはあったが、お話の怖さであった。ひとつ目小僧《こぞう》も、傘のお化けも、その異様な姿を、自分の瞼《まぶた》に描《えが》いて、2それに怖さを感じていたに過ぎないのである。

本当の怖さというものは、お化けなどではなくて、滝とか、淵《ふち》とか、

MEMO

大切なことはメモしておこうネ！

特待

2024年度

解　答　と　解　説

《2024年度の配点は解答欄に掲載してあります。》

＜算数解答＞

1　(1)　45　(2)　0.25　(3)　時速7.2km　(4)　18頭　(5)　①　$40cm^2$
②　8cm　(6)　ア　122度　イ　27度　(7)　$23\frac{1}{9}cm^2$

2　(1)　28分後　(2)　分速75m　(3)　2700m

3　(1)　$50.24cm^2$　(2)　$25.12cm^2$　(3)　$25.12cm^2$

4　(1)　$7000cm^3$　(2)　17.5cm　(3)　9：7

5　(1)　解説参照　(2)　32　(3)　9倍

○推定配点○

2～4(2)　各5点×8　4(3)，5　各6点×4　他　各4点×9　計100点

＜算数解説＞

1　(四則計算，速さの三公式と比，割合と比，平均算，ニュートン算，和差算，数の性質，平面図形，相似)

(1)　321－12×23＝45

(2)　$\square=1.25-\left(\frac{13}{10}\times\frac{5}{4}-\frac{7}{8}\right)\times\frac{4}{3}=1.25-1=0.25$

重要　(3)　片道の距離…18kmとする。したがって，往復の平均時速は18×2÷(18÷6＋18÷9)＝36÷5＝7.2(km)

重要　(4)　1頭が1日で食べる草の量…1とする。1日で生える草の量…(1×24×16－1×36×8)÷(16－8)＝(384－288)÷8＝12　最初に生えていた草の量…288－12×8＝192　したがって，求める頭数は(192＋12×30)÷30＝18.4より，18頭

重要　(5)　面A・B・Cの面積…それぞれア・イ・ウで表す。

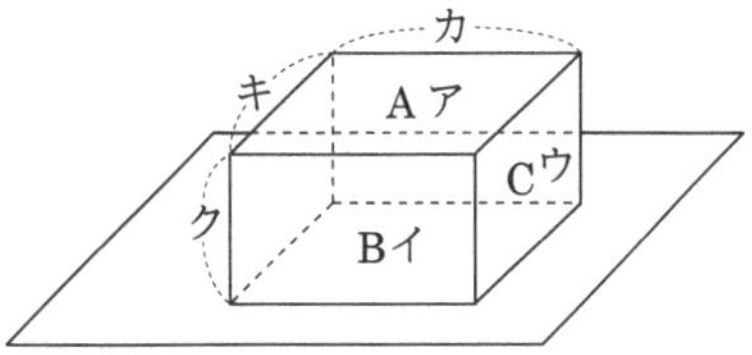

ア＋(イ＋ウ)×2＝118…X　イ＋(ア＋ウ)×2＝143…Y　ウ＋(ア＋イ)×2＝134…Z

①　X＋Y＋Z…(ア＋イ＋ウ)×5＝118＋143＋134＝395　(ア＋イ＋ウ)×2…395÷5×2＝158…W　したがって，W－Xより，アは158－118＝40(cm^2)

②　ウ…W－Zより，158－134＝24(cm^2)　イ…W－Yより，158－143＝15(cm^2)　ア…右図より，カ×キ＝40　イ…ク×カ＝15　ウ…キ×ク＝24　キ×キ…40×24÷15＝64＝8×8　したがって，キは8cm

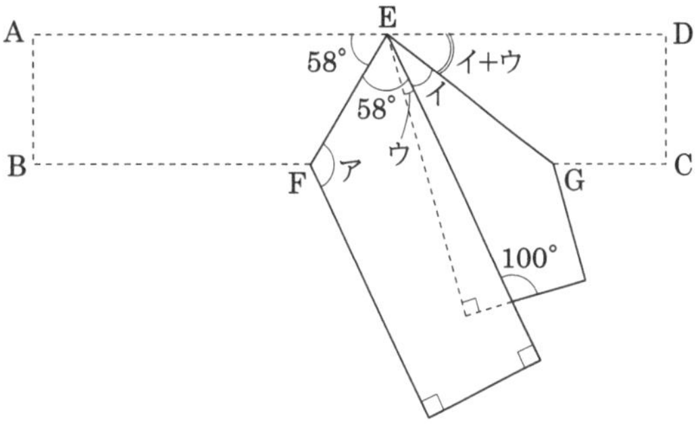

重要　(6)　ア…右図より，360－(58＋90×2)＝122(度)　ウ…100－90＝10(度)　Eについての角度…イ×2＋10＋58×2＝180

したがって，イは{180−(10＋116)}÷2＝27(度)

やや難　(7)　$\frac{4}{3}$cm：2cm…右図より，2：3　直角三角形AEFとFGC…相似より，8：③＝③：2　③…8×2＝16＝4×4より，4cm　②…4÷3×2＝$\frac{8}{3}$(cm)

したがって，求める面積は$16+\frac{8}{3}\times\frac{8}{3}=23\frac{1}{9}$(cm^2)

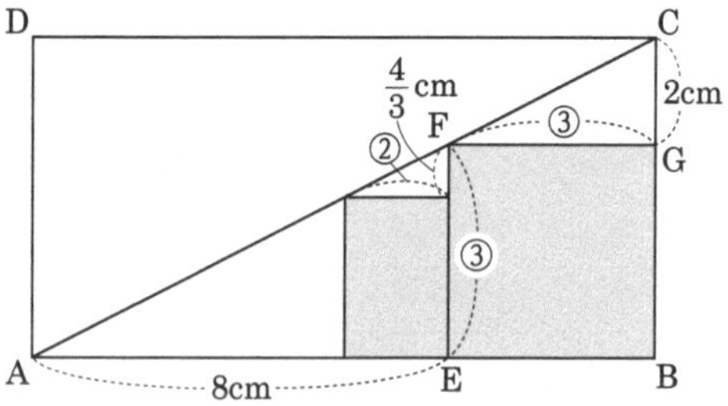

重要　**2　(速さの三公式と比，旅人算，割合と比)**

(1)　A君とC君が出会ったとき，A君とB君が進んだ距離の差…(100＋60)×7＝1120(m)

したがって，A君とC君が出会った時刻は1120÷(100−60)＝28(分後)

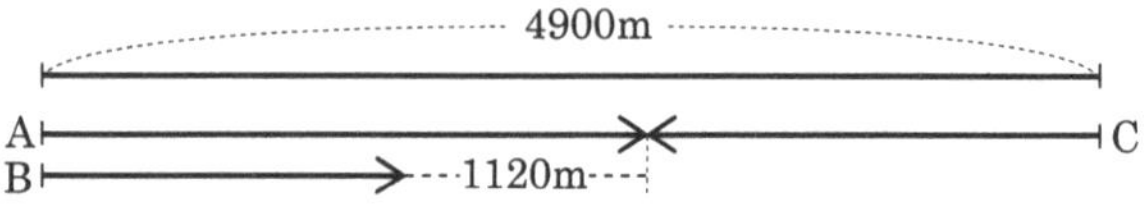

(2)　A君とC君が出会ったとき，C君が進んだ距離…(1)より，4900−100×28＝2100(m)　したがって，C君の分速は2100÷28＝75(m)

(3)　A君とB君が出会った時刻…28＋1120÷(100＋60)＝35(分後)　35分後のA君とC君の間の距離…(100−75)×(35−28)＝175(m)　A君とC君の分速の比…100：75＝4：3

したがって，求めるC君の距離は75×35＋175÷(4＋3)×3＝2625＋75＝2700(m)

3　(平面図形，図形や点の移動)

重要　(1)　図サ…4×4×3.14＝50.24(cm^2)

(2)　図シ…(3×3−1×1)×3.14＝8×3.14＝25.12(cm^2)

やや難　(3)　おうぎ形ア×3…図スより，2×2×3.14÷2＝2×3.14(cm^2)　図形イ×3…(4×4−2×2)×3.14÷2＝6×3.14(cm^2)

したがって，求める面積は(2＋6)×3.14＝25.12(cm^2)

図サ

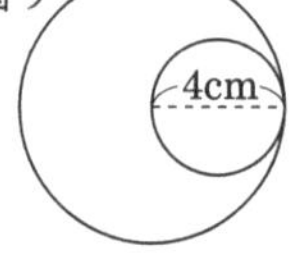

図シ

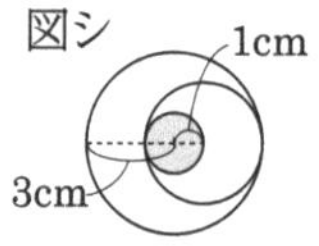

図ス

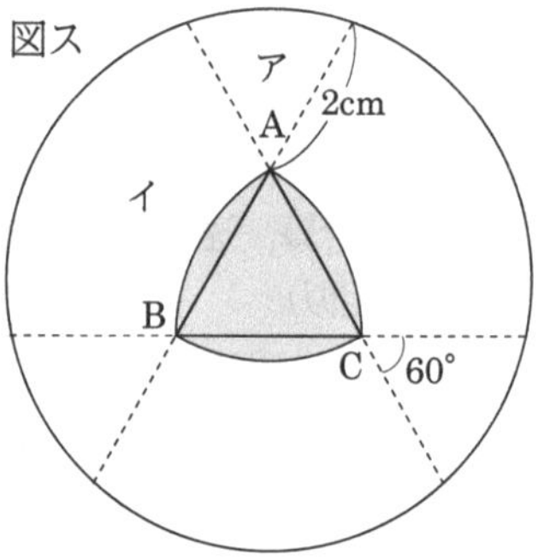

重要　**4　(平面図形，立体図形，割合と比)**

図1

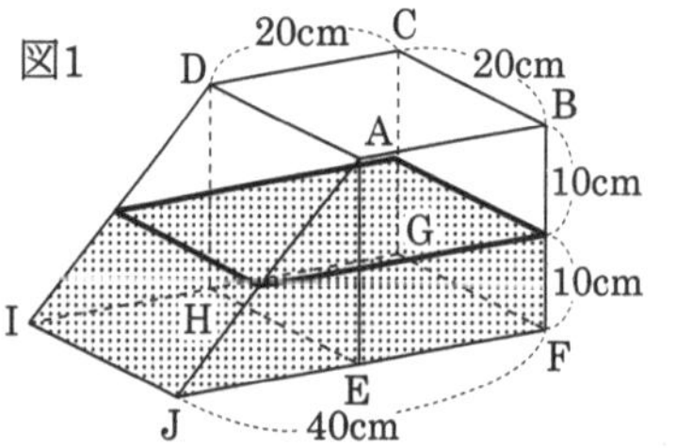

図2

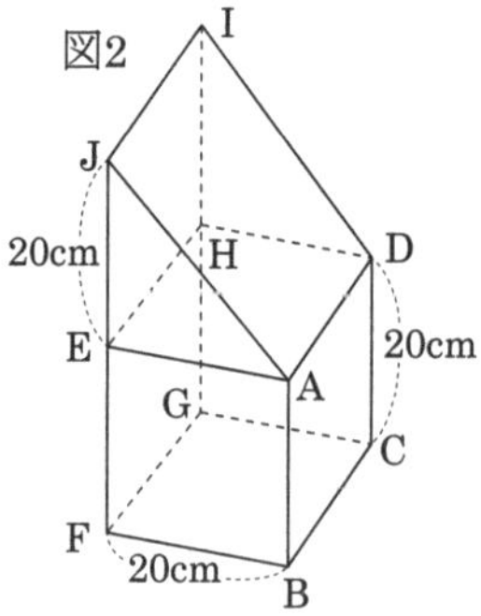

図3

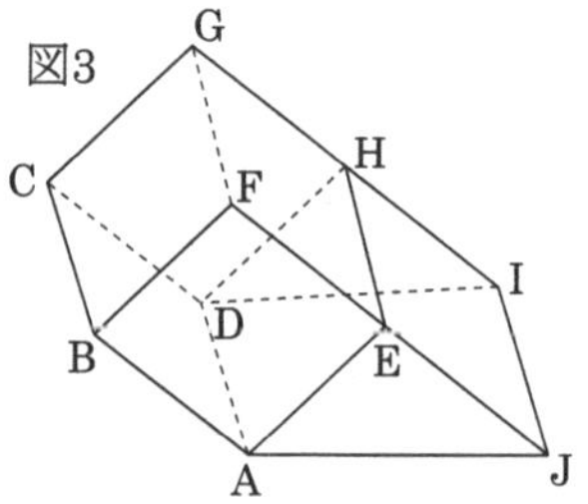

図4

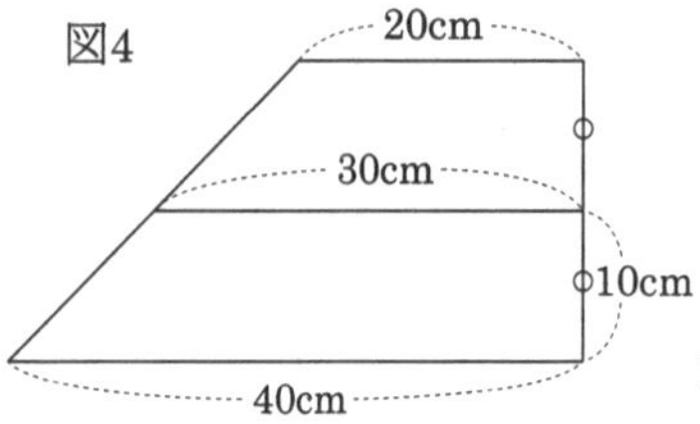

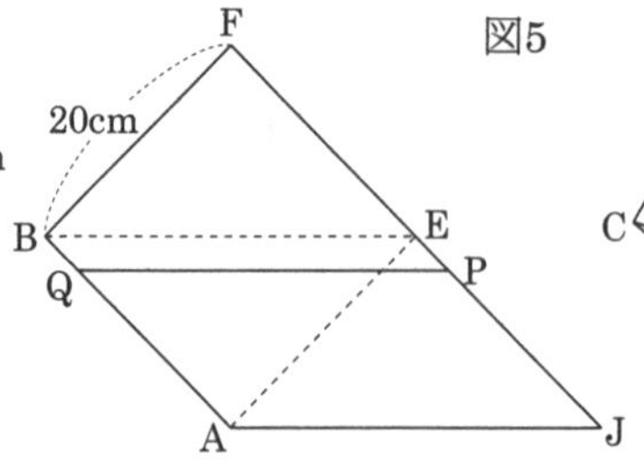

図5

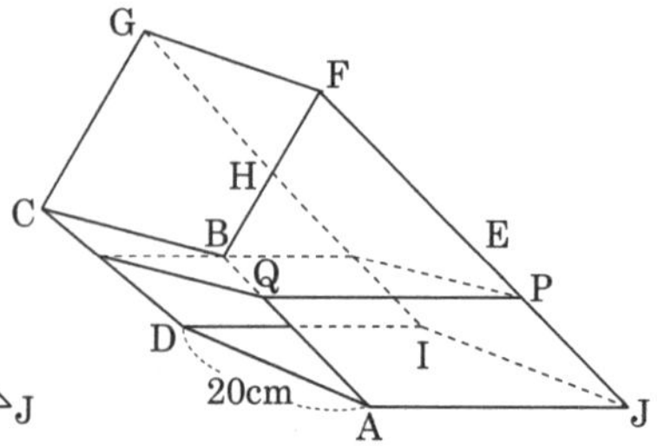

(1)　水量…前ページの図1・4より，$(30+40)\times10\div2\times20=7000(cm^3)$

(2)　水面の高さ…(1)より，$7000\div(20\times20)=17.5(cm)$

(3)　平行四辺形PQAJの面積…(1)・前ページの図5より，$7000\div20=350(cm^2)$　平行四辺形EBQPの面積…$20\times20-350=50(cm^2)$　EP：PJ…50：350＝1：7　したがって，FP：PJは(1×2＋7)：7＝9：7

重要 **5** **(平面図形，規則性，割合と比)**

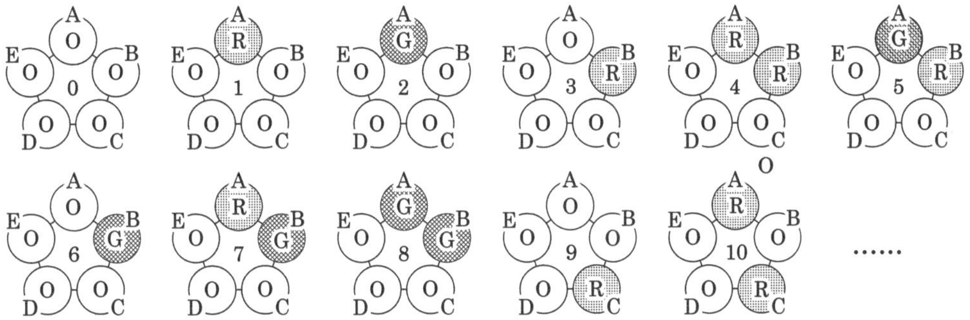

1…AR　2…AG　3…BR　4…BR・AR　5…BR・AG　6…BG
7…BG・AR　8…BG・AG　9…CR　} 規則は三進法

(1)　12…9＋3より，下図1

(2)　DR…$3\times3\times3=27$　したがって，BR・AG・DR＝5＋27＝32

(3)　下図3の例で計算する。X…1　Y…9　したがって，求める割合は9倍

図1

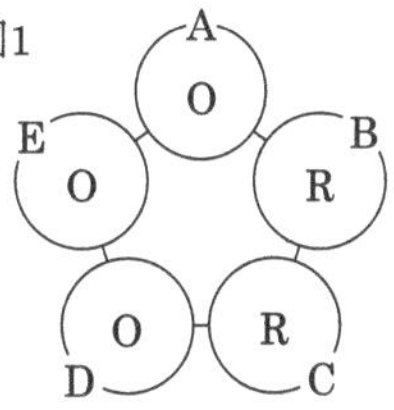

図2

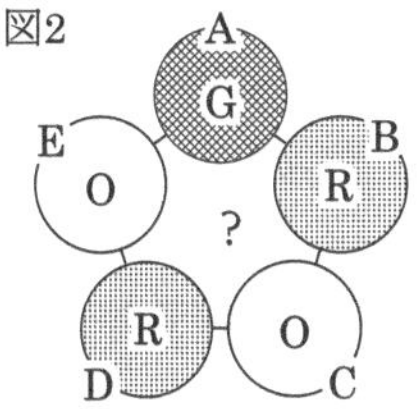

図3

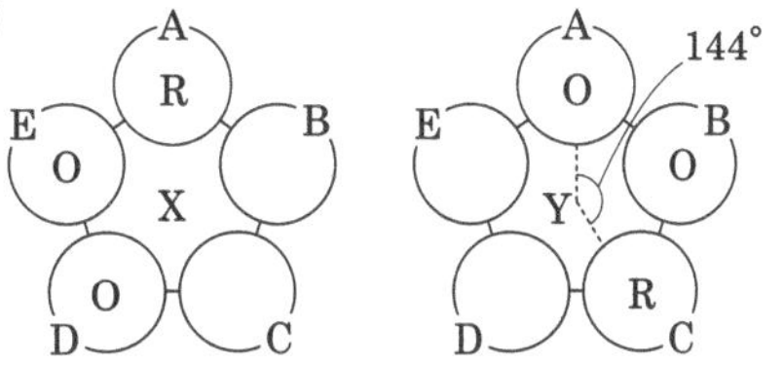

★ワンポイントアドバイス★

1(3)「ニュートン算」以下，(7)「辺の比と面積」まででどれだけ得点できるが1つのポイントである。ただし，その他の問題についても3(3)「正三角形のくいの場合」の面積を除くと，それほど難しい問題はない。

＜理科解答＞

1　問1　(1)　60g　(2)　40cm　問2　(1)　50g　(2)　40cm　問3　(1)　65g　(2)　40cm　問4　(1)　30g　(2)　60cm

2　問1　イ　問2　9.8g　問3　19.6g　問4　28.1%　問5　60g　問6　40.4g

3　問1　ウ　問2　ア，イ，エ　問3　エ　問4　イ　問5　オ　問6　①　ア　②　エ　③　ア　④　イ

4　問1　エ　問2　①　大き　②　低　問3　蒸発　問4　イ　問5　イ

問6　ア，エ　　問7　ウ，エ

○推定配点○

1　問3　各3点×2　　他　各2点×6　　2　問1～問3　各2点×3　　他　各3点×3

3　問4・問5　各3点×2　　問6　8点(完答)　　他　各2点×3(問2完答)

4　問3　3点　　他　各2点×7(問6・問7各完答)　　　計70点

＜理科解説＞

1　(力のはたらき－滑車)

基本　問1　(1)　動滑車にかかるひもが2本なので120g×$\frac{1}{2}$＝60(g)である。　(2)　支える力が$\frac{1}{2}$となると引く長さは2倍の40cmとなる。

基本　問2　(1)　動滑車にかかるひもが4本なので200g×$\frac{1}{4}$＝50(g)である。　(2)　支える力が$\frac{1}{4}$となるので引く長さは4倍の40cmとなる。

問3　(1)　各動滑車の重さを加えると下の動滑車にかかるひもが2本なので(200g＋20g)×$\frac{1}{2}$＝110(g)である。上の動滑車にもかかるひもが2本なので(110g＋20g)×$\frac{1}{2}$＝65(g)となる。

(2)　動滑車にかかる4本のひもをそれぞれ10cm短くする必要があるので引く長さは4倍の40cmとなる。

問4　(1)　動滑車にかかるひもが4本なので120g×$\frac{1}{4}$＝30(g)である。　(2)　支える力が$\frac{1}{4}$となるので引く長さは4倍の60cmとなる。

2　(物質と変化－ものの溶け方)

基本　問1　水の温度ととける物の重さは比例しない。食塩水には固体の食塩がとけているので、水を蒸発させると食塩の結晶が出てくる。また、物質を水にとかす前ととかした後で全体の重さは変わらない。正解はイである。

基本　問2　20℃の水100gに食塩は37.8gとけるので，あと37.8g－28g＝9.8(g)とける。

問3　20℃の水100gにホウ酸は4.9gとけるので400gには4.9g×$\frac{400}{100}$＝19.6(g)とける。

重要　問4　60℃の水に食塩は39.0gとけるので$\frac{39.0}{39.0+100}$×100≒28.05より28.1％となる。

問5　60℃の水100gにホウ酸は15.0gとけ，水溶液は115gできる。460gの水溶液には15.0g×$\frac{460}{115}$＝60.0(g)とけている。

問6　問5の水溶液中の水は400gである。20℃の水400gには19.6gとけるので，60.0－19.6＝40.4(g)がとけきれずにでてくる。

3　(生物－人体)

基本　問1　父親からAの遺伝子，母親からBの遺伝子を受け継ぐので子の遺伝子型・血液型はAB型となる。

問2　O型の遺伝子型はOOなので，父親の遺伝子型はAOで，母親は遺伝子型にOを含んでいるので，AO，BO，OOが考えられ，ABは考えられない。

問3　9の遺伝子型がOO，10の遺伝子型がABで，6の血液型がAであることから6の遺伝子型はAO，7の遺伝子型はBOと考えられる。

基本　問4　17の血液型がB型であることから遺伝子型はBBとBOが考えられ，BBは両親ともにB型のときなので，BOとわかる。13の血液型がA型であることから遺伝子型はAOが考えられ，14の血液型はB型であることがわかる。

問5　14の遺伝子型はBBかBOであるが12がO型なのでBOとわかり，15がA型であることから11の遺伝子型にはAとBが含まれるのでAB型である。

問6　8の遺伝子型はBO，17もBOなので右の表のようになり，BB：BO：OO＝1：2：1となるので，A型0%，B型75%，AB型0%，O型25%となる。

	B	O
B	BB	BO
O	BO	OO

4　(天体・気象・地形－気象)

問1　暑さ指数はWet Bulb Globe Temperatureの略でWBGTである。

基本　問2　空気が乾いているほど水が蒸発し気化熱をうばうので，乾球との温度差は大きくなり，湿球の示度は低くなる。

基本　問3　湿度が高い場所では汗が蒸発しにくい。

重要　問4　乾球と湿球の示度の差が小さいほうが湿度が高いので暑さ指数が高い。

問5　暑さ指数が33℃以上の場合「熱中症警戒アラート」を発信する。

問6　熱中症警戒アラートでは暑さ指数予測値と予想最高気温の値と具体的にとるべき熱中症予防行動が発信される。

問7　熱中症予防のためには，外出を控えることや室内の温度を調節して涼しくすること，こまめな水分や塩分の補給がある。特に65歳以上の高齢者はののどの渇きや暑さに対する調整機能や体の感覚機能が低下しているので注意が必要である。ウとエがあてはまらない。

★ワンポイントアドバイス★

計算問題に関しては，表から数値を読み取れば比較的たやすく解くことができる。本文中にある数値や考え方のヒントをしっかり把握して考えよう。

第1回

2024年度

解 答 と 解 説

《2024年度の配点は解答欄に掲載してあります。》

＜算数解答＞

1 (1) $4\frac{7}{9}\left[\frac{43}{9}\right]$ (2) 11 (3) 180m (4) 女子のほうが2点高くなる
(5) 1050枚 (6) 18.42cm^2 (7) 116度 (8) 60cm

2 (1) 6 (2) 10cm (3) 195秒後

3 (1) ① 2通り ② 4通り (2) 21通り

4 (1) 24番目 (2) 34 (3) 1816

5 (1) 200cm^2 (2) 514cm^2 (3) 135.5cm^2

○推定配点○

各5点×20(1(4)完答) 計100点

＜算数解説＞

1 **(四則計算，速さの三公式と比，通過算，割合と比，平均算，倍数算，平面図形，和差算)**

(1) $5-\frac{4}{3}\times\frac{1}{6}=5-\frac{2}{9}=4\frac{7}{9}$

(2) □＝(54－63÷3)÷3＝11

重要 (3) 秒速…(600－360)÷(39－27)＝20(m) したがって，電車の長さは20×39－600＝180(m)

重要 (4) Aグループ…男子4人の平均点50点・女子4人の平均点45点 Bグループ…男子4人の平均点10点・女子2人の平均点6点 男子8人の平均点…(50＋10)÷2＝30(点) 女子6人の平均点…4：2＝2：1より，(45×2＋6)÷3＝32(点) したがって，女子のほうが2点，高くなる。

重要 (5) 花子さんの最初の数…③
太郎君の最初の数…③×2＋③÷3＝⑦
次郎君の最初の数…③×2－③÷3＝⑤
300枚…⑤－③＝②
したがって，太郎君の最初の数は300÷2×7＝1050(枚)

図1

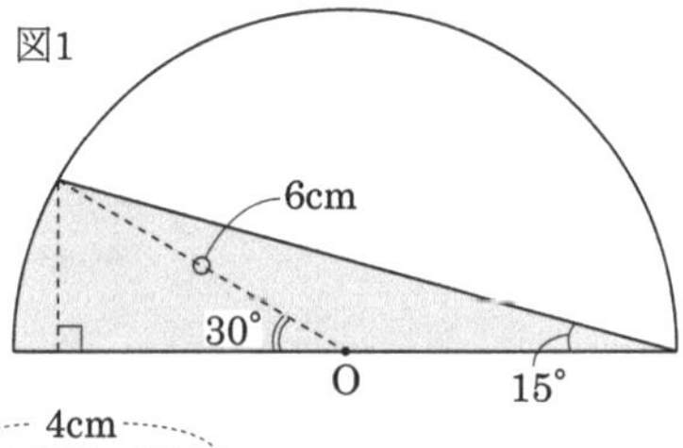

重要 (6) 右図1より，6×6×3.14÷12＋6×3÷2
＝9.42＋9＝18.42(cm^2)

図3

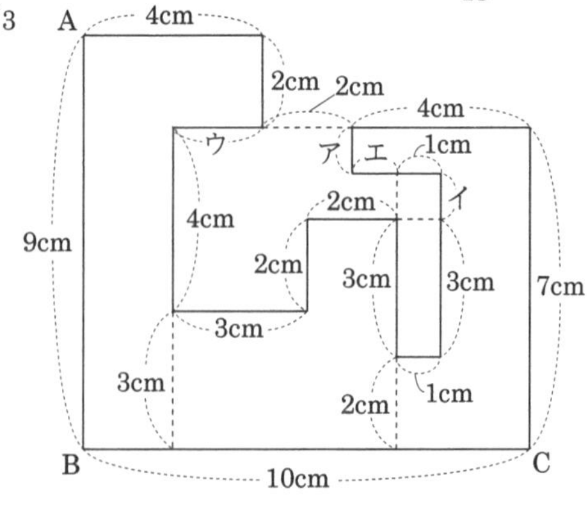

やや難 (7) 角ABD＝BDA…下図2より，(180－128)÷2＝26(度)
四角形の内角の和…(イ＋26＋ウ＋26)×2＋128＝360(度)
したがって，イ＋26＋ウ＋26は(360－128)

図2

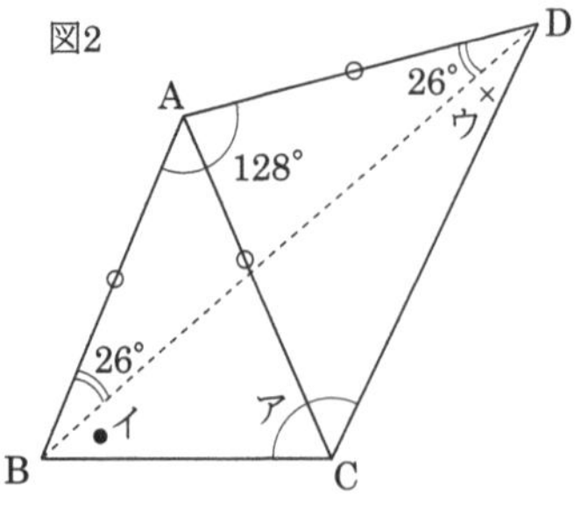

÷2＝116(度)

重要　(8)　ア＋イ…前ページの図3より，7－(3＋2)＝2(cm)　　ウ＋エ…3＋2＋1－(2＋1)＝3(cm)　したがって，2×4＋4×3＋9＋10＋7＋1×2＋3×4＝8＋12＋26＋14＝60(cm)

重要 **2　(平面図形，立体図形，単位の換算)**

給水量…毎秒36cm^3　　条件…グラフ(A)・(B)は平行

図1

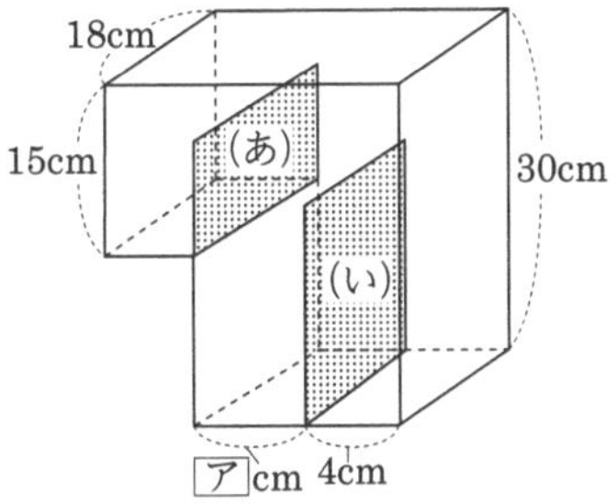

図3

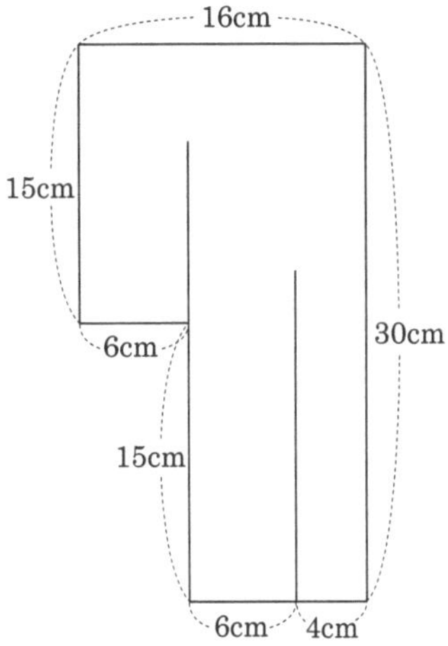

図2

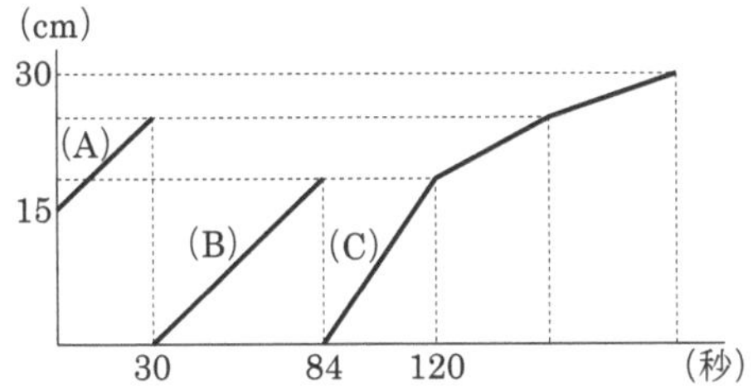

(1)　BとCの時間の比…(84－30)：(120－84)＝3：2　　したがって，アは4÷2×3＝6(cm)

(2)　仕切り(あ)の左側部分の横幅…条件と(1)より，6(cm)　　したがって，グラフより，(あ)の高さは36×30÷(18×6)＝10(cm)

(3)　上図3より，(30×16－15×6)×18÷36＝390÷2＝195(秒後)

3　(場合の数，平面図形，立体図形)

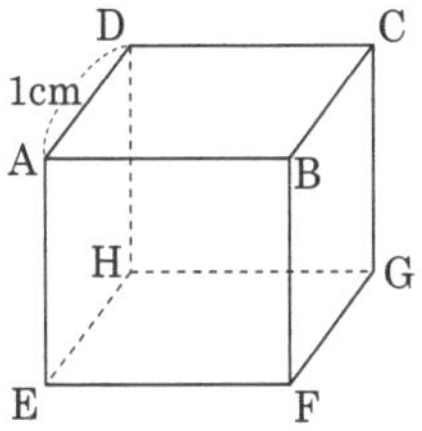

ルール…・同じ辺を通らない

・通った辺が同じ場合は，逆回りでも同じとする

重要　(1)　①　下図1の2通り　　②　下図2の4通り

やや難　(2)　(1)より，上面の辺AB・ADを通り辺の長さの和が8cm・6cm・4cmになる場合は2＋4＋1＝7(通り)　　したがって，前面の辺AB・AEを通る場合，左面の辺AD・AEを通る場合を含めて全部で7×3＝21(通り)

図1

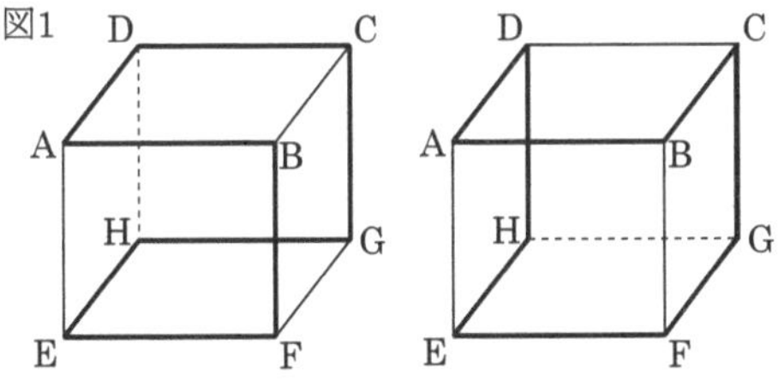

図2

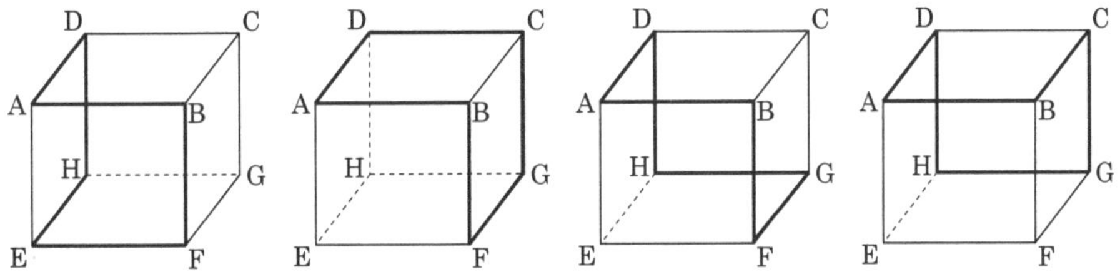

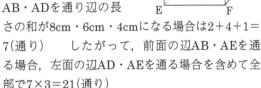

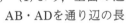

重要 4 (数列)

1　2　3
2　3　4
3　4　5
⋮
33　34　35
34

(1)　10…8行目の右列　　したがって，最初から3×8=24(番目)

(2)　100番目の数…100÷3=33余り1　　したがって，33+1=34

(3)　{(1+34)×34+(2+34+3+35)×33}÷2=35×17+37×33=595+1221
=1816

5 (平面図形，図形や点の移動)

重要 (1)　下図1より，20×20÷2=200(cm^2)

(2)　(1)・下図2より，20×20×3.14÷4+200=514(cm^2)

やや難 (3)　半径×半径…(1)・下図3より，200　　したがって，求める面積は200×3.14÷2−(10×10×3.14÷4+10×10)=75×3.14−100=135.5(cm^2)

図1
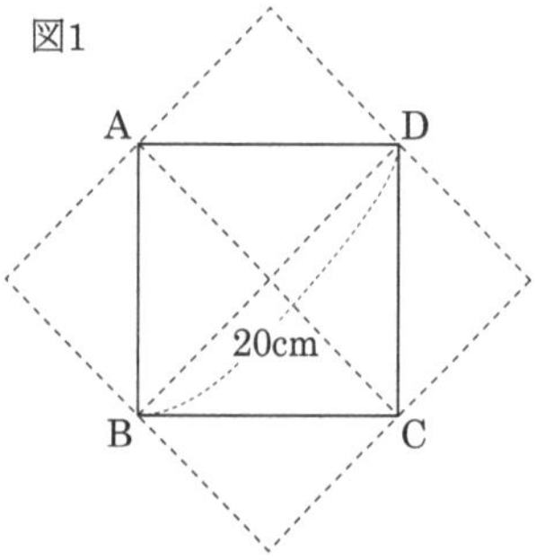

図2
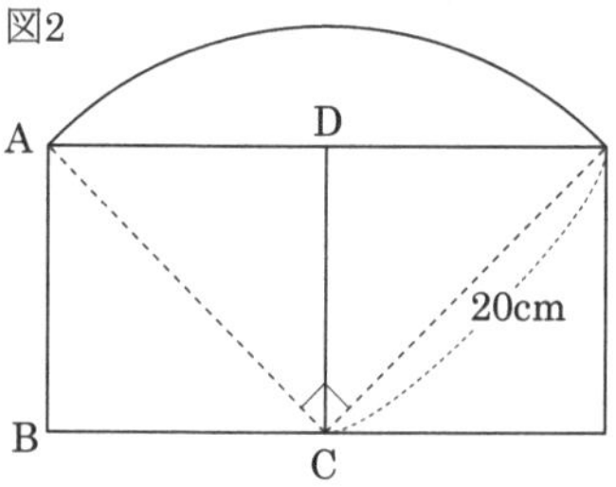

図3
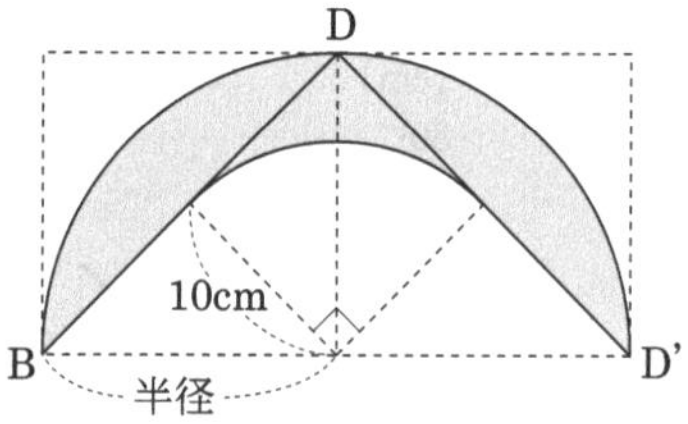

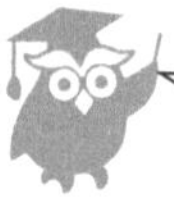

★ワンポイントアドバイス★

1(7)「アの角度」は簡単ではなく，(8)「周の長さ」も面倒である。2(2)「仕切りの高さ」は「A・Bが平行」という条件を見落とすと解けない。3(2)「全部の場合の数」も，(1)の利用に気づかないと難しい。

＜理科解答＞

1　問1　30mL　　問2　ウ　　問3　20mL　　問4　ウ　　問5　21.8mL　　問6　ア

2　問1　ア　　問2　(1)　ウ　　(2)　カ　　問3　12g　　問4　2.7g　　問5　24g

3　問1　イ　　問2　(1)　ウ　　(2)　ウ，カ　　問3　イ，ウ，エ
問4　(1)　ウ　　(2)　オ　　問5　食物連鎖

4　問1　エ　　問2　ウ　　問3　ウ　　問4　西　　問5　イ，エ　　問6　ア

○推定配点○

各2点×25(3問2(2)・問3，5問5各完答)　　計50点

＜理科解説＞

1 (力のはたらき−物質の状態変化)

基本 問1　注射器に何も入っていないとき80gだから，水の重さは100g−80g=20(g)である。水20gは20mLだから，空気の体積は50mL−20mL=30(mL)である。

基本 問2　空気が冷やされると体積は減少するので，ピストンは下に動く。

基本 問3　水の重さは20gなので20mLである。

問4　グラフより100mLの空気の体積は1度で(137－100)÷100＝0.37(mL)減少するので，30mLならば$0.37\times\frac{30}{100}$＝0.111(mL)減少する。40℃から20℃で20度下がると0.111mL×20＝2.22(mL)減少するので，30mL－2.22mL＝27.78(mL)≒28(mL)となる。

問5　水が氷になるとき体積が1.09倍になるので，20mL×1.09＝21.8(mL)となる。

問6　空気の体積はさらに20度下がると2.22mL減るので27.78mL－2.22mL＝25.56(mL)となるので，氷の体積を加えると25.56mL＋21.8mL＝47.36(mL)となる。

2　**(物質と変化－燃焼)**

基本 問1　金属を加熱すると酸素と結びつき酸化物ができ，気体は発生しない。マグネシウムを加熱すると強い光を出し，反応後は白色の酸化マグネシウムになる。銅は加熱しても炎を上げず，黒色の酸化銅になる。正解はアである。

基本 問2　(1)　表1より1.2g：(2.0g－1.2g)＝1.2：0.8＝3：2である。　(2)　表2より1.2g：(1.5g－1.2g)＝1.2：0.3＝4：1である。

重要 問3　表1よりマグネシウム：反応後の物質＝1.2g：2.0g＝3：5だから3：5＝7.2g：xgより12.0gである。

問4　マグネシウムと反応した酸素は，10.2g－7.2g＝3(g)となる。この3gの酸素と反応したマグネシウムは3：2＝x：3gより4.5gだから，反応していないマグネシウムは7.2g－4.5＝2.7(g)である。

やや難 問5　マグネシウム1gは$\frac{5}{3}$gの酸化マグネシウムになり，銅1gは$\frac{5}{4}$gの酸化銅になる。32gがすべて銅だとすると反応後$32\times\frac{5}{4}$＝40(g)にしかならないので，$(50-40)\div\left(\frac{5}{3}-\frac{5}{4}\right)=10\div\frac{5}{12}=24$(g)がマグネシウムとわかる。

3　**(生物－動物)**

問1　日本全国で広く在来種に大きな影響を与える可能性があるアカミミガメとアメリカザリガニは「条件付特定外来生物」に指定された。

基本 問2　(1)　アカミミガメは「は虫類」に分類される。　(2)　アメリカザリガニの体は頭胸部と腹部に分かれ，頭胸部にハサミも含め10本の足がついていのでウ，カがあてはまる。

重要 問3　ペットショップによる販売購入の禁止，不特定多数の人への配布，池や川など野外に放したり逃がすことが禁止されたので，あてはまるのはイ・ウ・エである。

問4　(1)　アカミミガメは植物食の傾向が強い雑食性で，植物の葉・花・果実，水草のほかカエル・ヘビ・昆虫などを食べるのでウが間違っている。　(2)　ただ池の水を抜くだけでは，土手に穴を掘ったり，泥の中にもぐったり，歩いて別の水辺に移動するので駆除できないためオが間違っている。

基本 問5　植物→草食動物→肉食動物の生物どうしの食べる・食べられる関係を「食物連鎖」という。

4　**(天体－地球と太陽・月)**

問1　1秒で地球7周半だから6400km×2×3.14×7.5＝301440(km)≒秒速30万(km)

問2　往復で2.51秒だから，秒速30万km×2.51秒÷2＝376500(km)≒38万(km)となる。

基本 問3　太陽全体がかくれるのは「かいき日食」である。

重要 問4　図の下から月が動くので，この図では太陽の下側から欠ける。太陽は南側にあり地球は西から東に自転しているので図の下側は西だから西から欠ける。

重要 問5　次ページの図のように「地球から月までの距離」:「地球から太陽までの距離」＝「月の直径」:「太陽の直径」の相似な関係となる。

問6　太陽から地球までの距離は秒速30万(km)×8(分)19(秒)＝秒速30万(km)×499(秒)＝14970万(km)となり，「地球から月までの距離」の14970万(km)÷38万(km)＝393.9≒400(倍)だから，太陽の直径は月の約400倍となり，地球の約100倍となる。

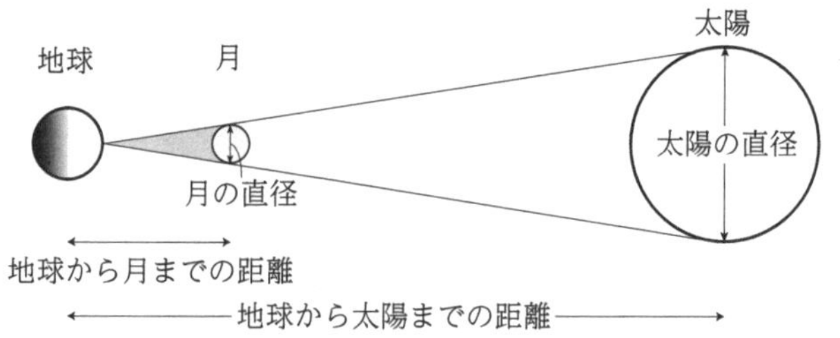

★ワンポイントアドバイス★

学習してきた知識を与えられた数値をもとに検証する出題や，実験で得た資料から計算する出題が中心である。環境に関する時事問題に関連する出題もあるのでまとめておこう。

＜社会解答＞

[1]　問1　1　18歳　2　武蔵野　3　100　4　貝塚　5　武蔵　6　豊臣秀吉　7　横浜[神奈川]　8　小江戸　問2　(1)　ウ　(2)　エ　(3)　ア　問3　ウ　問4　民主主義　問5　エ　問6　ア　問7　(1)　エ　(2)　イ　問8　イ　問9　イ　問10　イ→ウ→ア→エ　問11　イ　問12　エ　問13　ウ　問14　ウ　問15　ア　問16　株仲間　問17　(1)　ウ　(2)　イ　問18　(1)　インフレーション　(2)　ア　問19　オ　問20　エ　問21　イ　問22　エ

○推定配点○

問1・問3～問6・問10・問16・問18　各2点×16　他　各1点×18　計50点

＜社会解説＞

[1]　**(総合問題ー「川越市」を起点とした問題)**

重要　問1　1　選挙権が「18歳以上」に引き下げられたのは2015年の公職選挙法改正による。　2　武蔵野台地は関東山地の東麓に広がる洪積台地である。　3　空欄3の2行上に1922年に市制移行されたことが記されている。　4　貝塚は日常の食料であった貝の殻などを投棄したものが蓄積したところである。　5　武蔵国は現在の東京都・埼玉県・神奈川県北東部に位置していた。

6　豊臣秀吉は全国統一後，朝鮮出兵を断行するが失敗に終わった。　7　幕末開港後，横浜は国内最大の貿易港であった。　8　川越市は江戸の情緒を今に残しており，都心から1時間弱とアクセスも良好である。

問2　(1)　川越市は，さいたま市・川口市に次ぐ県内3位の人口規模となる。　(2)　ア・ウは鎌倉時代の執権，イは後北条氏4代目となる。　(3)　イ・ウ・エはいずれも近代以降に普及したものである。

問3　アは深谷市，イは飯能市，エはさいたま市となる。

基本　問4　地方自治は民主主義の基盤であり，また，地方自治への参加を通して住民が民主主義のあり方を学ぶという意味から「民主主義の学校」といわれている。

問5　ア　参議院議員の任期は6年である。　イ　「有権者～」が不適。　ウ　「男子のみ」が不適。

問6　イ　「弱まった」ではなく強まった。　ウ　日本だけの特徴的な都市ではない。　エ　「ベットの需要が高まったことで」が不適。

問7　(1)　アは促成栽培，イは抑制栽培，ウは大規模農業の説明となる。　(2)　イのさつまいもの上位3県は鹿児島県，茨城県，千葉県となる。

問8　問3の「川越市の位置」が手がかりとなる。

問9　下線⑦直前の「上円下方墳」を踏まえる必要がある。

基本　問10　アは672年，イは663年，ウは667年，エは694年の出来事となる。

問11　アは現在の滋賀県，ウは現在の愛知県，エは現在の三重県に位置していた。

基本　問12　ア・イは11世紀，ウは12世紀の人物である。

問13　ウが江戸城跡(皇居)である。アは姫路城，イは熊本城，エは大阪城である。

問14　アは東京，イは千葉市，エは鎌倉市となる。

問15　イは江戸時代前期の儒学者，ウは安土桃山時代の僧侶，エは江戸時代前期の僧侶となる。

重要　問16　株仲間は天保の改革時に解散された。

問17　(1)　アは松くいムシ，イはカミキリムシ，エはナメクジがエサとしている。　(2)　アはカラムシ，ウは精麻，エは木綿からそれぞれ作られる。

重要　問18　(1)　物価が下落する現象をデフレーションという。　(2)　ア　老年人口は増加している。

問19　Aは1873年，Bは1874年，Cは1869年，Dは1872年の出来事となる。

問20　エ　川越市のシンボルの「時の鐘」を手がかりに選択する。

問21　平成の大合併で全国の市町村数は約4割減少した。

基本　問22　エが菅義偉である。アは岸田文雄，イは安倍晋三，ウは麻生太郎である。

★ワンポイントアドバイス★

単純な知識のみでなく，知識を活用させたり，思考力が問われる問題も出題されるので日頃からしっかり対策しよう。

＜国語解答＞

一　1　気性　2　見聞　3　窓際　4　会心　5　じょうせき　6　おごそ　7　えしゃく

二　問1　(例)　めったに淋しいとか怖いとか思うことがない　問2　ウ　問3　ア
問4　ア　×　イ　×　ウ　○　エ　○　問5　エ　問6　イ　問7　ウ
問8　(例)　いけない時刻に身を置くと，先祖帰りをする　問9　田圃
問10　エ　問11　ウ

三　問1　Ⅰ　オ　Ⅱ　イ　Ⅲ　ア　Ⅳ　ウ　問2　a　サ　b　コ　c　ア　d　エ
問3　助けたい　問4　エ　問5　ウ　問6　イ　問7　ウ　問8　させたりする
問9　(例)　人間が野生の生き物をありのままに受け入れ，両者が共存するという関係を築くこと。人間は，感情に流されて生態系への不用意な介入をする，ということを避けねば

ならない。　問10　ア　B　イ　B　ウ　A　エ　B　オ　A

○推定配点○

一　各2点×7　二　問1・問8　各7点×2　他　各2点×12

三　問9　10点　他　各2点×19　計100点

＜国語解説＞

一　(漢字の読み書き)

1　生まれつきの性情。「性」の読み方に注意。　2　見たり聞いたりすること。また，そうして得た知識・経験のこと。　3　窓のそば。　4　心にかなうこと。　5　元の意味は，囲碁で，長年の研究によって，部分的に双方ともに最善とされる，きまった形の打ち方のこと。転じて，物事を処理するときの決まった仕方，という意味を表す。　6　威儀正しく，近寄りにくい様子。　7　挨拶のお辞儀のこと。

二　(小説一内容理解，指示語，空欄補充，品詞識別，語句の意味，助動詞)

問1　指示語を含む「そのように」が表している内容を，前からとらえる。

問2　「それ」は，直接的には直前の「その異様な姿」を指している。

問3　アの「実感」とは，想像や空想とは違って，実物に接して起こる感じのこと。子供たちは，「滝の精霊」や「淵の精霊」に対して，想像の「お化け」とは違う，「本当の怖さ」を感じていたのである。

重要　問4　ア　文章中には「狩野川の本流に，猫越川とか，長野川とかいった支流が流れ込んでいる」とあるので誤り。　イ　文章中に「狩野川の本流には猫越淵，……おつけの縁，支流の長野川にはヘイ淵，……があった」とあるので，「本流のヘイ淵」は誤り。　ウ　文章中に「私の郷里の村は，……狩野川の上流に沿っている」「狩野川の本流に，猫越川とか，長野川といった支流が流れ込んでいる」とあるので正しい。　エ　文章中に「めったに本流にはいかなかった。そこは……他の集落の子供たちの縄張りであった」「男の子と女の子の水域は截然と別れていた」とあるので正しい。

基本　問5　「不気味な」の言い切りは「不気味だ」であり，品詞は形容動詞である。アの言い切りは「深い」，ウの言い切りは「高い」で，どちらも形容詞。イの言い切りは「読む」で動詞。エの言い切りは「陽気だ」で形容動詞。

問6　「ざる＋ない」という二重否定の意味をとらえる。

問7　助動詞「そうだ」には様態の意味と，伝聞の意味がある。波線3「そうな」は，そういう様子だ，という様態の意味である。ア・イ・エは様態である。ウ「そうだ」は，他人から聞いた，という伝聞の意味。

やや難　問8　直前の文に注目。「いけない時刻に身を置くと，ふいに原始時代の心が立ち戻って来て，山に向かって歩いて行くようなことになる」とある。これは，「いけない時刻に身を置くと」「先祖帰り」をするということである。

問9　直前の段落にある「柳田国男」の随筆「山の人生」の内容に注目。

問10　「私」を含めた子供たちが「ヘイ淵」で遊び，その場所に怖さを感じていたことに注意する。

問11　「ヘイ淵」について，「真昼は真昼で，暮れ時は暮れ時で，それぞれに不気味であった」と書かれていることに注目する。

三　(論説文一空欄補充，漢字，内容理解，語句の意味，作文，要旨)

問1　Ⅰ・Ⅱ　「小学生の息子」は，「ムクドリが倒れて動かない」という状況に直面し，焦っ(オ)

て，言葉をまくし立て(イ)ているのである。　Ⅲ　子供たちが発見した「ムクドリ」の様子を想像する。　Ⅳ「念押し」は，間違いがないよう，相手に十分に確かめること。

基本　問2　aは「親切」，bは「専用」，cは「復帰」，dは「観光」。

問3　動かない「ムクドリ」をどうしたいのかを考える。

問4　文章中の「野生の生き物はばい菌や寄生虫を持っていることがある」がアに，「野生の生き物，特に……生き物たちは，その場所で自然のままに生き，死んでいくのが本来の姿」がイに，「死体も生態系の一員」「それで他の生き物の命が助かっている」がウに合致している。エの内容は，文章中に書かれていない。

問5　傍線3の直後の文の内容が，ウに合致している。

重要　問6　あとの「簡単にまとめてしまえば，……」と始まる段落の内容が，イに合致している。

問7　「リスクが高い」「リスクを伴う」のように使う。

問8　傍線6を含む段落全体の内容をふまえて考える。

問9　傍線7の直前に「人と野生の生き物の間には引くべき一線があ」る，とあることに注意する。「引くべき一線」とは，人間が「生態系」に勝手な介入をしないということである。

やや難　問10　ア　九州のカブトムシを埼玉県の森に大量に放す，という行為は「生態系」への介入になるので，本文の内容に合わない。　イ　アと同様の理由で，本文の内容に合わない。　ウ　川島君の意見は，「生態系」に人間が介入することを避けようとしているので，本文の内容に合う。　エ　人間が森の木に樹液を塗る，という行為は「生態系」への介入になるので，本文の内容に合わない。　オ　森田君の意見は，自分たちが不用意に「生態系」に介入することを避け，ひとまず専門家に意見を聞こうとしているので，本文の内容に合う。

★ワンポイントアドバイス★

細かい読み取りを必要とする読解問題が出題されている。小説では場面や人物の様子，論説文ではキーワードや論理の展開をおさえながら読むことが必要。漢字や文法の問題も多い。基礎知識の充実と，ふだんからの読書が大切！

MEMO

大切なことはメモしておこうネ!

2023年度

★★★★★★★★★★★★★★★★★★★★★★★★

入　試　問　題

2023年度

城北埼玉中学校入試問題（特待）

【算　数】（50分）　<満点：100点>

【注意】　○分数で答えるときは約分して，もっとも簡単な分数にしなさい。
○比で答えるときは，もっとも簡単な整数を用いなさい。
○円周率の値を用いるときは，3.14として計算しなさい。
○コンパス，定規は使用できますが，分度器や計算機（時計などの）は使用できません。

$\boxed{1}$　次の各問いに答えなさい。

(1)　$8-\left(2-\frac{5}{8}\div 1\frac{1}{4}\right)\times 4$ を計算しなさい。

(2)　次の式の $\boxed{\text{ア}}\boxed{\text{イ}}$ は2桁《けた》の整数，$\boxed{\text{ウ}}$，$\boxed{\text{エ}}$ は1より大きい1桁の整数を表しています。

$\boxed{\text{ア}}\boxed{\text{イ}}$，$\boxed{\text{ウ}}$，$\boxed{\text{エ}}$ に入る整数を答えなさい。ただし，$\frac{\boxed{\text{ウ}}}{3}$，$\frac{26}{\boxed{\text{エ}}}$ はこれ以上約分できません。

$$\left(\boxed{\text{ア}}\boxed{\text{イ}}-7\right)\times\frac{\boxed{\text{ウ}}}{3}=\frac{26}{\boxed{\text{エ}}}$$

(3)　J君は1人で12日間かかる仕事を，最初はJ君1人で行っていましたが，6日目からS君が手伝ってくれたので，8日目で終わりました。この仕事を最初から最後までS君1人で行うと，何日間で終わりますか。

(4)　A君，B君，C君3人の所持金の合計は10000円です。B君の所持金はA君の所持金の2倍で，C君の所持金はA君の所持金の$\frac{3}{4}$倍より1000円多いです。C君の所持金を求めなさい。

(5)　6で割ると3余り，8で割ると5余り，9で割ると6余る3桁の数のうち最も小さい数を求めなさい。

(6)　さいころを3回投げます。出た目の積が60となるような目の出方は何通りあるか求めなさい。

(7)　右の図はおうぎ形を折り，中心Oを弧《こ》ABに重なるように折ったものです。
アの角度を求めなさい。

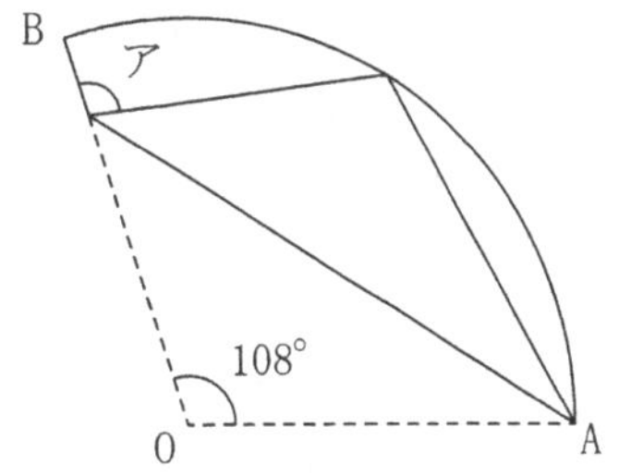

(8)　半径6㎝の円の周上に，円周を12等分する点をとります。図（次のページ）の色をぬった部分の面積を求めなさい。

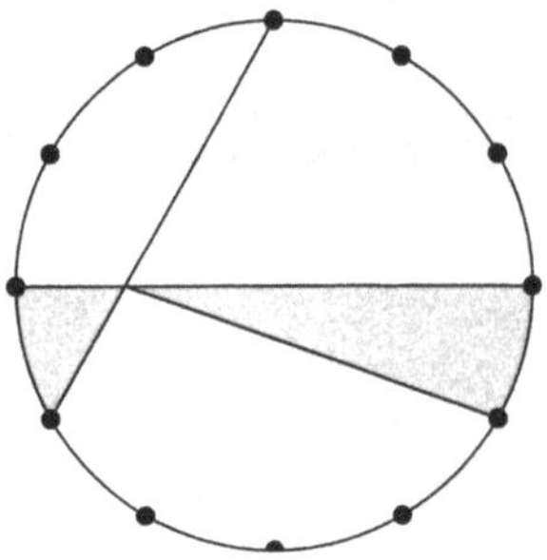

2 世界にある様々な課題を解決し，持続可能な世界を実現するために「持続可能な開発目標（SDGs）」が立てられましたが，その中で「貧困」は特に重要な課題の１つです。「貧困」は，大きく分けて「絶対的貧困」と「相対的貧困」の２つの種類があります。「絶対的貧困」とは，住んでいる国や地域の生活レベルとは無関係に，生きるのが困難なほど生活水準が低いことを示します。具体的には１日に約200円以下で生活する状態です。世界のこどもの人口は約21億人で，そのうち６人に１人が「絶対的貧困」であるといわれています。「相対的貧困」とは，住んでいる国や地域の水準と比較《かく》して大多数より生活水準が低いことを示します。具体的には，税金等を引いて得られる所得の中央値の半分の額である「貧困線」に満たない状態です。

人口が１億2700万人のＪ国では「相対的貧困」が大きな問題となっています。その国の税金等を引いて得られる所得の中央値は20XX年の調査では246万円でした。またＪ国では人口の14.8％が17歳以下であり，そのうち255万人が「相対的貧困」です。

次の問いに答えなさい。

⑴ 本文の20XX年での「貧困線」にあたる額はいくらか答えなさい。

⑵ 世界の「絶対的貧困」の状態にあるこどもの人数はＪ国の人口の何倍になるか，小数第１位を四捨五入して整数で答えなさい。

⑶ Ｊ国では，17歳以下の何人に１人が「相対的貧困」の状態にあるか，次の中から最も近いものを選びなさい。

① 16人に１人　② 13人に１人　③ 10人に１人　④ ７人に１人

3 図１のように，１辺が２㎝，４㎝，６㎝の正方形とそれぞれの内側に接し，点Oを中心とする３つの円があります。

点Ｐは図１の線上を点Ａから一定の速さで動く点であり，１度通った線は通りません。

また，図２は点Ｐが点Ａからスタートして点Ａまでもどったときの点Oと，点Ｐの距離と時間の関係を表したグラフで，ア，イ，ウの時間に関してはアが１番長く，イとウは同じです。

次のページの問いに答えなさい。

（図１，図２は次のページにあります。）

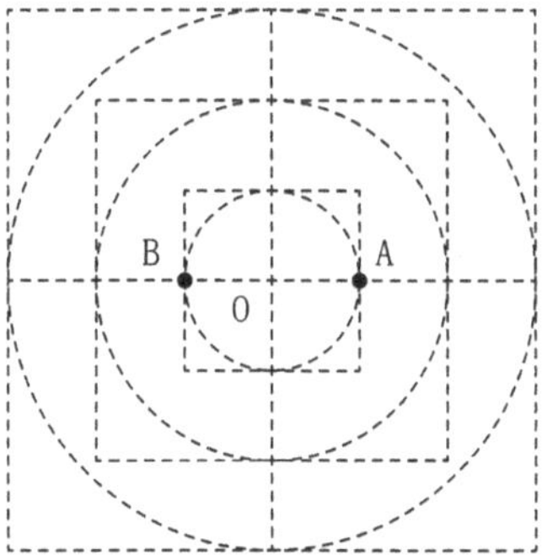

図１

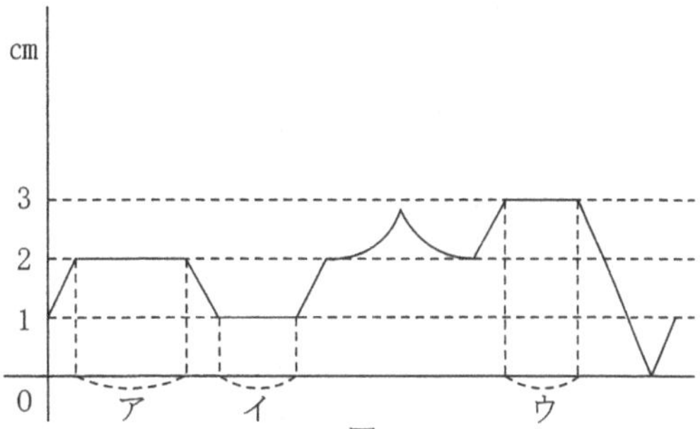

図２

⑴　点Ｐが図１の１番小さい円周上をＡからＢまで動きます。このときの点Oとの距離の関係を表すグラフを次の①～④の中から選びなさい。

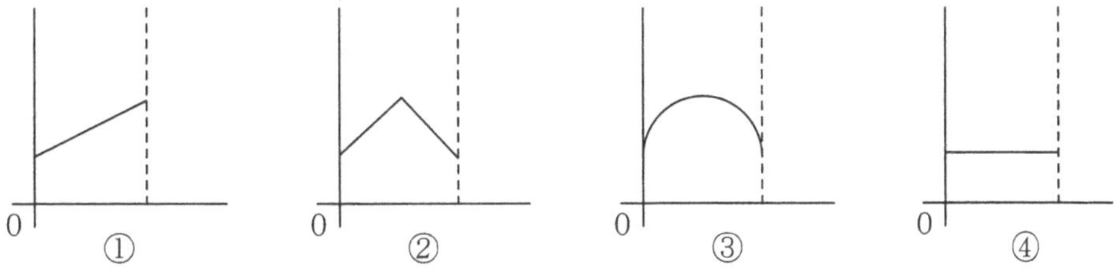

⑵　図２のグラフになるような点Ｐの通り方は複数あります。そのうち１つを解答用紙の図１にかきなさい。

⑶　点Ｐが動いた距離を求めなさい。

4　次のページの図１のような１辺の長さが８㎝の立方体があります。辺AB，EF，FG，EHの真ん中の点をＰ，Ｑ，Ｒ，Ｓとします。
次の問いに答えなさい。

⑴　次のページの図２は，３点Ｂ，Ｑ，Ｒを通る平面でこの立方体を切ったときにできた立体のうち，体積が小さい方の立体の展開図です。三角形BQRの面積を求めなさい。

３点Ｐ，Ｅ，Ｇを通る平面でこの立方体を切り，体積の大きい方を立体Ｒとします。

⑵　切り口の面積を求めなさい。

⑶　立体Ｒをさらに３点Ｂ，Ｄ，Ｓを通る平面で切りました。このとき，点Ｃをふくむ立体の表面積を求めなさい。

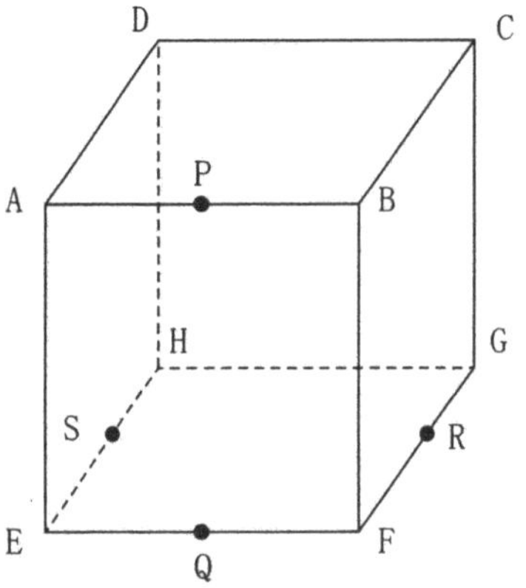

図１

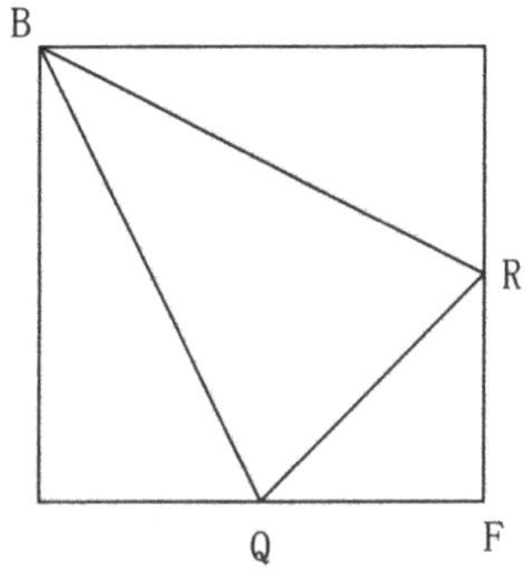

図２

5 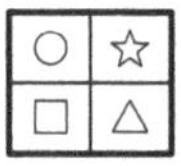の○，☆，△，□の並べかえ方のうち，次の①～⑧のような８通りの並べかえ方を考えます。⑧は①～⑦とは異なるように，記号が４つとも異なる場所へ移動する並べかえ方とします。

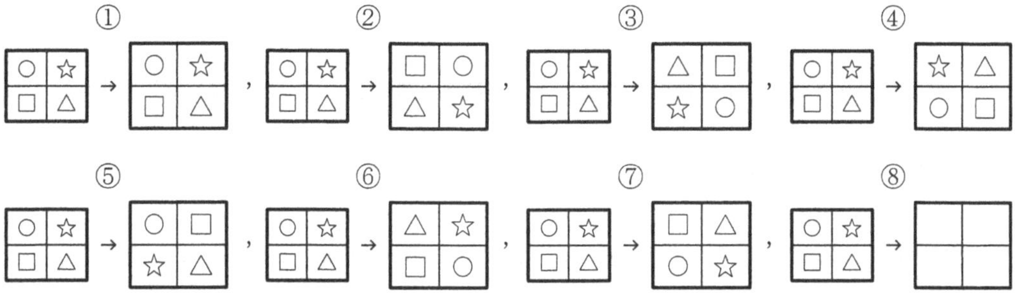

２つの並べかえ方Ⓐ，Ⓑをこの順で行うことを，Ⓐ・Ⓑと表します。例えば，並べかえ方⑥，⑦をこの順で連続して行うと，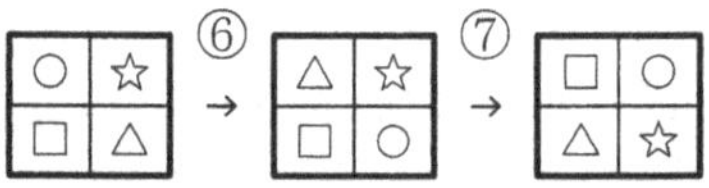となり，⑥・⑦は並べかえ方②に等しくなります。このとき，⑥・⑦＝②と表します。

②→⑤→③など２回以上連続して並べかえを行うときも②・⑤・③と表します。このように複数の並べかえを連続して行うことを「計算する」と呼ぶことにします。また，以下の式の（　）は先に計算することを表します。

次の問いに答えなさい。

(1) 次の式の［ア］，［イ］，［ウ］に適する記号を①～⑦より１つ選びなさい。

④・②＝［ア］，　⑦・［イ］＝④，　［ウ］・③＝⑥

(2) ⑧が①～⑦すべての並べかえ方と計算して，その結果が①～⑧のいずれかになるように，⑧を定め，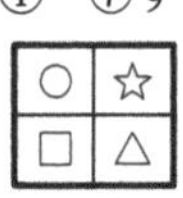を並べかえた結果を解答用紙にかきなさい。

(3) 次のページの式の［エ］に適する記号を①～⑧より１つ選びなさい。

(⑥・［　エ　］)・④＝⑥・(⑤・④)

(4)　次の式の［　オ　］,［　カ　］に適する記号を①～⑧から選ぶとき,［　オ　］,［　カ　］の記号の組合せは全部で何通りありますか。

(［　オ　］・④)・(②・［　カ　］)＝①

【理　科】（40分）　＜満点：70点＞

【注意】 グラフや図を描く場合は，定規を使用してもかまいません。

1　空《から》の大きな容器１，水で満たされた容器２，ばねはかり，アルミニウムでできたおもり１，銅でできたおもり２，および木片を用意しました。図１は，容器１の中に容器２を入れ，ばねはかりにおもり１，おもり２，木片のいずれかをつるしたようすを複式的に表したものです。その後，図２のようにつるしたものを静かに容器２へ入れる実験をしました。この問題において水の蒸発は考えず，容器２からあふれた水はすべて容器１に入るものとします。容器２の中にある物体が受ける浮力《ふりょく》の大きさは，容器１に入った水（容器２からあふれた水）の重さに等しくなります。水の重さは１cm^{3}あたり１ｇとして，後の各問いに答えなさい。

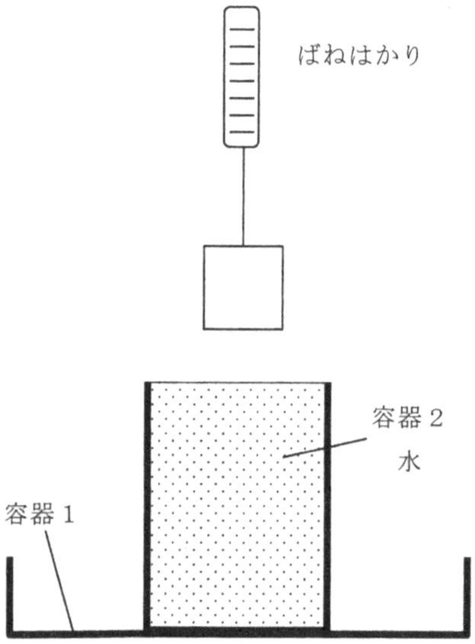

図１

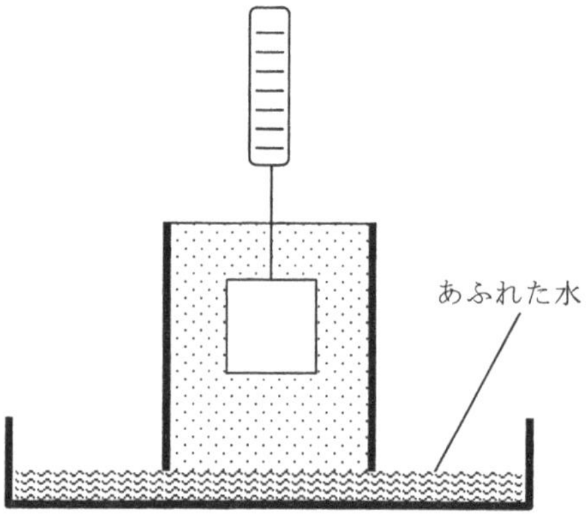

図２

［実験１］　ばねはかりにおもり１をつるして実験をしたところ，おもり１はすべて水中に沈《しず》み，容器１へ20cm^{3}の水があふれて，ばねはかりは34ｇを示した。

問１　おもり１が受ける浮力の大きさを答えなさい。

問２　おもり１の重さを答えなさい。

問３　比重は下の式で求まり，水の比重は１となります。おもり１のアルミニウムの比重を答えなさい。

（比重）＝（物体の重さ）÷（物体と同じ体積の水の重さ）

［実験２］　ばねはかりにおもり２をつるして実験をしたところ，おもり２はすべて水中に沈み，容器１へ10cm^{3}の水があふれた。

問４　おもり２の銅の比重は8.9です。このときのばねはかりの示す値を答えなさい。

［実験３］　ばねはかりに木片をつるして実験をしたところ，図３（次のページ）のように木片は水

に浮いてばねはかりの読みは０ｇとなった。木片の各辺の長さは図４のようになっており，この木片の比重は0.60である。

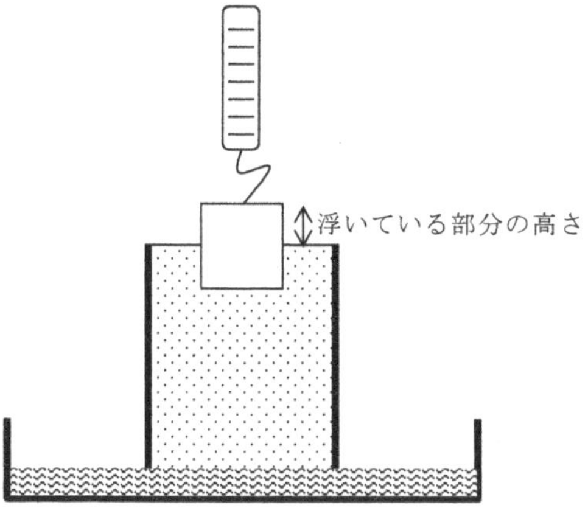

図３

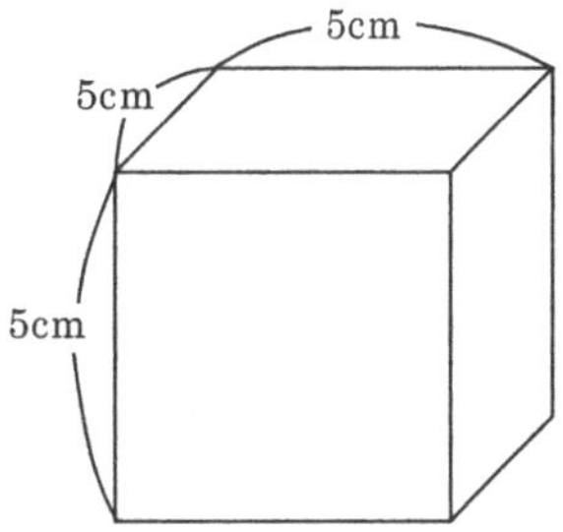

図４

問５　浮いている部分の高さを答えなさい。

問６　浮いている部分の体積は木片全体の体積の何％か答えなさい。

問７　空気を吸いこんだ人間は水に浮かぶことができ，体の体積のおおよそ２％が水面上に出ます。しかし，空気を吐《は》いてしまうと水に沈んでしまいます。そのため，川や海で水難事故にあった際には無理に大きな声で助けを呼び続けるのではなく，浮いて救助を待つことが望ましいです。空気を吸いこんだ人間の体の比重と，救助を待つ際の望ましい浮く姿勢について，それぞれ下のア～キから選び，記号で答えなさい。

ア　0.80　　イ　0.98　　ウ　1.02　　エ　1.20

オ　　　　カ　　　　キ

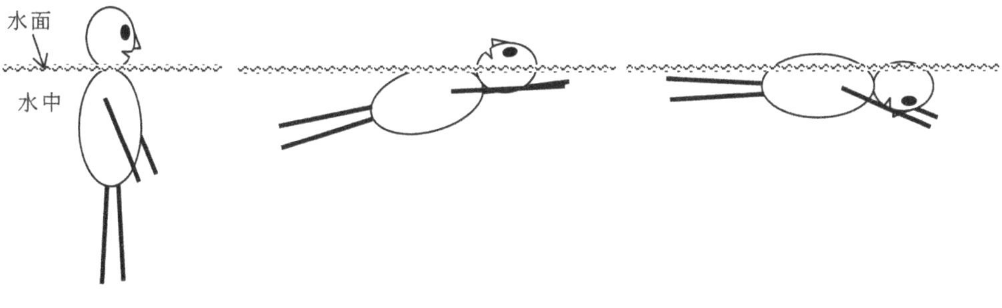

2　水酸化ナトリウム水溶液《すいようえき》と塩酸の中和について，次のような実験を行いました。後の各問いに答えなさい。

［操作１］　ある量の水酸化ナトリウムを水にとかし，100cm^3の水溶液をつくり，Ａ～Ｅの５つのビーカーにそれぞれ20cm^3ずつ分けた。

［操作２］　Ａ～Ｅのビーカーに，BTB溶液《ようえき》をそれぞれ２滴《てき》ずつ加えた。

［操作３］　Ａ～Ｅのビーカーに，同じ濃さの塩酸をそれぞれ違う量加えた。

［操作４］　Ａ～Ｅのビーカーの水溶液を加熱して液体をすべて蒸発させ，残った固体の重さをは

かった。

ビーカー	A	B	C	D	E
加えた塩酸の体積（cm^3）	10	20	30	40	50
ビーカー内の溶液の色	青色	青色	青色	緑色	（　①　）
加熱後に残った固体の重さ（g）	（　②　）	5.90	6.45	7.00	7.00

問1　表の（①）に入る色を次のア～オから選び，記号で答えなさい。

ア　青色　　イ　緑色　　ウ　黄色　　エ　赤色　　オ　無色

問2　Ｂで加熱後に残る固体は，水酸化ナトリウムと何ですか。名前を答えなさい。

問3　Ｂで加熱後に残る固体のうち，水酸化ナトリウムは何gですか。

問4　表の（②）に入る固体の重さは何gですか。

問5　［操作1］でとかした水酸化ナトリウムの重さは何gですか。

問6　［操作1］でつくったものと同じ濃さの水酸化ナトリウム水溶液を新たにビーカーFに10cm^{3}入れ，［操作3］で使ったものと同じ濃さの塩酸を加えていったときの，加えた塩酸の体積と加熱後に残った固体の重さの関係を表したグラフとして最も適切なものを，次のア～クから選び，記号で答えなさい。

ア

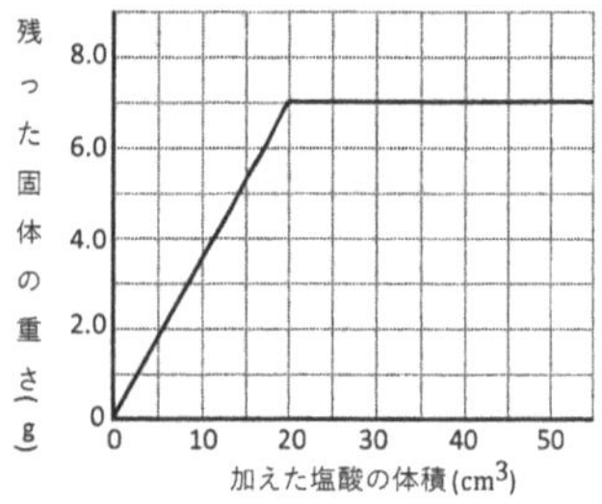

イ

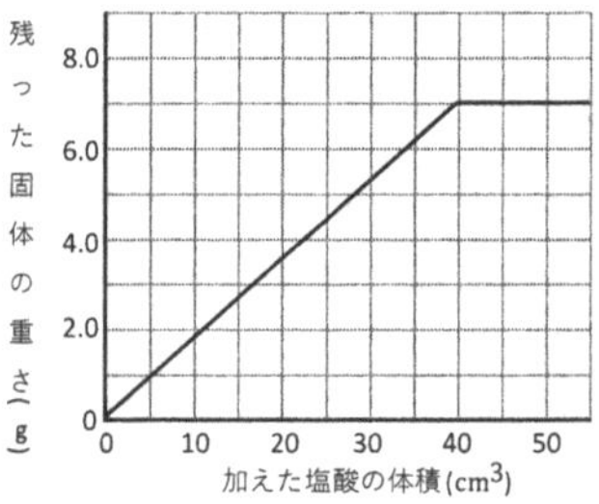

ウ

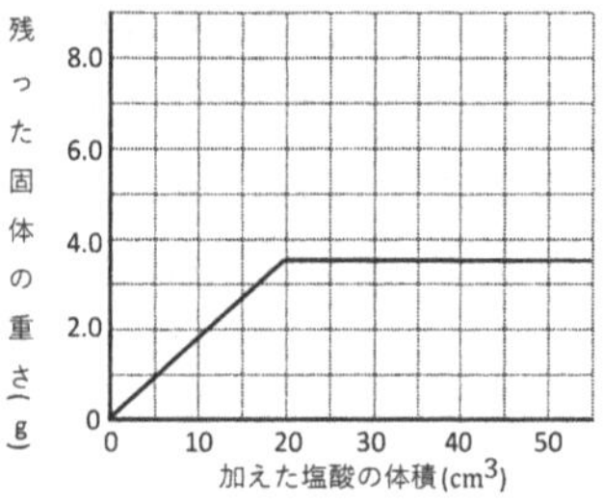

エ

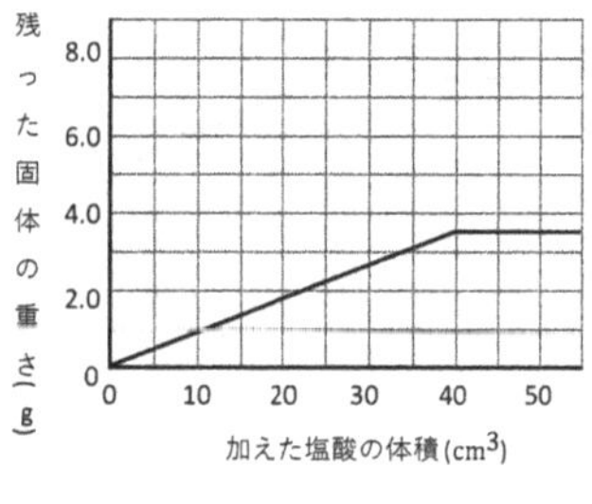

オ

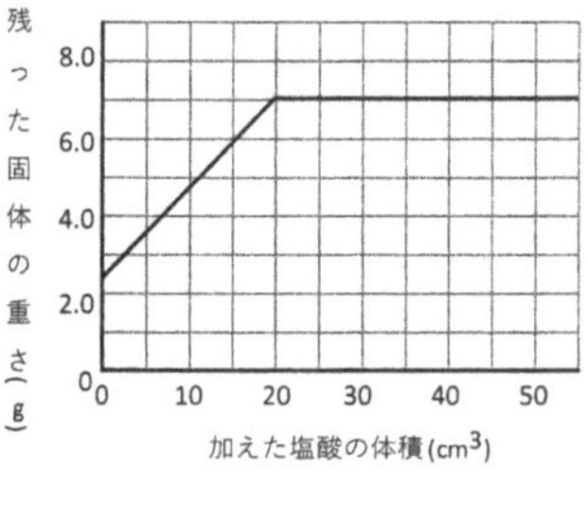

カ

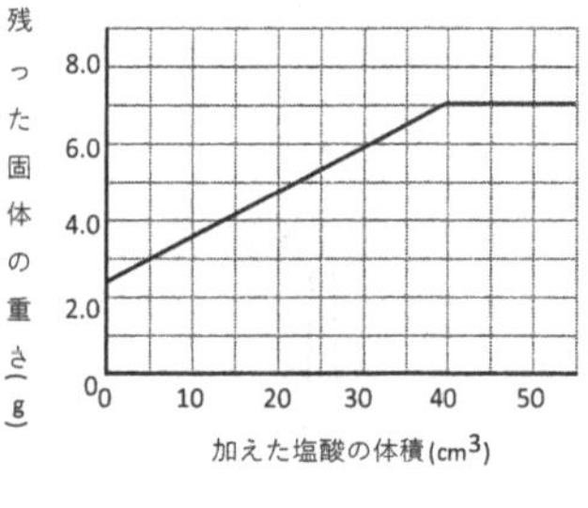

キ

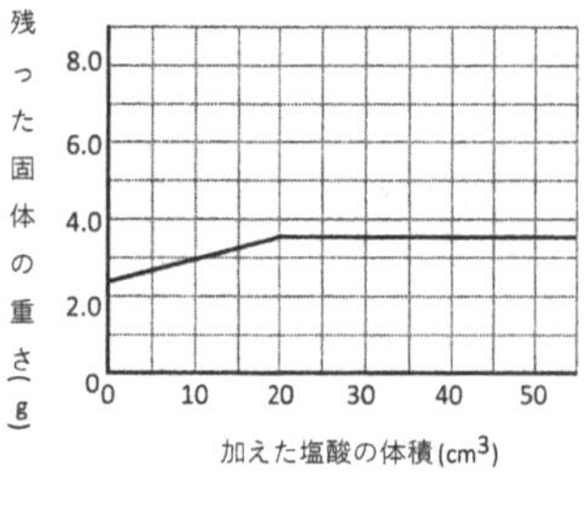

ク

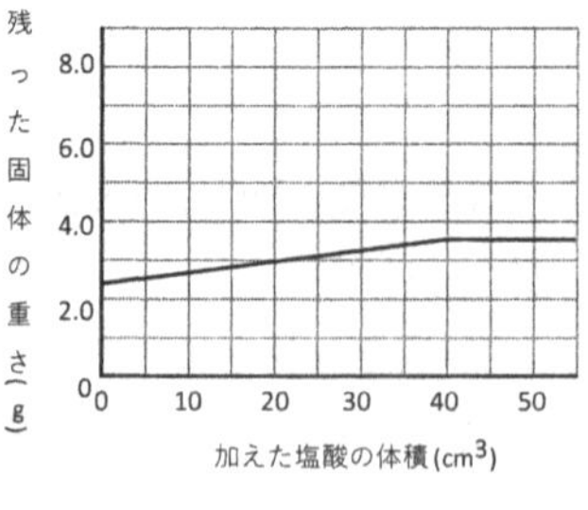

3 じん臓は，尿《にょう》をつくって老廃物《ろうはいぶつ》の排出《はいしゅつ》をおこなうとともに，血液中に含《ふく》まれるいろいろな成分の濃度《のうど》の調節もおこなっています。じん臓にはろ過装置としてはたらくネフロンという構造があり，1個のじん臓には約100万個のネフロンがあります。下の図は，ネフロンの構造とはたらきを模式的に表したものです。

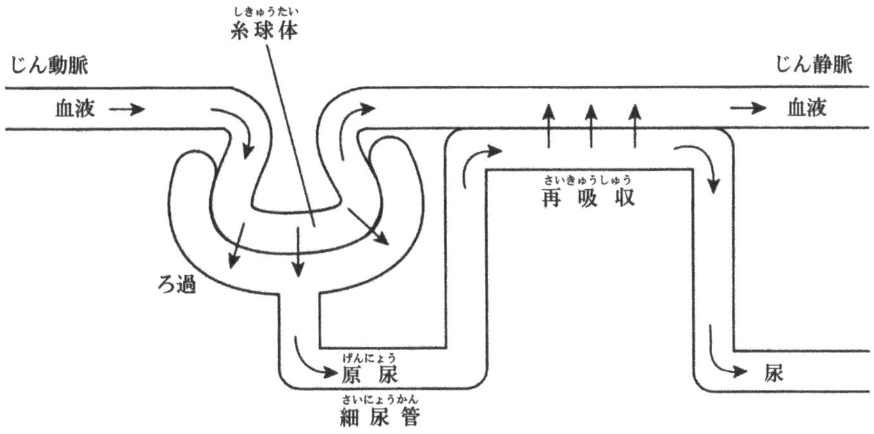

ネフロンの構造とはたらき（ろ過と再吸収《さいきゅうしゅう》）

じん臓に送られた血液は，ネフロンの糸球体《しきゅうたい》とよばれる部分でろ過され，尿のもと（原尿《げんにょう》）がつくられます。原尿の成分のうち，体に必要な成分と水分の多くは，細尿管《さいにょうかん》と血管が接する部分で血管内にもどされます。これを再吸収《さいきゅうしゅう》といいます。また，再吸収されなかった老廃物や不要な物質は尿として体外に排出されます。血液中の各成分の濃度は，このようなしくみによって一定に保《たも》たれています。

下の表は，健康なおとなの血しょう，原尿，尿に含まれる各成分の濃度（単位のｇ／Ｌは，液体１Ｌ（リットル）中に各成分が何ｇ含まれているかを意味する）を表しています。

成　分	濃　度（g/L）		
	血しょう	原尿	尿
たんぱく質	72	0	0
ぶどう糖	1.0	1.0	0
尿素	0.3	0.3	20
塩分	3.4	3.4	5.0
イヌリン	0.1	0.1	12

表中のイヌリンという物質は，人の体内では利用されない物質です。イヌリンを注射すると，イヌリンのすべてが糸球体でろ過され，その後，再吸収されずにただちに尿中に排出されます。

イヌリンの性質を利用して，尿の量から原尿の量を求めることができます。1日で排出される尿の量を1.5Ｌとすると，1日で（　①　）Ｌの原尿がつくられることになります。下線部の関係はつねにかわらないものとして，後の各問いに答えなさい。

問1　上の表を参考にして，血しょう中に含まれる成分のうち，次の⑴，⑵に当てはまる物質を後のア～オの中から1つずつ選び，記号で答えなさい。

⑴　糸球体でろ過されない物質

⑵　糸球体でろ過されたあとすべて再吸収される物質

ア　たんぱく質　　イ　ぶどう糖　　ウ　尿素　　エ　塩分　　オ　水

問２　原尿中のイヌリンは再吸収されず，そのすべてが尿として排出されることから，１日でつくられる原尿に含まれるイヌリンの量と，1日で排出される尿に含まれるイヌリンの量は等しいことになります。文中の（①）にあてはまる数値を求めなさい。

問３　原尿中の尿素の何％が尿として排出されますか。答えは小数第１位を四捨五入して，整数で求めなさい。

問４　尿素の生成に最も関係のある器官を次のア～オの中から１つ選び，記号で答えなさい。

ア　すい臓　　イ　じん臓　　ウ　かん臓　　エ　たんのう　　オ　ぼうこう

問５　原尿中の塩分の何％が再吸収されますか。答えは小数第１位を四捨五入して，整数で求めなさい。

問６　下の表は，血しょう中のぶどう糖の濃度が1.0～5.0ｇ／Ｌのとき，排出された尿中のぶどう糖の濃度（ｇ／Ｌ）を表したものです。

血しょう中のぶどう糖の濃度（ｇ/Ｌ）	1.0	2.0	3.0	4.0	5.0
原尿中のぶどう糖の濃度（ｇ/Ｌ）	1.0	2.0	3.0	4.0	5.0
尿中のぶどう糖の濃度（ｇ/Ｌ）	0	0	60	180	300

尿中のぶどう糖の濃度が24ｇ／Ｌのとき，血しょう中のぶどう糖の濃度は何ｇ／Ｌですか。なお，血しょう中のぶどう糖の濃度と原尿中のぶどう糖の濃度は等しいものとします。

問７　血しょう中のぶどう糖の濃度を一定に保つ働きをしている器官として，最も関係のある器官をア～カの中から１つ選び，記号で答えなさい。

ア　小腸　　イ　十二指腸《じゅうにしちょう》　　ウ　かん臓　　エ　心臓《しんぞう》　　オ　骨　　カ　たんのう

4　晴れた日の１日の気温と地面の温度の変化について次の各問いに答えなさい。ただし，雲による影響《えいきょう》や太陽の光が空気中を通過するときのちりやほこりの影響は考えなくてよいものとします。

問１　次の文の①～③にあてはまる時刻を下のア～オから選び，記号で答えなさい。

晴れた日，１日のうちで気温が最も高くなるのは（　①　）ごろであり，地面の温度が最も高くなるのは（　①　）より約１時間早い（　②　）ごろである。また，同じ面積の地面でくらべたとき，地面にあたる太陽の光の量が最も多くなるのは（　③　）ごろである。

ア　午前11時　　イ　正午　　ウ　午後１時　　エ　午後２時　　オ　午後３時

問２　地面は太陽から熱を受け取ってあたたまりますが，同時に空気中に熱を出し続けています。問１の①と②の時刻で，地面が太陽から受け取る熱と地面から空気中に出ていく熱について，あてはまるものをそれぞれ次のア～ウから選び，記号で答えなさい。

ア　受け取る熱のほうが，出ていく熱より多い。

イ　受け取る熱のほうが，出ていく熱より少ない。

ウ　受け取る熱と出ていく熱はほぼ等しい。

次のページの図Ａ～Ｃは太陽の光が地面にななめにあたったときのようすを示したものです。Ａ～Ｃの光の幅はどれも同じであるとします。Ａで光があたった部分の地面の長さを１とすると，Ｂ

では1.2，Ｃでは1.7でした。地面の，光があたっている部分について下の各問いに答えなさい。

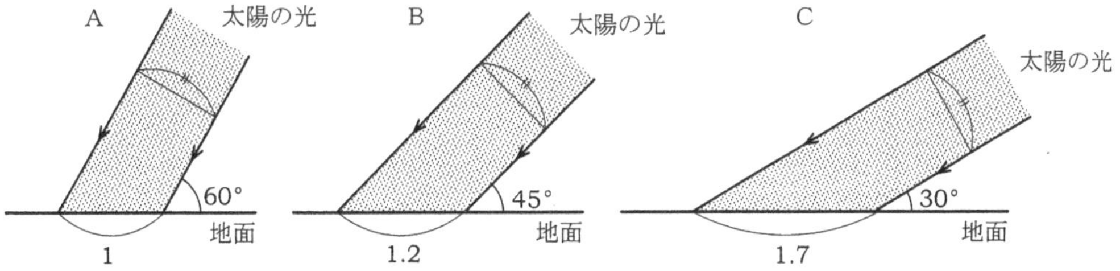

問３　Ａ～Ｃの角度で太陽の光をあて続けたとき，地面の温度の上がり方が最もはやいのはＡ～Ｃのどれですか。記号で答えなさい。

問４　地面の同じ面積でくらべたとき，ＢはＣの何倍の光を受けていますか。次のア～カから選び，記号で答えなさい。

ア　0.6　　イ　0.7　　ウ　1.4　　エ　1.5　　オ　1.7　　カ　2

MEMO

大切なことはメモしておこうネ！

2023年度

城北埼玉中学校入試問題（第１回）

【算　数】（50分）　＜満点：100点＞

【注意】○分数で答えるときは約分して，もっとも簡単な分数にしなさい。
○比で答えるときは，もっとも簡単な整数を用いなさい。
○円周率の値を用いるときは，3.14として計算しなさい。
○コンパス，定規は使用できますが，分度器や計算機（時計などの）は使用できません。

1　後の各問いに答えなさい。

⑴　次の計算をしなさい。

①　$6.28\times8-1.57\times12$

②　$4\frac{1}{2}\div\frac{3}{8}\times\left(2\frac{4}{5}\div3\frac{1}{2}-\frac{1}{2}\right)$

⑵　□　にあてはまる数を求めなさい。

$72\div(15-\square\div3)\times8=48$

⑶　12％の食塩水100ｇに11％の食塩水何ｇかを混ぜ，水50ｇを加えると10％の食塩水ができました。混ぜた11％の食塩水の重さを求めなさい。

⑷　Ａ，Ｂ，Ｃ，Ｄの４人がじゃんけんを１回したとき，あいことなる手の出し方は何通りありますか。

⑸　代金のかかる箱にりんごを入れて買うとき，12個入りは2560円，20個入りは4120円になります。箱の代金は何円ですか。

⑹　何人かの子どもにあめを配ります。１人に８個ずつ配ると１個不足し，６個ずつ配ると13個余ります。あめの個数を求めなさい。

⑺　右の図のように，正三角形と正六角形が重なっています。アの角度を求めなさい。

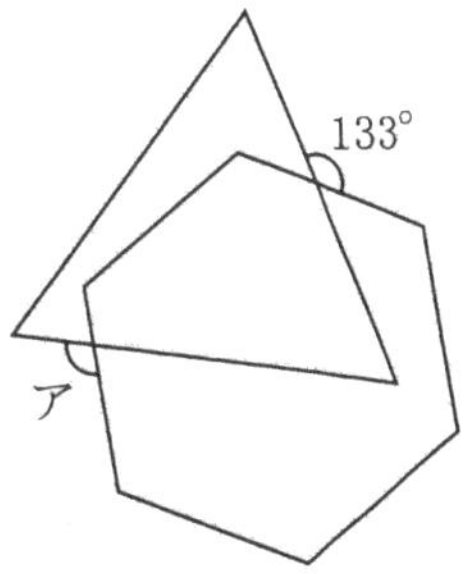

⑻　右の図のように，直角三角形ＡＢＣと線分ＢＣを直径とする半円があります。色がぬられた部分のアとイの面積が等しいとき，辺ABの長さを求めなさい。

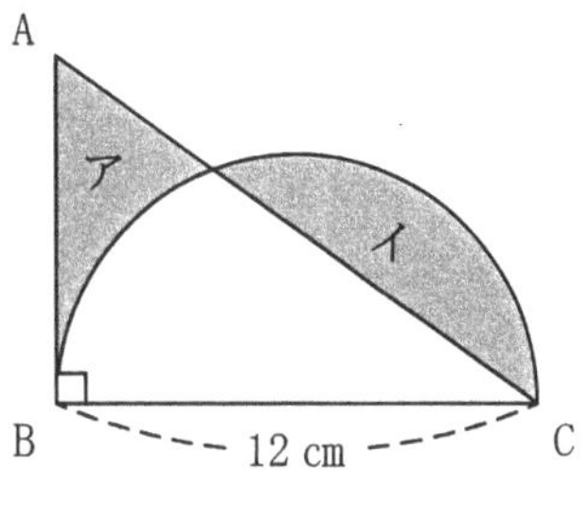

⑼　右の図のように，半径３㎝の円周上に２点Ａ，Ｂがあり，ABの長さは３㎝です。２点Ｐ，Ｑは長い方の弧《こ》ABの上にあり，PQは円の中心を通ります。このとき，図の色をぬった部分の周の長さを求めなさい。

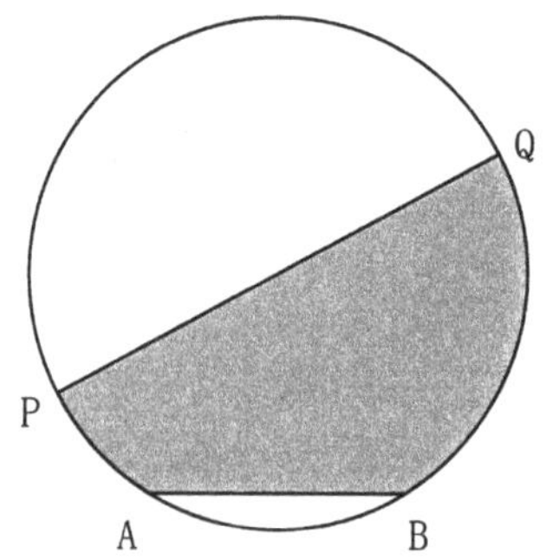

⑽　次の会話を読み，ア，イに適する数を答えなさい。

Ａ君「Ｂ君，次の質問に答えてよ。」
Ｂ君「いいよ。」
Ａ君「Ｂ君の誕生日の『日』を50倍して，５を加えて。」
Ａ君「次にその数を２倍して，『月』を加えて出てきた数を教えて。」
Ｂ君「その数は，1413だよ。」
Ａ君「Ｂ君の誕生日はア月イ日だね。」
Ｂ君「正解！」

2　２つの地点Ｐ，Ｑがあります。ＡさんとＢさんはＰからＱに，ＣさんはＱからＰに向かって，それぞれ同時に歩き出しました。

Ａさんはとちゅうさんと出会うと同時にその場で休み，Ｂさんに追い抜《ぬ》かれると同時にはじめと反対の向きに進み，Ｃさんを追い抜きました。ＣさんはＡさんと出会ってから２分後にＢさんと出会いました。Ａさんは分速100m，Ｂさんは分速80m，Ｃさんは分速60mで歩きます。

次の問いに答えなさい。

⑴　ＡさんとＣさんが出会ったとき，ＡさんとＢさんは何ｍはなれていましたか。

⑵　Ａさんが休んでいる時間は何分何秒ですか。

⑶　ＣさんがＰに着くのは，ＡさんがＰに着いてから何分何秒後ですか。

3　図のような１辺６㎝の正方形の辺AB上にBE＝４㎝となるように点Ｅをとります。ＢからCEに垂直な線をひき，CEとの交点をＧ，ADとの交点をＦとします。

次の問いに答えなさい。

⑴　FDの長さを求めなさい。

⑵　四角形FGCDの面積を求めなさい。

⑶　BG：GFを求めなさい。

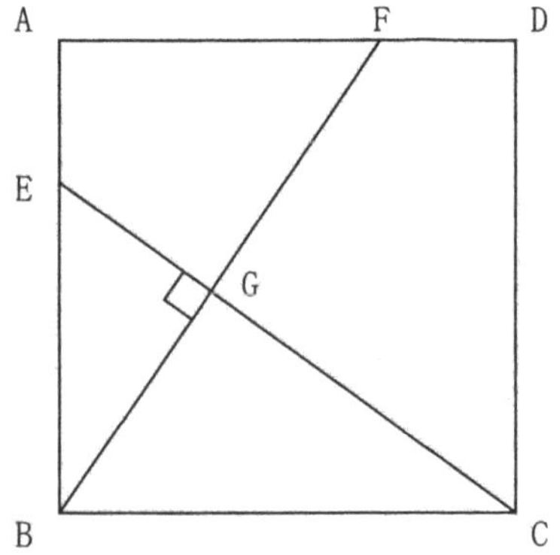

4 次の図のように１辺１cmの立方体が１秒ごとに増えていく立体があります。

次の問いに答えなさい。

⑴　３秒後の立体の体積を求めなさい。

⑵　４秒後の立体は，３秒後の立体から何個の立方体が増えたか答えなさい。

⑶　５秒後の立体の体積を求めなさい。

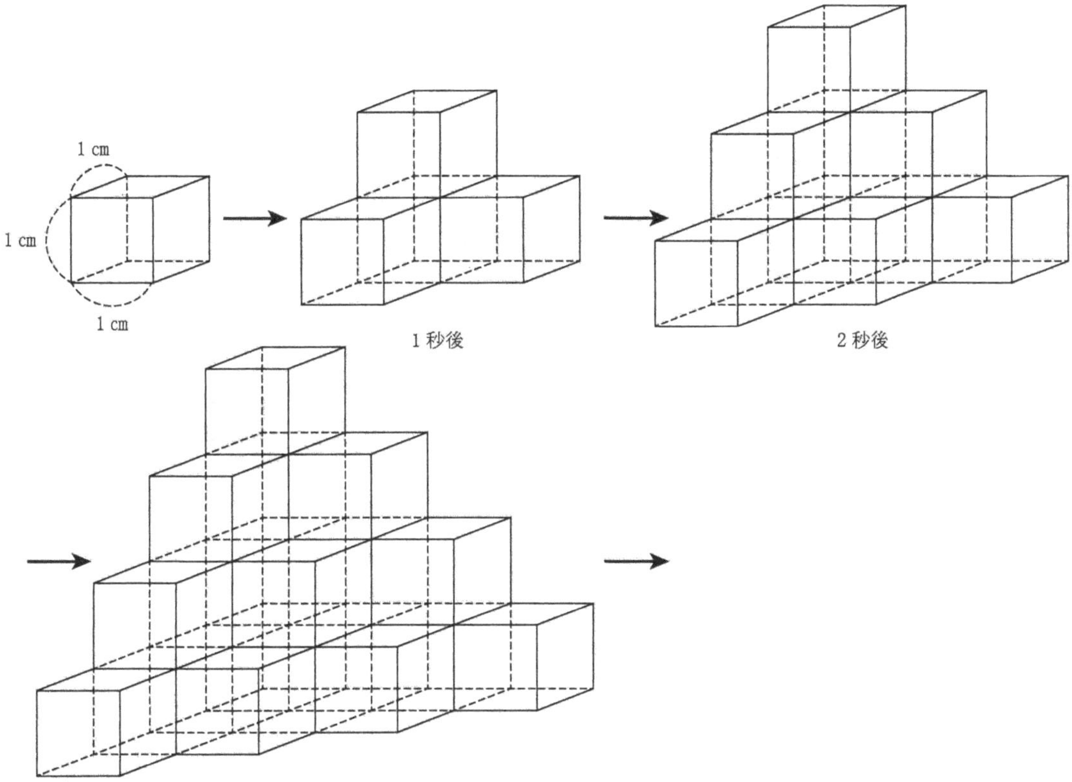

1秒後　2秒後　3秒後

【理　科】（30分）　＜満点：50点＞

【注意】 グラフや図を描く場合は，定規を使用してもかまいません。

1　2022年７月に２回目の超電導《ちょうでんどう》リニア体験乗車がありました。現時点で世界最速の鉄道であり，物流や交通において期待が高まっています。超電導リニアについて，後の各問いに答えなさい。

問１　2027年JR東海によって超電導リニアが実走される予定となっています。現在の予定では，どの区間を走行しますか。次のア～エから選び，記号で答えなさい。

ア　新大阪－広島　イ　品川－名古屋　　ウ　新潟－仙台　　エ　大宮－秋田

問２　超電導の説明として正しいものを，次のア～エの中から選び，記号で答えなさい。

ア　特定の金属を超低温にし，電気抵抗が０（ゼロ）に近づくこと。

イ　特定の金属に超高電圧をかけ，金属の種類が変化すること。

ウ　特定の金属を極細《ごくほそ》に引きのばし，コイルにすること。

エ　特定の金属から金だけを取り出し，電気が流れにくくなること。

図１のように，超電導リニアの車体側面には超電導磁石が取り付けられています。また，側面の壁《かべ》には推進《すいしん》コイルと浮上《ふじょう》・案内コイルが取り付けられており，それらのコイルに電流が流れると電磁石としてのはたらきをします。車体に取り付けられている超電導磁石とこれらのコイルが反応することによって，車体は運動と浮上をし，壁へ衝突《しょうとつ》することなく安全走行をすることができます。

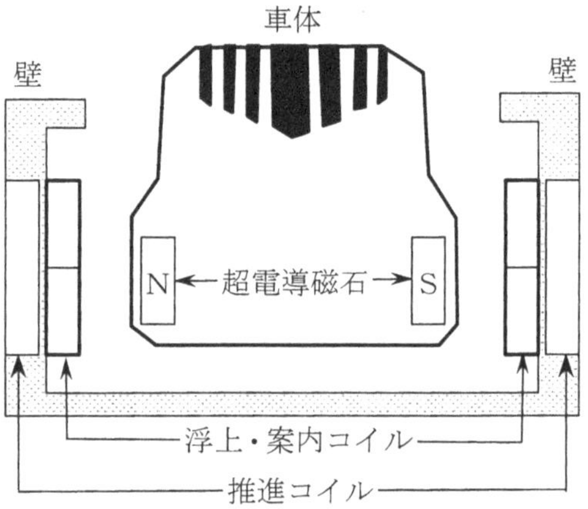

図１

問３　推進コイルは側面の壁に取り付けられており，車体を進ませるために必要なコイルです。その推進コイルに電流を流し，電磁石として超電導磁石と反応させたとき，はじめ静止していた車体が左向きにまっすぐ進み始めました。このときの推進コイルと超電導磁石のようすとして，最も適した図を後のア～エから選び，記号で答えなさい。ただし，次の図は車体と壁を上から見たようすとして模式的に表したものです。

ア

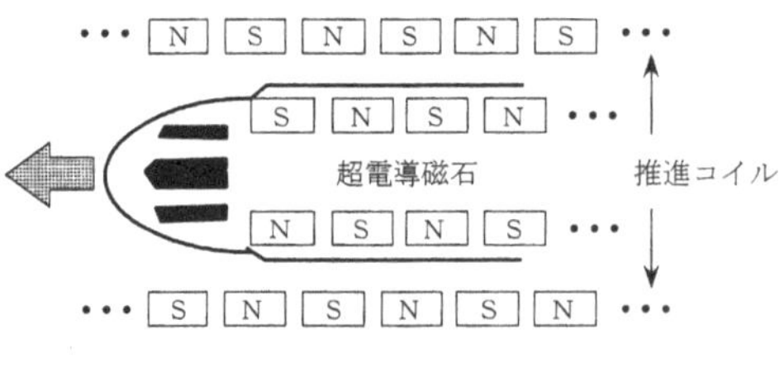

イ

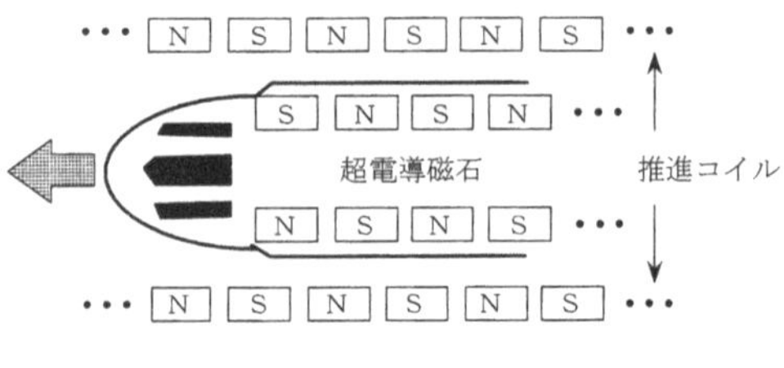

ウ

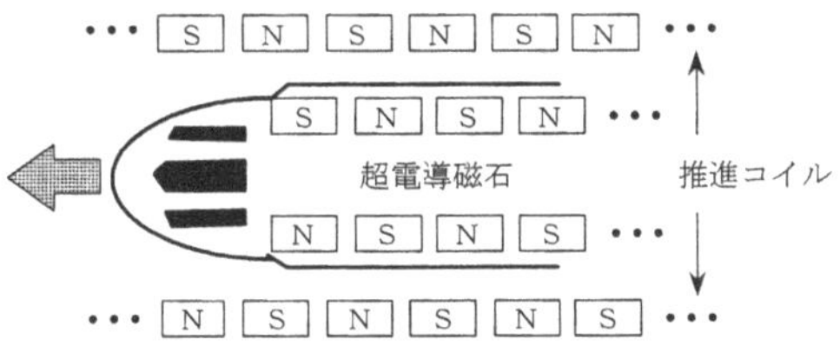

エ

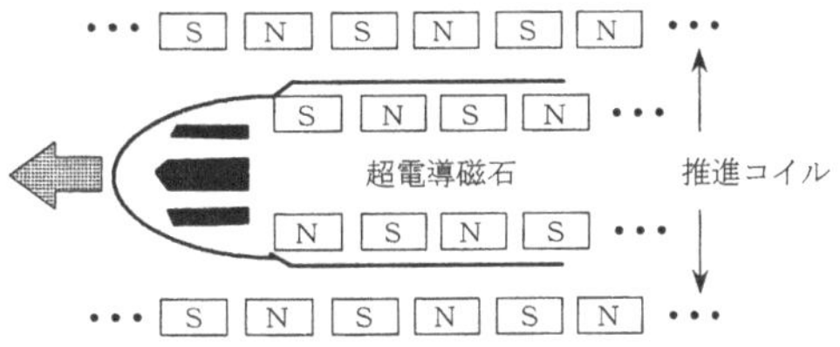

問４　問３のように車体が左向きに移動し始めると，約４分後には１時間に600㎞進む速さまで加速していきます。車体がその速さまで加速していくためには，問３の状態からどのような変化が必要ですか。その変化について正しいものを次のア～エの中から選び，記号で答えなさい。

ア　速さに合わせて推進コイルのＮ極とＳ極を切りかえていく。

イ　速さに合わせて推進コイルに流す電流の強さをだんだん強くしていく。

ウ　速さに合わせて車体に取りつけられた超電導磁石の強さをだんだん強くしていく。

エ　速さに合わせて車体に取り付けられた超電導磁石の数をふやしていく。

問５　図１の位置に浮上・案内コイルが取り付けられており，車体がこのコイルを通過すると電流が流れ電磁石と同じはたらきをするようになっています。この浮上・案内コイルと超電導磁石が反応することにより，車体は約10㎝ほど浮上しています。車体が浮上するために適した図を下のア～エから選び，記号で答えなさい。ただし，次の図は車体と壁を前方から見たようすとして模式的に表したものです。

ア

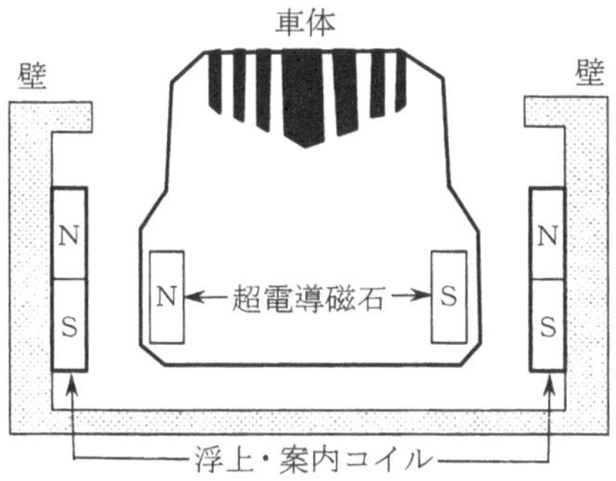

イ

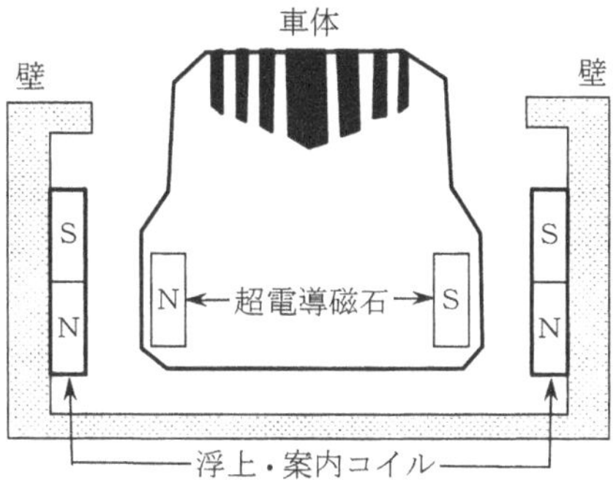

ウ

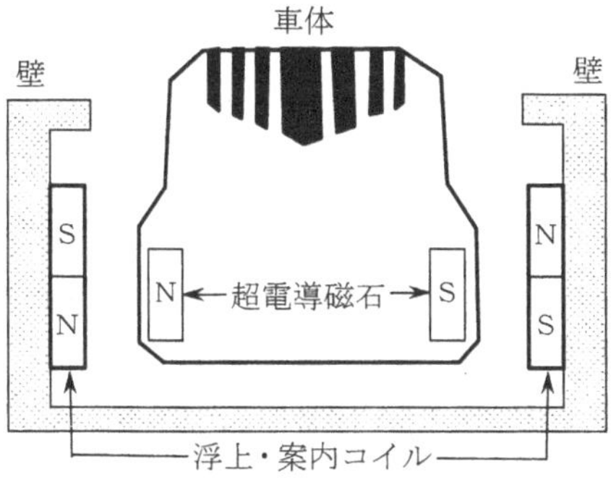

エ

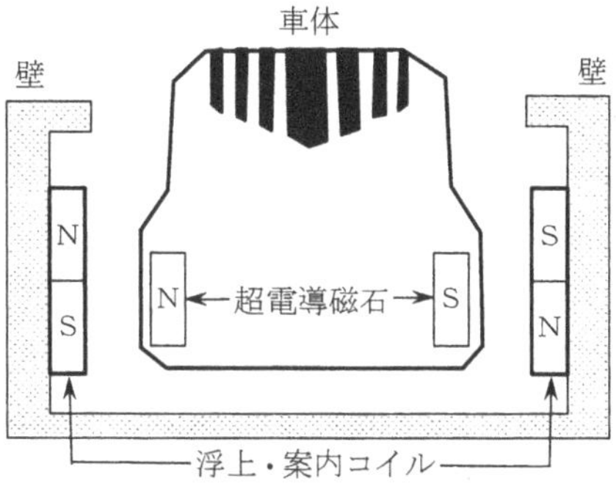

2 アルミニウム1.2ｇに，ある濃度の塩酸（溶液《ようえき》Ａとする）や水酸化ナトリウム水溶液《すいようえき》（溶液Ｂとする）を少しずつ加えていき，発生する気体の体積を20℃で測定しました。その結果をグラフにしたところ図１，図２のようになりました。さらに，溶液Ａと溶液Ｂを混ぜ合わせて，混ぜ合わせた溶液が中性になるときのそれぞれの体積の関係を調べ，その結果が図３です。下の各問いに答えなさい。

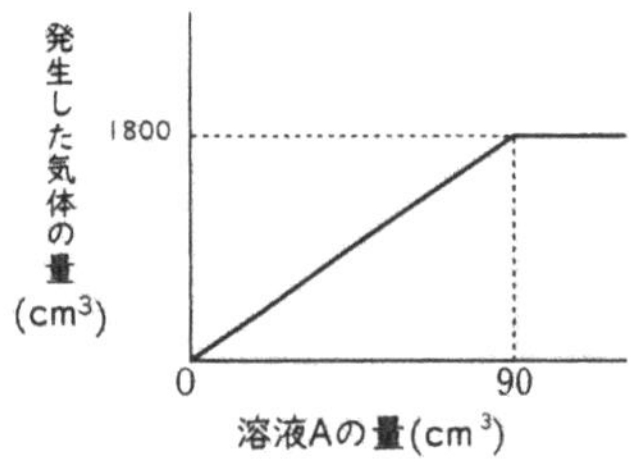

図１

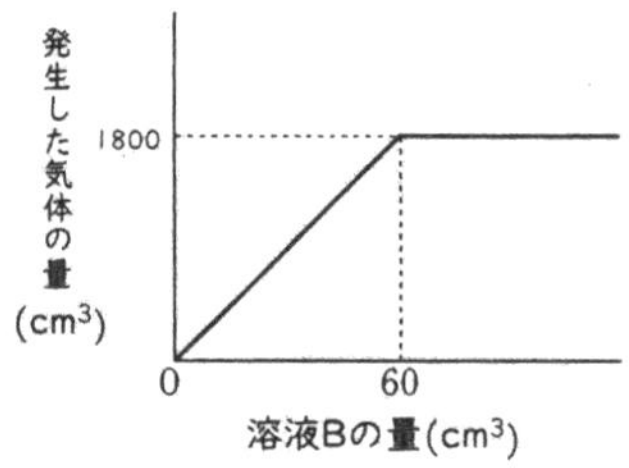

図２

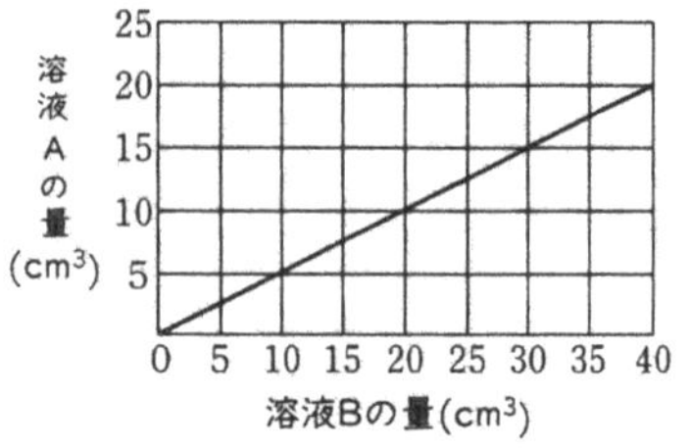

図３

問１　アルミニウムが溶液Ａと反応して発生する気体は，溶液Ｂと反応して発生する気体と同じものです。その気体の名前を答えなさい。

問２　この実験で発生した気体の性質として正しいものを次のア～オから１つ選び，記号で答えなさい。

ア　気体の入った試験管の中に，火のついた線香《せんこう》を入れると，はげしく燃える。

イ　気体の入った試験管に，マッチの火を近づけると，ポッと音がして，火がついて燃える。

ウ　石灰水に通すと白い沈殿ができる。

エ　無色の気体で，湿った赤いリトマス紙を青く変える。

オ　色のついた気体で，臭いはしない。

問３　アルミニウム1.2ｇに溶液Ａを100㎤加えたとき，発生する気体の量は何㎤ですか。

問４　アルミニウム1.5ｇに溶液Ｂを30㎤加えたとき，発生する気体の量は何㎤ですか。また，反応しないで残っているアルミニウムの重さは何ｇですか。

次に，溶液Ａと溶液Ｂを60㎤ずつ混ぜ合わせた溶液をつくりました。

問５　この混ぜ合わせた溶液にＢＴＢ溶液を１滴《てき》たらしました。混ぜ合わせた溶液は何色になりますか。

問６　この混ぜ合わせた溶液にアルミニウムを1.8ｇ入れました。発生する気体の量は何㎤ですか。また，反応しないで残っているアルミニウムの重さは何ｇですか。

3 植物の光合成と呼吸作用に関する次の文章を読み，後の各問いに答えなさい。

植物は光をエネルギー源にして光合成を行います。光合成は，（　①　）という色素を含む葉緑体という部分で行われます。この葉緑体が光を受けると，水と二酸化炭素からでんぷんなどの栄養分を合成し，このとき，酸素が発生します。なお，でんぷんは水に溶けにくいため，水に溶けやすい糖に変えられて植物の体全体に運ばれ，呼吸作用などに使われます。生物は呼吸作用により生活に必要なエネルギーを得ており，植物も１日中，呼吸作用を行っています。

問１　文章中の空欄《くうらん》（①）に適する用語を答えなさい。

問２　文章中の下線部に関して，糖が植物の体全体に運ばれた後の使われ方として正しいものを，次のア～エから１つ選び，記号で答えなさい。

ア　再びでんぷんに変わり，根や茎《くき》などにたくわえられる。サツマイモでは主に茎にたくわえられる。

イ　再びでんぷんに変わり，インゲンマメの種子では子葉にたくわえられ，発芽の際のエネルギー源となる。

ウ　再びでんぷんに変わることはなく，すべての糖が呼吸作用で使われる。

エ　再びでんぷんに変わることはなく，糖のまま根や茎などにたくわえられる。

問３　文章中の下線部に関して，糖が植物の体全体に運ばれるときに通る管を何といいますか。

次に，植物の呼吸作用を調べるため，下にある実験を行いました。

[実験]

下の図のような装置をつくり，ある植物の発芽しかけた種子《しゅし》を同じ個数，それぞれの三角フラスコに入れた。また，フラスコＡの中の小さなビーカーには水酸化カリウム水溶液《すいようえき》を，フラスコＢの中の小さなビーカーには水を入れた。装置に発芽しかけた種子を入れてから一定の時間後に，着色液の移動距離からフラスコ内の気体の体積の変化量を測定した。ただし，水酸化カリウム水溶液は，発生した二酸化炭素をすべて吸収したものとする。

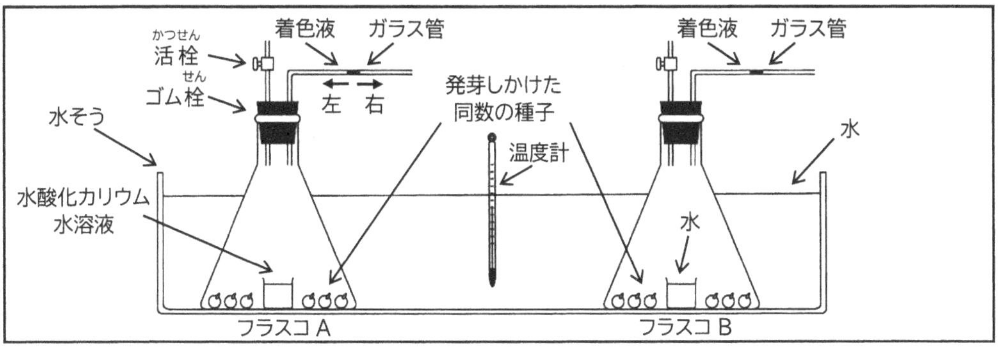

図

※　活栓《かっせん》は閉まっており，活栓がついたガラス管から空気が外に出ることはありません。

[結果]

フラスコＡでは，気体が1.1cm^3減少し，フラスコＢでは，気体が0.3cm^3減少した。

問４　図の装置において，三角フラスコを水につける理由を説明しなさい。

問５　次の文章は，フラスコＡの中で起きた現象を説明するものです。文章中の空欄（①）～（③）に適する用語を，それぞれ答えなさい。ただし，（③）は，図中の右と左のどちらかを答えなさい。

発芽しかけた種子は呼吸作用をしたため，（　①　）を吸収し，（　②　）を放出した。これにより，フラスコ内の（　①　）の体積は減少し，（　②　）の体積は増加した。発生した（　②　）は，すべて水酸化カリウム水溶液に吸収されたため，（　①　）の体積の変化の分だけ，着色液が（　③　）に動いた。

問６　実験の結果から，フラスコＢに入れた発芽しかけた種子は，この実験中に何cm^3の二酸化炭素を放出したと考えられますか。ただし，実験で用いたすべての発芽種子の，呼吸作用による気体の出入りの量は，同じであるとします。

4 2021年12月25日にJWSTといわれる宇宙望遠鏡がロケットとともに打ち上げられ，2022年７月に初めて撮影《さつえい》画像が公開されました。後の各問いに答えなさい。

問１　JWSTといわれる宇宙望遠鏡の日本での名前を次のア～エから選び，記号で答えなさい。

ア　ジョン・ウィリアムズ宇宙望遠鏡　　イ　ジェームズ・ワット宇宙望遠鏡

ウ　ジェームズ・ウェッブ宇宙望遠鏡　　エ　ジュラシック・ワールド宇宙望遠鏡

問２　JWSTは宇宙空間にある目に見えない光を利用して果てしなく遠い天体を観測しています。この光はテレビのリモコンや非接触型《ひせっしょくがた》体温計にも活用されており，私たちの生活にも身近な光です。その目に見えない光の名前を漢字３文字で答えなさい。

問３　JWSTによる撮影画像が2022年７月11日と13日に公開されました。JWSTが撮影したものを次のア～エから２つ選び，記号で答えなさい。

ア

アポロ計画　月面着陸

イ

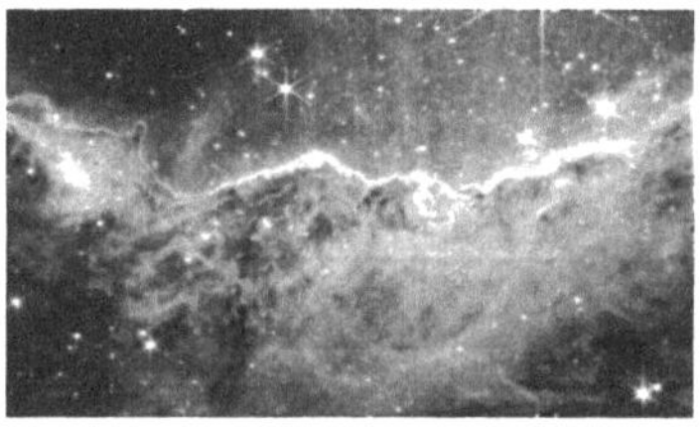

イータカリーナ星雲

ウ

ステファンの五つ子銀河

エ

火星　表面

問４　物体は高温であるほど強い問２の光を放つので，JWSTが高温の天体の近くにいると，遠い天体の観測がうまくいきません。JWSTの観測位置として最も適したものを次のページの図中のア～エから選び，記号で答えなさい。

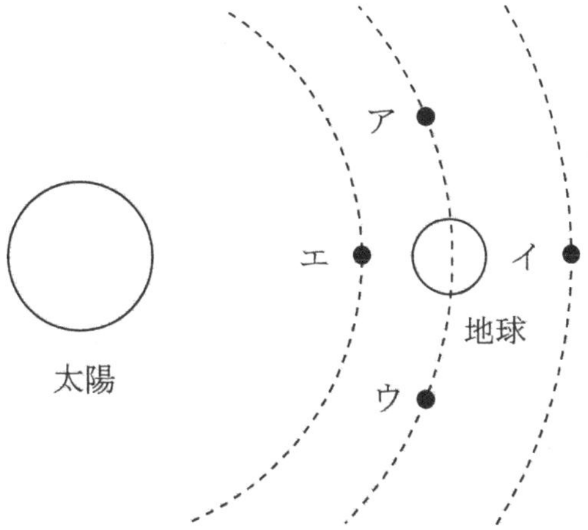

問５　JWSTが軌道を周回する中でスペースデブリ（宇宙ゴミ）と衝突《しょうとつ》し，破損してしまう危険性があります。スペースデブリの増加が宇宙の環境問題にもなっており，国際ルールの強化が必要になっています。スペースデブリが発生する原因として**正しくないもの**を次のア～エから選び，記号で答えなさい。

ア　人工衛星同士が衝突し，破損した破片がスペースデブリとなっている。

イ　かつての打ち上げロケットから切りはなされた燃料タンクがスペースデブリとなっている。

ウ　小惑星の岩石が大気圏《たいきけん》の熱によりちりや岩に分解されてスペースデブリとなっている。

エ　役目を終えた人工衛星が回収されずにスペースデブリとなっている。

【社　会】（30分）　＜満点：50点＞

1　次の文章を読み，後の問いに答えなさい。

現在では日本の伝統的な文化・慣習になっていても，①外国から伝わった言葉や行動・習慣がもとになっているものはたくさんあります。例えば，亡くなった人を②火葬する習慣は７世紀に中国から伝わったとされています。③ヨーロッパが大航海時代に入り東アジアへ進出してくる④16世紀までは，主に中国・朝鮮半島の影響を受け，多くの言葉や習慣が日本へと取り込まれていきました。必然的に，大陸に近い西日本，とりわけ⑤九州地方は大きな影響を受けていたと推測されます。16世紀半ば以降にポルトガル人・スペイン人が日本へとやってくると，それまでと同様に中国の影響を受けつつも，初めて触れるヨーロッパの文化に魅了《みりょう》され，それまでに触れたことのないものを積極的に取り入れていきました。このころ，ヨーロッパの人々が伝える産物や習慣とともに多くの外来語が日本語へと取り入れられました。原産国は南北アメリカとされていますが，寄港地《きこうち》のカンボジアからもたらされた野菜と伝えられる「（　　1　　）」，喫煙できる場所が年々少なくなっていますが嗜好品《しこうひん》の「タバコ」，服に付けられている「ボタン」などが外来語由来の言葉です。調べてみるとたくさんあることに驚かされることでしょう。

今回はその中でも，ポルトガル語由来である「カルタ（かるた）」について，くわしく見ていきましょう。カルタは羽子板《はごいた》や福笑いなどとともにお正月に遊ばれることが多いカードゲームです。有名なものとして「犬も歩けば棒に当たる」「論より証拠」などのことわざが書かれた「（　　2　　）」，⑥和歌の上の句と下の句を合わせる「百人一首」などをイメージする人が多いでしょう。ポルトガル語由来のカルタは16世紀に伝わった言葉ですが，和歌は古代から存在する日本固有のものです。和歌の上の句と下の句を合わせる遊びは⑦平安時代の「貝合わせ・貝覆《おお》い」にルーツがあり，大蛤《おおはまぐり》の貝を地貝《じがい》と出貝《だしがい》の２つに分け，それぞれに和歌の上の句と下の句を書き，ぴったりと合う貝の組み合わせを見つけるものでした。文字だけでなく挿絵《さしえ》が描かれているもの，文字がなく挿絵《さしえ》だけで合わせる難易度が高いものも生まれました。いわゆる百人一首として定着している『⑧小倉百人一首』は，鎌倉時代初期に『新古今和歌集』の選者としても知られている（　　3　　）が選んだものです。平安時代や⑨鎌倉時代に成立したものに16世紀に伝わったカルタという名称が付いていることになります。

では，いつ頃，このような日本の伝統的な遊びや歌にカルタの名称がついたのでしょうか。もともとポルトガル語で「四角い紙」を表すカルタは，堅い紙で作られたカード全般を指す名称でした。伝わった当初はトランプに近いもので，数字の１～９と現在のＪ（ジャック），（　　4　　），Ｋ（キング）にあたる絵札を合わせた12枚と４種類のスート（スペード・ダイヤ・クローバー・ハート）の48枚で構成されていました。このカードを使って遊ぶことをカルタと名付けたのですが，時代が経つにつれて堅い四角い⑩紙を使う遊びを総じてカルタとよぶようになります。

日本初の国産カルタは天正年間に作られた「天正カルタ」とされています。現在の（　　5　　）県大牟田市三池の地で作られたこのカルタは，1枚だけ現存し，⑪兵庫県芦屋市の滴翠《てきすい》美術館に保存されています。ポルトガル人が伝えたトランプに近い数字と絵柄のカルタでした。この時代にカルタの需要が多くあったのが（　　6　　）と⑫名護屋といわれています。名護屋は（　　7　　）が朝鮮出兵の拠点として城を築いた地であり，出兵を控えた兵士たちの娯楽として需要が高かったようです。「天正カルタ」は賭《か》け事の道具としても使用されたことから，江戸時代を通じてくり返し禁止されました。その際，多くのカルタが焼かれたり，捨てられたりしたため，当時のカルタは現在ほとんど残っていません。また一方で，日本古来の伝統的文化である「あわせ遊び」がポルトガルから伝来した「カルタ」と融合することで，伊勢物語歌カルタ・源氏物語歌カルタ，あるいは百人一首歌カルタ・（　　2　　）につながる日本の「歌カルタ」の歴史が始まります。

「天正カルタ」から日本独自のカルタである「うんすんカルタ」が江戸時代に生まれます。これは「天正カルタ」を和風にして⑬大衆化したものであり，1～15の数字と５種類のスートで75枚組でした。江戸時代中期にかなり流行したものの，その遊戯法は，現在，熊本県人吉市に唯一伝わるのみで，県の⑭重要無形民俗文化財に指定されています。前述したようにカルタは賭け事の道具として使われたため，⑮寛政の改革で教育に役立つ歌カルタと（　　2　　）以外は禁止されてしまいます。この取り締まりにより現在のカルタの形式が整えられたといえるでしょう。一方で，カルタによる賭け事を禁止された人々は何とかして幕府の目を盗んで賭け事を行おうとします。諸説ありますが，このとき生まれたのが数字を⑯花や動物でカムフラージュした「花札」といわれています。よくよく考えてみれば，「花札」も堅い四角い紙で出来ていますから，カルタの一種といえるのではないでしょうか。現在では，ゲームの会社になっていますが，（　　6　　）に本社を置く⑰任天堂もトランプや花札を製造する玩具メーカーであった歴史があります。

江戸時代の規制もあり，カルタは賭け事に使う道具から教育に役立つ道具として重宝《ちょうほう》されていきます。百人一首カルタは教養的な部分もありますが，明治時代にはジャーナリストである黒岩涙香《くろいわるいこう》がその競技性に注目し，東京カルタ会が創設されました。地方によってルールが異なっていましたが，黒岩によって，ルールの統一や競技技術の研究がおこなわれました。黒岩は自身の新聞である『万朝報《よろずちょうほう》』において特集記事をくみ，広く民衆へ周知させ，明治37年に第１回の競技カルタ大会が開かれています。その後，人気が低迷する時期もありましたが，戦後成立した全国団体である「全日本かるた協会」によって現在も競技カルタ大会が続けられています。「全日本かるた協会」は平成８（1996）年に社団法人として新たなスタートをしており，競技カルタの普及や競技人口の増加，百人一首文化の普及などを目的として精力的に活動しています。近年では，競技カルタを題材にした漫画『ちはやふる』が⑱アニメ・実写映画化され，人気を博したことを覚えている人もいるでしょう。

また，近年，注目を集めているカルタが⑲郷土カルタです。特に有名なものが，（　　8　　）県の歴史・自然・人物・産業などを読んでいる「上毛《じょうもう》かるた」で，（　　8　　）県出身の芸能人や有名人が紹介することによって知られるようになりました。県の競技大会に向けて子どもたちは必ず練習にはげむため，他の⑳都道府県の子どもたちも同じように練習しているという間違った認識を持っていることが多く，大人になってから全国共通ではないことを知って驚くことも多いようです。城北埼玉中学がある埼玉県にも多くの郷土カルタがありますが，まだまだ知名度は低いようです。

日本の伝統的な玩具であるカルタですが，時代の変遷とともに子どもたちの遊びの中心からは遠ざかっているようです。昔ながらのカルタ遊びをすることは少なくなっていますが，カードを使う遊び全体をカルタと捉《とら》えるならば，ポケモンカードや遊戯王カードなどの㉑トレーディングカードゲームもカルタといってもよいかもしれません。現在のカードゲームとはルールも遊び方も異なりますが，昔ながらのカードゲームであるカルタも遊んでみてはどうでしょうか。何か新しい発見があるかもしれません。

（参考サイト　三池カルタ・歴史資料館 http://karuta-rekishi.com/
全日本かるた協会 https://www.karuta.or.jp/）

問１　空欄（１）～（８）にあてはまる**適当な語句**を答えなさい。ただし，空欄（４）は**アルファベット１文字**，空欄（７）は**人物名**を答えなさい。

問２　下線部①について，外国から伝わり日本語として定着した言葉として**適当でないもの**を次のア～エの中から一つ選び，その記号を答えなさい。

ア　カッパ　　イ　エンピツ　　ウ　テンプラ　　エ　コンペイトウ

問３　下線部②について，日本の歴史上，天皇で初めて火葬されたのは持統天皇であるといわれています。持統天皇がおこなった出来事として**正しいもの**を次のア～エの中から一つ選び，その記号を答えなさい。

ア　夫である天智天皇を助け，中央集権体制の構築に尽力した。

イ　和同開珎を発行し，貨幣の使用を促進した。

ウ　都を藤原京へ遷《うつ》した。

エ　最初の戸籍を作成し，班田収授をおこなった。

問４　下線部③について，以下の問いに答えなさい。

⑴　ヨーロッパには多くの国が存在します。ヨーロッパにある国の国旗として，**正しいもの**を次のア～エの中から一つ選び，その記号を答えなさい。

ア　　　イ　　　ウ　　　エ

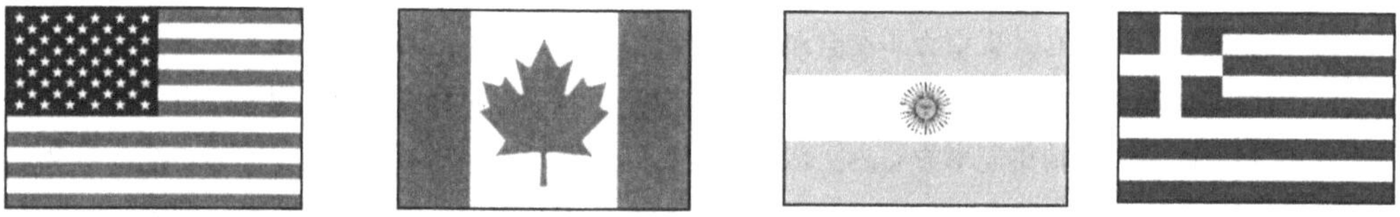

⑵　ヨーロッパには多くの国際機関が本部を置いています。オランダのハーグに本部を置く国際機関の説明として**適当なもの**を次のア～エの中から一つ選び，その記号を答えなさい。

ア　国家間の法律的紛争について裁判をおこなったり，国連総会や国連安保理などの要請に応じて勧告的意見を与える。

イ　難民や国内避難民の保護など，難民に関する諸問題の解決を目指して活動している。

ウ　発展途上国の経済開発促進と南北問題の経済格差是正を目的としている。

エ　教育，科学，文化の発展と推進を目的として国連に設けられた専門機関である。

問５　下線部④について，16世紀の出来事として**正しいもの**を次のア～エの中から一つ選び，その記号を答えなさい。

ア　島原の乱（島原・天草一揆）

イ　大坂夏の陣

ウ　関ヶ原の戦い

エ　応仁の乱

問６　下線部⑤について，以下の問いに答えなさい。

⑴　下の説明文はある九州地方の県についてのものです。説明されている県の形として**正しいもの**を次のページのア～エの中から一つ選び，その記号を答えなさい。

【説明文】

この地を治めていた武士の名が県名の由来となっており，都道府県の中で最も島が多いことで知られている。島が多いうえにリアス海岸も多数あり，海岸線の長さは都道府県２位となっている。

ア

イ

ウ

エ

（都道府県の主要部分の形を表しています。縮尺は一定ではありません。）

⑵　北海道，本州，四国，九州の面積（2020年）・人口（2020年）・農業生産額（2020年）・製造品出荷額等（2019年）を表にまとめました。九州にあたるものを次のア～エの中から一つ選び，その記号を答えなさい。

	面積（㎢）	人口（万人）	農業生産額（億円）	製造品出荷額等（億円）
ア	83, 424	522. 5	12, 667	61, 336
イ	231, 235	10297. 9	54, 453	2, 844, 655
ウ	18, 803	369. 6	4, 103	95, 881
エ	42, 231	1277. 9	17, 422	246, 595

（『日本国勢図会 2022/2023　矢野恒太記念会　編集・発行』をもとに作成）

問７　下線部⑥について，和歌の中には当時の都を詠《よ》んだ歌がたくさんあります。以下の和歌の中の空欄に共通して入る語句を**漢字**で答えなさい。

【和歌１】　紅に　深く染みにし　心かも　□　の都に　年の経ぬべき

【和歌２】　あをによし　□　の都は　咲く花の　にほふがごとく　今盛りなり

【和歌３】　秋されば　春日の山の　黄葉見る　□　の都の　荒るらく惜しも

問８　下線部⑦について，平安時代に起こった以下の出来事ア～エを**左から古い順**になるようにならべかえ，記号で答えなさい。

ア　菅原道真が遣唐使の廃止を進言した。

イ　藤原道長が摂政に就任した。

ウ　白河上皇が院政を開始した。

エ　坂上田村麻呂が征夷大将軍に任命された。

問９　下線部⑧について，小倉百人一首の説明として**適当でないもの**を次のア～エの中から一つ選び，その記号を答えなさい。

ア　選ばれた和歌の詠《よ》まれた時代は，飛鳥時代から鎌倉時代までと幅広い。

イ　女性の作者の中には，和歌が２首以上選ばれている者がいる。

ウ　全部で100首の歌が選ばれており，カルタの枚数は200枚である。

エ　選者自身の歌も100首の中に選ばれている。

問10　下線部⑨について，以下の問いに答えなさい。

⑴　鎌倉時代の名称の由来は，鎌倉に幕府が開かれたからです。鎌倉の位置として**適当なもの**を地図１のア～エの中から一つ選び，その記号を答えなさい。

＜地図１＞

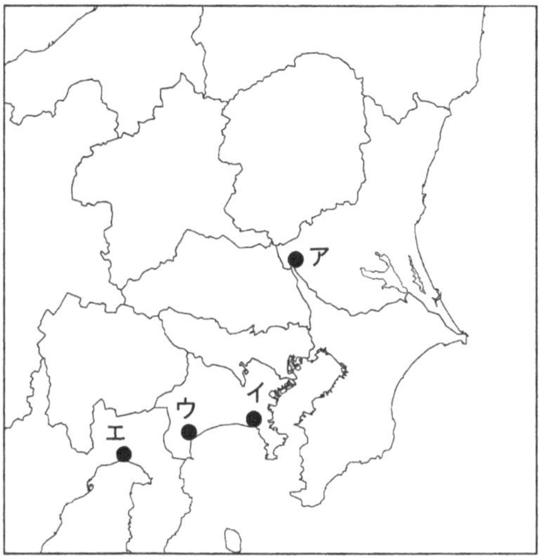

⑵　下の役職図は，この時代の幕府のものです。空欄Ａにあてはまる役職の名称を**漢字**で答えなさい。

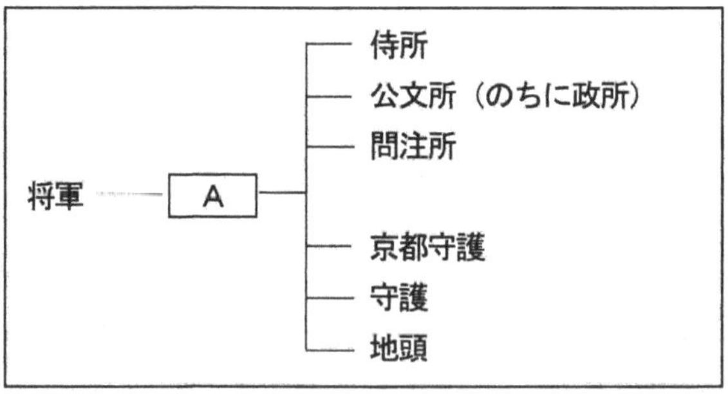

問11　下線部⑩について，以下の問いに答えなさい。

⑴　特殊な紙を使用しているものに紙幣があります。現在，日本で紙幣を発行している機関の名称を**漢字４字**で答えなさい。

⑵　2024年に現在の紙幣から新しいデザインの紙幣に変わることが決定しています。次のページの新１万円札にデザインされている人物の氏名を**漢字**で答えなさい。

問12　下線部⑪について，兵庫県の説明文として**正しいもの**を次のア～エの中から一つ選び，その記号を答えなさい。

ア　日本の標準時子午線が通過する都道府県はこの県のみである。

イ　たまねぎの産地として知られる淡路島は，瀬戸内海で３番目に大きい島である。

ウ　この県にある世界遺産は，日本で最初に登録された世界遺産の一つである。

エ　明石市と淡路島を結ぶ明石海峡大橋は，日本で最長の吊り橋である。

問13　下線部⑫について，名護屋の位置として**適当なもの**を地図２のア～エの中から一つ選び，その記号を答えなさい。

＜地図２＞

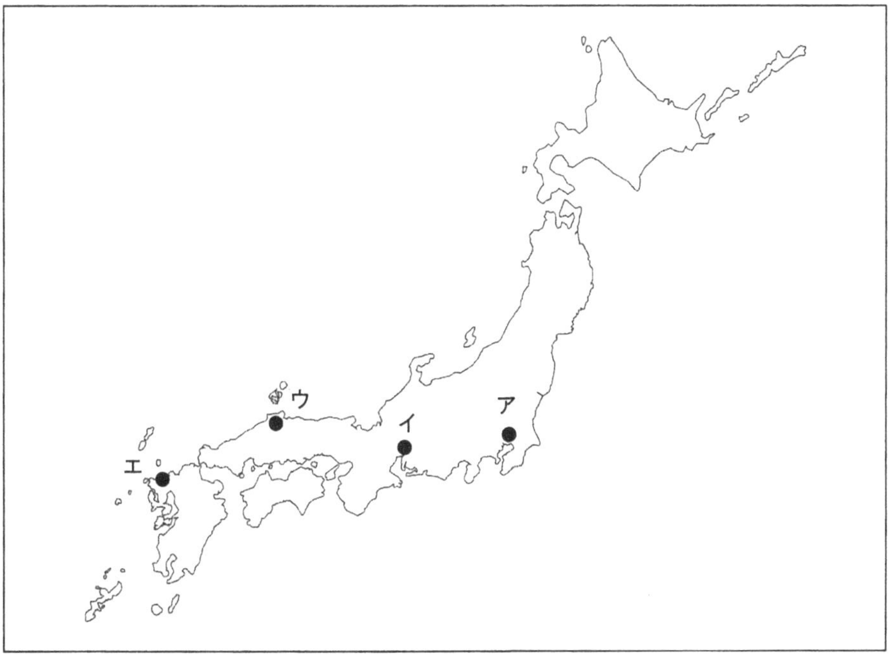

問14　下線部⑬について，大衆とは「多数の人。おおぜいのひとびと，民衆。」のことをいいます。大衆の意見のことで，公共の問題について多くの人々が共有している考えを意味する言葉を**漢字２字**で答えなさい。

問15　下線部⑭について，九州地方の重要無形民俗文化財として正しいものを次のア～エの中から一つ選び，その記号を答えなさい。

ア　祇園山笠　　イ　竿灯祭　　ウ　だんじり祭　　エ　秩父夜祭

問16　下線部⑮について，寛政の改革で行われた政策を次のページのア～ケの中から選び，その記号を**すべて**答えなさい。

ア　上げ米の制　　イ　囲米の制　　ウ　足し高の制　　エ　上知令　　オ　棄捐令
カ　株仲間の奨励　　キ　生類憐みの令　　ク　外国船打払令　　ケ　人返し令

問17　下線部⑯について，埼玉県は県の花を制定しています。昭和46年埼玉県制施行百周年を記念して制定された県の花として**正しいもの**を次のア～エの中から一つ選び，その記号を答えなさい。

ア　ソメイヨシノ　　イ　ヤマユリ　　ウ　スイセン　　エ　サクラソウ

問18　下線部⑰について，下の文章を読み，以下の問いに答えなさい。

> 任天堂のように，複数の国に拠点をもち，それぞれの国でビジネスを展開している企業のことを □ 企業という。日本の企業ではソニーやトヨタなどがあてはまり，世界の企業ではＧＡＦＡ（ガーファ）と呼ばれる巨大ＩＴ企業も □ 企業といえるだろう。

⑴　上の文章の □ にあてはまる語句を**漢字**で答えなさい。

⑵　下線部のＧＡＦＡに**あてはまらない**企業を次のア～エの中から一つ選び，その記号を答えなさい。

ア　アップル　　イ　ファーウェイ　　ウ　アマゾン　　エ　グーグル

問19　下線部⑱について，ここ数年，家庭でのアニメや映画の視聴方法に変化が見られます。これまではＤＶＤやブルーレイなどのディスクを購入するか借りてきて視聴していましたが，ネット回線の高速化により，インターネット経由で映像コンテンツを視聴する家庭が増えています。その中でも，Netflix（ネットフリックス）やU－NEXT（ユーネクスト）などのように定期的に料金を支払い視聴する方式が広まっています。このような方式の名称として**適当なもの**を次のア～エの中から一つ選び，その記号を答えなさい。

ア　サブリース　　イ　サステイナブル　　ウ　サブプライム　　エ　サブスクリプション

問20　下線部⑲について，右の絵札は，ある都道府県の郷土カルタの絵札です。読み札の文章を参考にして，この郷土カルタを作成した都道府県名を**漢字**で答えなさい。

【読み札】

「は」　版木にて　歴史を刻み　名を残す

問21　下線部⑳について，以下の問いに答えなさい。

⑴　参議院議員選挙の選挙区選挙（比例代表制ではない選挙）では，長い間，都道府県ごとの選挙区でした。平成27年の選挙法改正により，人口の少ない県は定員が減らされるか合区され，人口の多い都道府県は定員が増やされました。合区された県の組み合わせとして**正しいもの**を次のア～エの中から一つ選び，その記号を答えなさい。

ア　青森県と秋田県　　イ　石川県と福井県　　ウ　島根県と山口県　　エ　徳島県と高知県

⑵　2022年７月に第26回参議院議員選挙が行われました。125議席が改選され，非改選議席と合わせて自由民主党が過半数を超えた議席を獲得し，強さを見せつけました。あまり話題になっていませんが，実は参議院議員選挙の中で過去最多の女性議員が当選しました。第26回参議院議員選挙で当選した女性議員の数として**正しいもの**を次のページのア～エの中から一つ選び，

その記号を答えなさい。

ア　25人　　イ　35人　　ウ　45人　　エ　55人

問22　下線部21について，トレーディングカードのトレーディングは，トレードという言葉が変化したものです。トレードという言葉の意味の一つに貿易という意味があります。下の表は，日本の貿易相手国上位５ヵ国を表したものです。Ｃにあてはまる国名を**正式名称**で答えなさい。

年	2005年	2010年	2015年	2020年
1位	A	B	B	B
2位	B	A	A	A
3位	C	C	C	C
4位	台湾	台湾	台湾	台湾
5位	タイ	オーストラリア	タイ	タイ

（財務省貿易統計より作成　https://www.customs.go.jp/toukei/suii/html/data/y3.pdf）

ウ　岡田さんは人前では弱そうにしているが、裏では人を操《あやつ》る計算ができる。

エ　岡田さんは、自分の主張を通すために、意図して自信なさげに振《ふ》る舞っている。

問10　次に示す会話は、この文章を読んだ五人の生徒が、本文について話し合っている場面です。本文を踏《ふ》まえた説明として合致《がっち》するものにはAを、そうでないものにはBを記しなさい。ただし、同じ記号を何度用いても構いません。

ア　高橋君「この文章は、一人ではできなくても、互いに助け合って生きていくことが重要だということがテーマになっているよね。」

イ　木下君「それが、チキンラーメンのくぼみの例につながってくるんじゃないかな。このスペースが互いに幸せを生んでいるんだよね。」

ウ　原田君「岡田さんはそういう人間の本質を見抜いて自分の活路を見出してのし上がっていったんだろうね。」

エ　森　君「結局のところ、岡田さんも優秀で、多数の優秀な科学者が集まるからこそ、多様性って生まれるんじゃないかな。」

オ　泉　君「無理に社会に求められている姿に近づけるよりも、自分の性質を理解したうえで活躍できる場を作り出すことも大切なんだね。」

ウ　Ⅰ　他力本願　Ⅱ　理路整然
　　Ⅲ　創意工夫　Ⅳ　試行錯誤

エ　Ⅰ　他力本願　Ⅱ　試行錯誤
　　Ⅲ　理路整然　Ⅳ　創意工夫

問３　空欄あ～えの中に入る最も適当なものを次からそれぞれ一つずつ選び、記号で答えなさい。ただし、同じ記号を何度用いても構いません。

ア　偶然　イ　必然

問４　傍線①『「存在感をアピールするロボット」が増えてきているそうだ。』とありますが、今このようなロボットに高い関心が寄せられているのは、どうしてだと筆者は考えていますか。本文中81行目～134行目から解答欄にあてはまるように、三十五字以上四十字以内で抜《ぬ》き出し、最初と最後の五字を記しなさい。（句読点、カッコなども字数に数えて答えなさい。）

今、このようなロボットに高い関心が寄せられているのは、□から。

問５　傍線②「〈弱いロボット〉」と同じような存在を本文中より四字の単語で抜き出しなさい。

問６　傍線③「それ」とありますが、どういうことですか。最も適当なものを次から一つ選び、記号で答えなさい。

ア　周りの人間を一人でも多く蹴落とすこと。

イ　オドオドしたりもじもじしたりしていること。

ウ　人からの援助や厚意を引き出すこと。

エ　周りを味方にしてうまく仕事をすること。

問７　傍線④「ある意味、人間の生存戦略としても非常に使えるやり方」とありますが、そのやり方として適当でないものを次から一つ選び、記号で答えなさい。

ア　多くの人に受け入れられ、理解してもらえるものを研究するやり方。

イ　自分の得意な分野を活かせる世界を、新しく考えていくやり方。

ウ　当たり前の観点から少し引き、別の価値観を添えてあげるやり方。

エ　かなわないと思ったら、違う分野を探して研究を進めるやり方。

問８　傍線⑤「自分の好きな、得意な分野の土俵は年齢問わず、どこにでも作れるはずだ。」とありますが、あなたは中学校に入学したら、どのような場面で活躍《かつやく》していきたいと考えますか。次の条件に合うように記しなさい。

条件①　自分の好きな、または得意な分野を文頭に記すこと。

条件②　どのような場面で活かして活躍していきたいかを記すこと。

条件③　字数は五十字以上、八十字以内にすること。（句読点、カッコなども字数に数えて答えなさい。）

問９　傍線⑥「子どもたちへのメッセージなのに、やっぱりちょっともじもじしながら岡田さんは言ったのだった。」とありますが、岡田さんの人柄《ひとがら》について最も適当なものを後から一つ選び、記号で答えなさい。

ア　岡田さんはいつもオドオドしており、自分の主張を他人にはっきりと言えない。

イ　岡田さんは不器用ではあるが、研究者としての強い信念を持っている。

から、〈弱いロボット〉がレッドオーシャンになっちゃったら、そんなの古臭《くさ》いよって新しい分野を探して泳いでいくしかないんですね」

④ある意味、人間の生存戦略としても非常に使えるやり方ではないか。

「こいつにはかなわないと思ったら、そこで競ってちゃダメだと思ってます。大学でテニスを始めた時にも、うまい人はいくらでもいた。職場にも、全国から優秀な人が集まってきていて、そこでみんなの得意なところで競い合ってもダメなので、自分で新しい世界を探しながら研究を進めてきました」

これは非常に重要なことだ。既存《きそん》の土俵で競っても勝てないなら、自分で新しい土俵を作ってしまえばいい。⑤自分の好きな、得意な分野の土俵は年齢《ねんれい》問わず、どこにでも作れるはずだ。

非常に示唆《しさ》に富んだ岡田さんのお話、あなたはどう受け止めただろうか。

最後に、岡田さんに14歳へのメッセージを頂いた。

「僕の好きな言葉のひとつが〝出会うのは偶然《ぐうぜん》なんだけど、出会ってからは必然なんだよ〟というものです。誰と出会うか、誰と同じクラスになるかは単なる［あ］にすぎないけれど、その［い］の積み重ねがなければ今の自分はない。そういう意味では、失敗というのはひとつの［う］ですが、ひとつひとつに意味があり、［え］につながる。僕のように［Ⅳ］をして、また修正を加えてということを常にやっていると、あることを失敗ととらえるか、探索行為《たんさくこうい》ととらえるかという違《ちが》いにすぎないと思います」

失敗は、ひとつの過程でもあるということだろう。

⑥子どもたちへのメッセージなのに、やっぱりちょっともじもじしながら岡田さんは言ったのだった。

（雨宮処凛《かりん》「生きのびるための『失敗』入門」河出書房新社）

※岡田さん……岡田美智男。豊橋技術科学大学情報・知能工学系教授。

※〈アイ・ボーンズ〉……ティッシュを配ろうと街に立つが、渡せなくてもじもじしているロボット。引っ込《こ》み思案な子どものような姿で、ティッシュを受け取ってもらえると嬉しそうにおじぎをする。

※〈む～〉……「スライムを思わせる丸っこい身体の真ん中に大きな目がひとつで、鼻も口も手足も無く、話しかけると「む～、む、む、む」と反応するが、喋《しゃべ》ることはできない、不気味で可愛いロボット。

問１　傍線《ぼうせん》a～dと同じ漢字を含む語を後の語群の中からそれぞれ一つずつ選び、記号で答えなさい。

a　キュウキョク　b　ヨチ　c　ユウノウ　d　ジシン

語群

ア　親子　イ　地球　ウ　結局　エ　身体　オ　曲解
カ　能力　キ　頭脳　ク　知識　ケ　極意　コ　信頼
サ　数値　シ　苦悩

問２　空欄《くうらん》Ⅰ～Ⅳの中に入る四字熟語として正しい組み合わせを後から一つ選び、記号で答えなさい。

ア　Ⅰ　試行錯誤《しこうさくご》　Ⅱ　他力本願
　　Ⅲ　理路整然　Ⅳ　創意工夫
イ　Ⅰ　試行錯誤　Ⅱ　理路整然
　　Ⅲ　創意工夫　Ⅳ　他力本願

いたりする。そう言うと、岡田さんは「僕のことですね」と笑って続けた。

「僕は、ずっと言葉がなまってたり、人前でちゃんと喋《しゃべ》れない人間で、いつもオドオドしてるタイプなんです。昔、ＮＴＴの研究所に長らくつとめてたんですけど、最初から偉《えら》くなるのをあきらめてました。自分でロボットを手作りし始めた時も上司を説得するのにすごく苦労しました。［Ⅱ］と、『こういう研究をしたいのでお金が必要なんです』って言えば会社のお金が使えたんですけど、そういう説得ができない。なので、オドオドしながら外堀《そとぼり》を埋《う》めていくんです。上司を説得する前に、『これ面白いぞ』って、周りの評判を作っちゃう。そうするとようやくお金を使わせてくれて、ロボット作りも進む。そういうやり方でやってきました」

　口がうまくない人なりの［Ⅲ］が、〈弱いロボット〉を作ってきたのだ。っていうか、もしかして〈弱いロボット〉のモデルって、岡田さんｄジシンでは？

「かもしれないですね。オドオドしたりもじもじしてる自分は、世の中に出る時になかなか大変だぞと思ってたんです。でも、意外と応援《おうえん》してくれる人はいる。なんとなく、隙《すき》があるんでしょうね。『こいつはたぶん、俺《おれ》を食ってしまうことはないだろう』って、みんな隙を見せちゃうんですね」

　非常によくわかる。とにかく周りの人間を一人でも多く蹴落《けお》とすことが「生き残る唯一《ゆいいつ》の道」とされる競争社会で、オドオドしたりもじもじしてる人は、なんともいえない安心感を与《あた》えてくれる。そんなキャラクターは、人からの援助《えんじょ》や厚意《こうい》を引き出す力に満ちているとも言えるのだ。

「今、もじもじしちゃいけないって文化になりつつあるんだけど、実は③それは大事なことで、周りを味方にしながら関係性の中でうまく仕事をやっていく上ではいい感じの性質かもしれないですね」

　それに完璧な人ばかりだと、多様性からもほど遠い。

「そうですね。優秀《ゆうしゅう》な研究者ばかり集めても、なかなか面白い製品って生まれないんです。むしろいろいろなところがへこんでいたり、とんがったりしてる人を集めた方が面白いものが生まれる。合理的な思考に対して、野性の思考ですね。合理的な思考は強者の戦法なんですが、あり合わせで解決していく野性の思考は弱者の戦法なんです。それが僕には合ってるなと感じます」

　※〈む～〉を作って20年以上。当初は「誰にも相手にされなかった」と言うが、今、〈弱いロボット〉に注目が集まっているのは、この国が効率や合理性を求める中、疲れたり生きづらさを感じる人が増えているからだろう。

「そういうこともあるかもしれないですね。でも、みんなが理解しちゃうと面白くない。２割くらいの人に理解してもらっている時がバランス的にちょうどいい。５割を超《こ》えると、そこはレッドオーシャンになってしまいます。みんなそこに寄ってきて競い合う。血で血を洗うようなレッドオーシャンになるから、生きにくいんですね。僕らはブルーオーシャンと言って、誰も泳いでないところで泳ごうと。そんなブルーオーシャンを探しだすコツは、当たり前の価値観を、ちょっとだけ引き算してあげるんですね。そこに別の価値観をちょっとだけ添《そ》えてあげる。だ

ずってはミルクを運んできてもらったり、おしめを替《か》えてもらったり。そうやって [I] で生きている」

しかし、成長するにつれ、人間は「なんでも一人でできること」を求められる。それだけではない。社会に出れば「効率よく利益を生み出すこと」に重きが置かれ、そんな競争の果て、多くの人が疲《つか》れてもいる。〈弱いロボット〉は、生きづらい時代だからこそ生まれた存在とも言えるだろう。

「僕《ぼく》らって、ずっと『一人でできる』ことをよしとする文化の中で育ってきましたよね。靴下《くつした》を履《は》くにしても、早く一人で履けるようになるんだよって言われるし、学校教育の中でも、例えば試験は誰《だれ》の力も借りずに受けるものとされている。そうして高齢者《こうれいしゃ》になっても、『まだまだ若い人の世話なんかになりません』と口にする。そんなふうに、誰にも頼《たよ》れないっていう社会圧を感じながら生きてる気がするんですね。

でも、例えば一人で靴下を履いている姿をよく見ると、椅子《いす》に座って背中を委ねつつ、いろいろなところを支えてもらってやっと一人で靴下を履ける。必ずしも一人で履いているわけではなくて、依存先《いぞんさき》をたくさん見つけることで靴下が履けているんです」

【中略】

ここで岡田さんは、今大切にしているという「well-being」（ウェルビーイング）という言葉を紹介《しょうかい》してくれた。「自らの能力が十分に生かされ、生き生きとした幸せな状態にある」という意味だ。

「この感覚をなんとしても取《と》り戻《もど》したくて。唐突《とうとつ》ですが、チキンラーメンのくぼみって知ってますか？」

中心にある、卵を落とすくぼみのことだろうか？

「そうです。載《の》せても載せなくてもいいんですけど、ちょっとした手間や工夫を引き出すための隙間《すきま》なんですね。このくぼみは、いろいろな関係性を引き出すための余白になっている。誰かがすべて調理したものを出してくれると『ぬるいじゃないか』『味が薄《うす》い』とかクレームを引き出しちゃうんだけど、自分でやった工夫に対しては、結構幸せを感じることが多いんじゃないかな。そういうことを考えたテクノロジーをいろいろ作ろうとしてるんですけど……」

そう言って、岡田さんはある動画を見せてくれた。ティッシュを配ろうとしてなかなか配れない※〈アイ・ボーンズ〉の動画。この章のはじめで触《ふ》れたロボットのひとつだ。

「こうやってもじもじしてなかなか上手にできないっていうのが、先ほどの〝くぼみ〟なんですよね。そこから人が関わるbヨチが生まれて、関わった人がなんとなく嬉《うれ》しい気持ちになる。cユウノウ感やつながりを感じて全体として幸せな感覚を生み出す。手伝ってもらった方も嬉しいけれど、手伝ってあげた方も嬉しいので、くぼみが重要な役割を果たしてるのが②〈弱いロボット〉のポイントですね。僕らも自己完結した完璧《かんぺき》な人間よりも、どこかへこんでいるくらいの方がほっとしたり、人を幸せにしますよね」

本当だ。特に私の場合、過去のいじめられ経験から、いまだに声がデカくて自信満々で自分は完璧と思っている人が心底苦手だ。それよりも、オドオドして見るからに自信なさげな人の方がずっと安心できるし近づきやすい。しかし、今の時代はそんな人が「ダメな奴《やつ》」扱《あつか》いされて

問６　傍線５で「やっぱりこの子」と日珖上人が言った理由として最も適当なものを次から一つ選び、記号で答えなさい。
ア　久蔵は自分の頭でものを考えることのできる人間だということを、日珖上人は以前から知っていたから。
イ　久蔵が先学を慌てさせるほどの知識をすでに身につけていることに、日珖上人が気づいていたから。
ウ　久蔵のものの見方、考え方が他の人とちがっておもしろいと、日珖上人が普段から感じていたから。
エ　久蔵がいつも出過ぎたことをしていたので、日珖上人は前々から久蔵の将来を心配していたから。

問７　傍線６「その精神」の説明として最も適当なものを次から一つ選び、記号で答えなさい。
ア　分からないことがあったら、すぐに質問しなければならないという精神。
イ　何でもヨーロッパのものが一番と考えるようでは進歩がないという精神。
ウ　知らないことを、知らないと言える勇気がなければならないという精神。
エ　昼も夜も自分の進むべき道のために努力しなければならないという精神。

問８　傍線７「それ」が指すものとして最も適当なものを次から一つ選び、記号で答えなさい。
ア　医学と天文学はやはりヨーロッパの方が日本より進んでいるということ。
イ　南蛮寺に立派な医者がいるので診察《しんさつ》してもらったらどうか、ということ。
ウ　久蔵は、少しでも父親の春信に近づこうと日夜努力しているということ。
エ　学問所での久蔵は、先学が頭を下げるほど立派な様子であるということ。

問９　この物語が描いている時代として最も適当なものを次から一つ選び、記号で答えなさい。
ア　平安時代　　イ　鎌倉時代
ウ　安土桃山時代　　エ　明治時代

三　次の文章を読んで後の問いに答えなさい。

今、ロボットの世界では、利便性や合理性だけでなく、①「存在感をアピールするロボット」が増えてきているそうだ。最近、※岡田さんたちは「N《ニ》IC《コ》OB《ボ》O」という〈弱いロボット〉をパナソニックと共同開発した。

まん丸の顔に、しっぽがついた「気ままな同居人ロボット」だ。撫《な》でるとしっぽを振《ふ》ったり、言葉を覚えるとカタコトの言葉で「あっ、あのね」などと話しかけてくれたりする。寝言《ねごと》を言ったりオナラをしたりもするけれど、自分で歩くことはできない。見ているだけで癒《いや》されてくる、ペットのような存在感。

このような存在感のaキュウキョクは「赤ちゃん」だと岡田さんは言う。「赤ちゃんっていろいろなところに委《ゆだ》ねまくってるんですね。最初は寝てばかりいて、母親の胸に抱《だ》っこされて何もできない存在。ちょっとぐ

若衆姿……元服する前の男子の姿。
南蛮貿易……かつてポルトガル・スペインなどとの間に行われた貿易。
聡い……頭のはたらきが優れている。
開山……寺院の創始者。
教学……宗教の教義。
恰幅……体のかっこう。
風采……人の見かけのすがた。
先学……学問上の先輩《せんぱい》。
日蓮上人……日蓮宗をひらいた僧。
豊後……現在の大分県。
常緑坊……信春一家が住んでいる建物の名前。

問１　空欄《くうらん》Ａ・Ｂ・Ｃに入る語句として最も適当なものを次からそれぞれ一つずつ選び、記号で答えなさい。
Ａ　ア　あと　イ　ひけ　ウ　おし　エ　つて
Ｂ　ア　得意《とくい》そうに　イ　けだるそうに　ウ　静かに　エ　乱暴《らんぼう》に
Ｃ　ア　合いの手　イ　奥の手　ウ　ダメ出し　エ　助け舟

問２　空欄Ｘ・Ｙに入る語句として最も適当なものを次からそれぞれ一つずつ選び、記号で答えなさい。
ア　そして　イ　しかし　ウ　だから　エ　つまり

問３　傍線《ぼうせん》１「高揚《こうよう》した声」の説明として最も適当なものを次から一つ選び、記号で答えなさい。
ア　今日一日の様子を両親にどう話そうかと、あれこれと考えている声。
イ　母の病気のことが心配でいることを隠《かく》そうと、わざと明るくした声。
ウ　家に着いたことを両親にしっかり伝えようとする、大きくて高い声。
エ　今日学んだことを早く両親に伝えたくて、気持ちが高ぶっている声。

問４　傍線２「ならって」・４「ゆかりの」の意味として最も適当なものを次からそれぞれ一つずつ選び、記号で答えなさい。
２「ならって」
ア　練習して　イ　学んで　ウ　まねをして　エ　いっしょに
４「ゆかりの」
ア　関係がある　イ　すぐれた　ウ　開いた　エ　特別の

問５　傍線３「この大陸のはじにへばりついている奴《やつ》です。」と言った久蔵の気持ちの説明として最も適当なものを次から一つ選び、記号で答えなさい。
ア　日本の医学や天文学はヨーロッパに比べておくれていることを久蔵はなげいている。
イ　日本という国が世界の中ではとても小さい国であることを、久蔵は両親に伝えたかった。
ウ　日本は中国に学ばなければならないことがまだまだ沢山あることを久蔵は気づいた。
エ　日本は島国であることを地球儀を見ることで初めて知り、久蔵は大変驚いている。

「さっきと申しますと」

「地球が回っとんのなら、鳥はどうして元の場所に戻ることができるかと言うたやないか」

「あの時、お上人《しょうにん》さまもおられたんですか」

「通りがかりに学問所をのでいたんや。面白いことを尋ねんのがいる思《おも》たら、5やっぱりこの子でしたわ」

「あの……、何か失礼なことを申し上げたのでしょうか」

生意気なことを言って迷惑《めいわく》をかけたのではないかと、静子は生きた心地もしないようだった。

「母さま、ちがいます。先学に地球は一日一回自転し、一年に一回太陽の周りを回ると教えていただいたのです」

X 朝と夜があり、一年ごとに四季がめぐるという。

だが地上がいつも回っているのなら、空を飛んでいる鳥たちは置き去りにされて、元の場所にもどれないのではないか。久蔵はそう考えて、日珖がさっき言った質問をしたのだった。

「これには先学の方が慌《あわ》てましてな。まだそこまでは自分の勉強が進んでおらんと、素直に頭を下げよりました」

「それは出過ぎたことをいたしました。申し訳ございません」

「構いませんて。近頃はみんなヨーロッパのものが優れている言うて、訳も分らんと飛びつく輩《やから》が大勢おります。そやけど、この子のように自分の頭で物を考えんと、学問も修行も進みまへん。※日蓮上人も、夜は眠りを断ち昼は暇《ひま》を止めて之《これ》を案ぜよと言うてはります」

それにつづく言葉は、一生空《むな》しく過《す》ぐして万歳悔《ばんざいく》ゆること勿《なか》れ。日蓮ほどこの言葉に忠実に、身命《しんめい》を惜《お》しまず仏道に打ち込んだ修行者は日本でも稀《まれ》である。

6その精神を日珖も信春も受け継いでいる。久蔵もこれにつづこうと、精一杯の背伸びをしているのだった。

「 Y 医学と天文だけは、ヨーロッパのほうが進んどると聞いとります。港の近くの南蛮寺に、※豊後《ぶんご》からアルメイダという立派な医者が来て治療《ちりょう》にあたっているそうです。静子さんも一度診《み》てもらわはったらどうですか」

日珖は7それを伝えたくてわざわざ※常緑坊《じょうりょくぼう》に足を運んだのだった。

「それは有難《ありがた》い。一緒に診てもらいに行こうじゃないか」

信春は勇《いさ》んで応じようとしたが、

「ええ、有難いお話ですが……」

静子は気乗りがしないようで、曖昧《あいまい》な返事をくり返すばかりだった。

「どうした。行きたくないのか」

「そのような偉《えら》いお医者さまに診ていただいては、もったいのうございます」

「病気を治すために診てもらうのだ。偉いももったいないもあるか」

早く病気を治したいばかりに、信春はつい強い口調になった。

追い詰められたように黙り込む静子を見て、

「母さまは南蛮のお医者さまが怖《こわ》いんですよ」

久蔵が C を出した。

南蛮人は牛の肉を食べ血をすするという噂《うわさ》は、彼らが行く先々でついて回っている。血ではなく赤ワインなのだが、そうした噂を信じる者は多かった。

（安部龍太郎「等伯」日本経済新聞出版社）

注　髷……髪の毛をたばねて、曲げたり折り返したりした部分。

【国　語】（五〇分）〈満点：一〇〇点〉

【注意】○文字ははっきりと丁寧《ていねい》に書くこと。
○特に漢字の書き取りは、トメ・ハネにも注意すること。
○字数に制限がある問いに対しては、その指示をよく確認すること。

一　次の傍線《ぼうせん》部のカタカナは漢字に、漢字はひらがなに直しなさい。

①　石版に文字をキザむ。
②　学校と自宅をオウフクする。
③　青色にソめた布。
④　こまかな細工をほどこす。
⑤　相手の反応がない。

二　次の文章を読んで後の問いに答えなさい。

外でにぎやかな足音がして久蔵《きゅうぞう》が入ってきた。※髷《まげ》をゆった※若衆姿《わかしゅすがた》をして、両手に木の箱を抱《かか》えてぃる。信春《のぶはる》に似て背が高く、大人に［Ａ］を取らないほどの体格をしていた。

「父上、母《かか》さま、ただ今戻《もど》りました」

立ったまま 1高揚《こうよう》した声をあげ、静子の前に木箱をおいた。

「何ですか。これは」

「この中に世界というものが入っています。父上や母さまにご覧いただきたくて、学問所から借りてきたのです」

久蔵は興奮さめやらぬ顔でふたを開け、中から地球儀《ちきゅうぎ》を取り出した。

ポルトガル人たちが伝えた地球儀を、精巧《せいこう》に複製したものである。※南《なん》蛮《ばん》貿易が盛んな堺《さかい》では普通に出回っていたが、信春も静子も見たのは初めてだった。

「私たちが住んでいる世界は、このように丸い形をしているそうです。日本はどこだか分りますか」

久蔵が［Ｂ］地球儀を回した。

「明《みん》国や朝鮮のとなりだろう」

信春にもそれくらいの知識はあったが、どこかは分らなかった。

「何だか手鞠《てまり》のようですね」

静子も久蔵に 2ならって地球儀を回してみた。

「日本はここです。弓のような形をして、3この大陸のはじにへばりついている奴《やつ》です」

朝鮮はここ。明国とインドはここ。そしてポルトガル人が住んでいるのはこの地球の裏側だと、久蔵は教えられたばかりの知識を夢中で語った。

信春と静子は何と応じていいか分らず、戸惑《とまど》った顔を見合わせるばかりだった。

「※聡《さと》い子や。さっそく伝教してはるんやな」

日珖上人《にっこうしょうにん》がにこにこしながら入ってきた。

妙国寺の※開山で四十八歳になる。日蓮宗《にちれんしゅう》きっての学僧で、※教学に精通している。それが評価されて、後に 4日蓮ゆかりの中山法華経寺《なかやまほけきょうじ》（千葉県市川市）の住職も兼ねるようになった。

※恰幅《かっぷく》のいい堂々たる※風采《ふうさい》で、誰からも親しまれるおだやかな人柄《ひとがら》だった。

「さっき※先学に面白いこと尋《たん》ねたやろ。あの話をしたってや」

特待

2023年度

解　答　と　解　説

《2023年度の配点は解答欄に掲載してあります。》

＜算数解答＞

1　(1)　2　(2)　ア　2　イ　0　ウ　2　エ　3　(3)　9日間　(4)　2800円
(5)　141　(6)　12通り　(7)　96度　(8)　18.84cm^2

2　(1)　123万円　(2)　3倍　(3)　④

3　(1)　④　(2)　解説参照　(3)　27.7cm

4　(1)　24cm^2　(2)　72cm^2　(3)　248cm^2

5　(1)　ア　①　イ　⑥　ウ　⑤　(2)　解説参照　(3)　エ　⑤　(4)　8通り

○推定配点○

1　各5点×8((2)完答)　他　各4点×15　計100点

＜算数解説＞

1　(四則計算，論理，割合と比，仕事算，倍数算，数の性質，場合の数，平面図形)

(1)　8－(8－2.5÷1.25)＝2

重要　(2)　エ＝3のとき，26＝13×2，13＋7＝20より，ア＝2，イ＝0，ウ＝2

重要　(3)　J君の1日の仕事量を1とすると，全体の仕事量は1×12＝12　J君の5日間の仕事量…1×5＝5　2人で行った仕事量…12－5＝7　2人で行った1日の仕事量…7÷3＝$\frac{7}{3}$以上7÷2＝3.5未満
S君の1日の仕事量…$\frac{7}{3}$－1＝$\frac{4}{3}$以上3.5－1＝2.5未満
したがって，S君だけで行う日数は12÷$\frac{4}{3}$＝9(日間)以下，12÷2.5＝4.8(日間)より多く9日間までに終わる。

図1

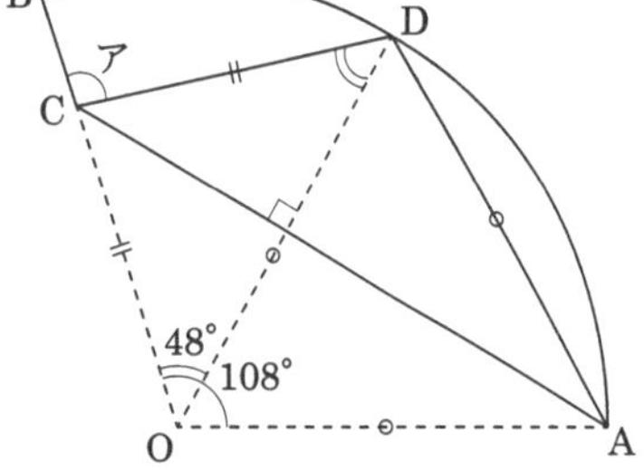

重要　(4)　それぞれの所持金をA，B，Cで表す。B＝A×2，C＝A×0.75＋1000より，A＋A×2＋A×0.75＋1000＝A×3.75＋1000＝10000(円)であり，Aは(10000－1000)÷3.75＝2400(円)　したがって，Cは2400÷4×3＋1000＝2800(円)

図2

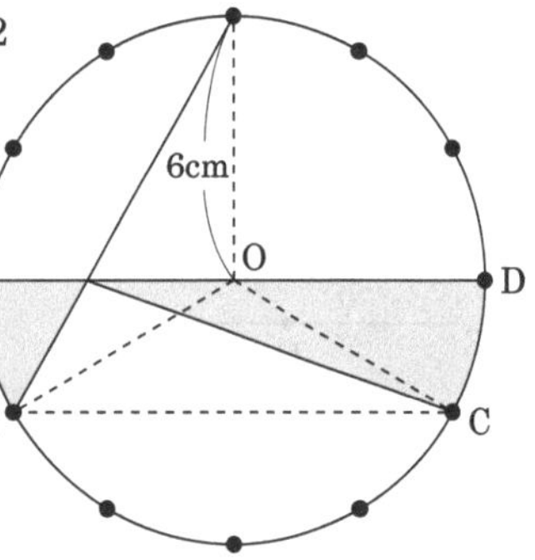

重要　(5)　6－3＝8－5＝9－6＝3であり，6，8，9の最小公倍数は72　したがって，求める数は72×2－3＝141

重要　(6)　60＝2×5×6または3×4×5　したがって，目の出方は3×2×1×2＝12(通り)

重要　(7)　右図1より，三角形OADは正三角形であり，角アは(108－60)×2＝96(度)

重要　(8)　右図2より，求める面積は6×6×3.14÷12×2＝6×3.14＝18.84(cm^2)

重要 2 **(割合と比，概数)**

(1) 246万÷2＝123万(円)

(2) 210000÷6÷12700≒2.7より，3倍

(3) 255÷(12700×0.148) ＝255÷1879.6≒1÷7.3より，④

※「持続可能な」という意味で，近年「サステナブル」という語が用いられることがある。

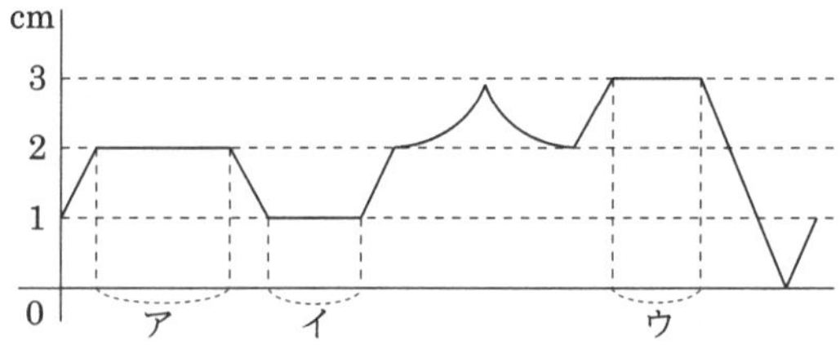

3 **(平面図形，図形や点の移動，グラフ，割合と比，速さの三公式と比)**

基本 (1) PがAからBまで円周上を移動するとき，PO間の距離は1のままであり，グラフは水平になる…④

やや難 (2) グラフにおいて，イとウの時間が等しく直径が2cmの円周上を$\frac{3}{4}$進む時間と直径が6cmの円周上を$\frac{1}{4}$進む時間が$2\times\frac{3}{4}=6\times\frac{1}{4}=\frac{3}{2}$で等しくなる。したがって，Pの進み方の例は右図のようになる。

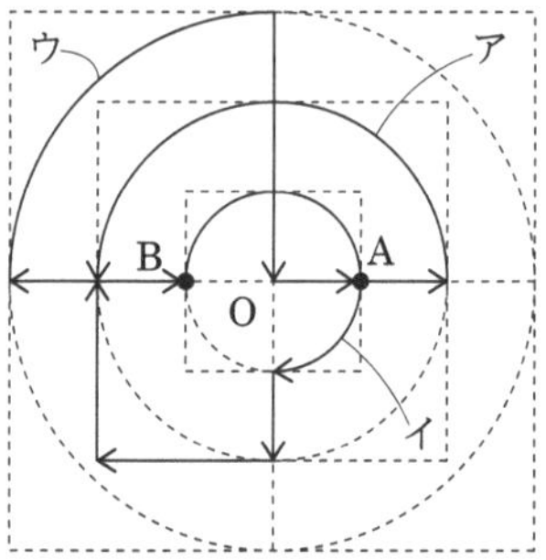

(3) (2)より，$1\times5+2\times2+3+\left(2\times\frac{3}{4}+4\times\frac{1}{2}+6\times\frac{1}{4}\right)\times3.14=12+5\times3.14=27.7$(cm)

重要 4 **(平面図形，相似，立体図形)**

(1) 図アより，求める面積は$8\times8-(8\times4+4\times4\div2)=24$(cm^2)

(2) 図イより，頂点Oの高さは$8\times2=16$(cm)　また，二等辺三角形OPTとOEGの相似比が1：2であり，二等辺三角形OEGと等脚台形PEGTの面積比は$(2\times2)：(2\times2-1)=4：3$
等脚台形PEGTの面積は$24\times4\div4\times3=72$(cm^2)

図ア

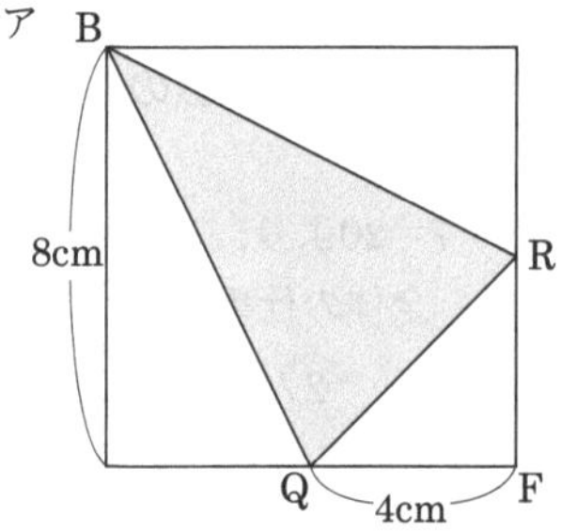

図イ

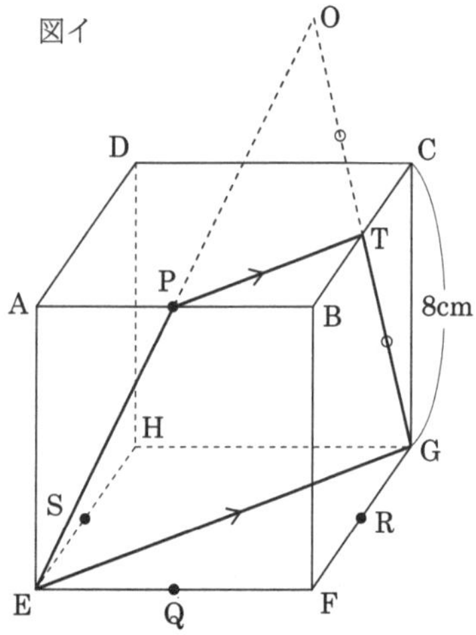

図ウ

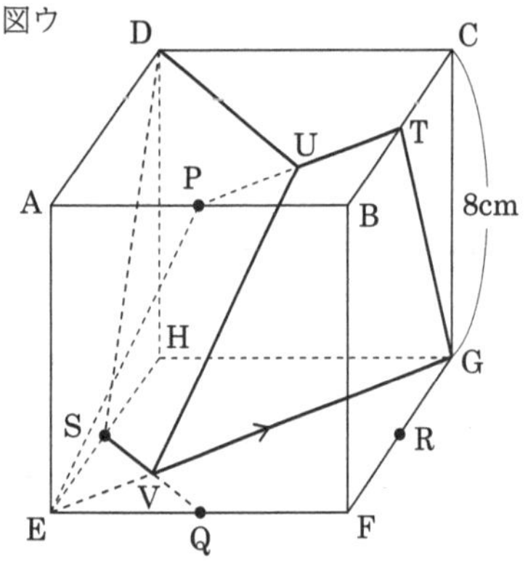

図エ

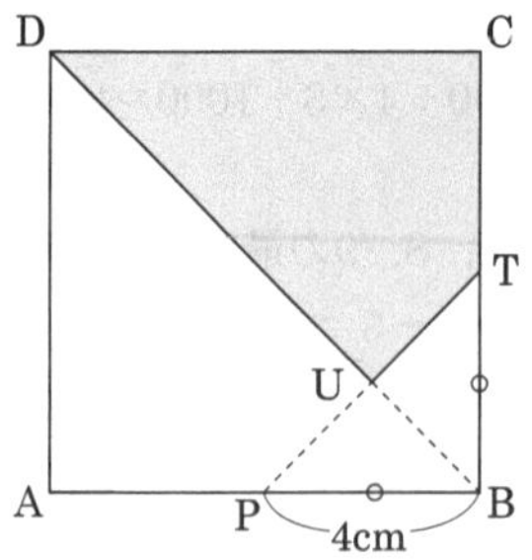

図オ

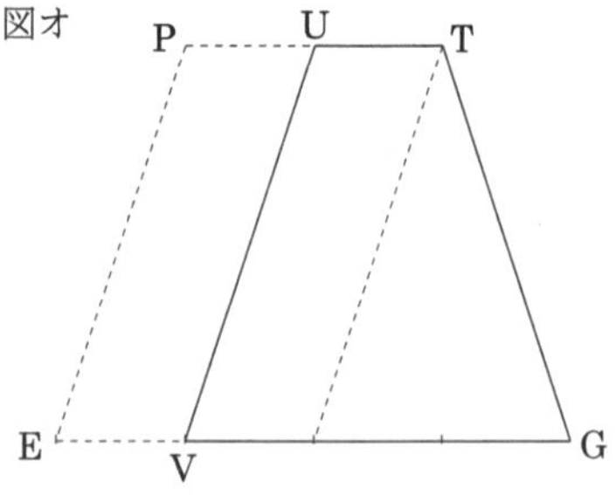

(3) 図ウより，立体DUTC－HSVGの表面積を求める。四角形DUTCの面積…図エより，$8\times8\div2-4\times2\div2=28$(cm^2)　台形UVGTの面積…図オ・(2)より，$72\div3\times2=48$(cm^2)　したがって，表面積は$(28+48)\times2+4\times8+8\times8=248$(cm^2)

重要 5 (平面図形，論理，規則性)

○	☆
□	△

→

①

○	☆
□	△

，②

□	○
△	☆

，③

△	□
☆	○

，④

☆	△
○	□

，⑤

○	□
☆	△

，⑥

△	☆
□	○

，⑦

□	△
○	☆

，⑧

(1)　ア…右図より，④で1マス左回転，②で1マス右回転　したがって，配置は変わらず①

○	☆
□	△

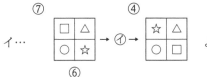

→ ④

☆	△
○	□

→ ②

○	☆
□	△

イ… ⑦

□	△
○	☆

→㋑→ ④

☆	△
○	□

より，左上と右下のマスが入れかわるので⑥

ウ… ㋒→③→ ⑥

△	☆
□	○

より，③の図は左上と右下，左下と右上のマスがそれぞれ入れかわり，㋒の図は ⑤

○	□
☆	△

(2)　①と⑤，②と⑦，③と⑥を組み合わせると④と⑧が組み合わされる… ⑧

☆	○
△	□

(3)　⑤・④… ⑤

○	□
☆	△

が④で1マス左回転して，⑦

□	△
○	☆

になる。

○・④＝⑦…⑦を②で1マス右回転すると，○＝①　したがって，①の左下と右上のマスが入れかわり⑥

△	☆
□	○

になるので㋓＝⑤

(4)　㋔・④＝①の場合，②・㋕＝①である。したがって，㋔・④が8通りあり，これらに応じて②・㋕も1通り決まるので組み合わせは8通り。

★ワンポイントアドバイス★

2「貧困」についての問題は，問題文自体のポイントを読み取ることができれば解法は難しくない。3(2)「Pの進み方」は容易ではなく，4「立体図形」はよく出る問題であり，差がつきやすい。全体に時間配分を考え問題を選択しよう。

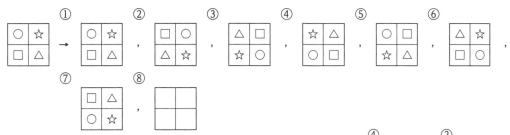

<理科解答>

1　問1　20g　問2　54g　問3　2.7　問4　79g　問5　2cm　問6　40%
問7　(比重)　イ　(姿勢)　カ

2　問1　ウ　問2　塩化ナトリウム[食塩]　問3　2.40g　問4　5.35g　問5　24g
問6　キ

3　問1　(1)　ア　(2)　イ　問2　180　問3　56%　問4　ウ　問5　99%
問6　2.7g/L　問7　ウ

4　問1　①　エ　②　ウ　③　イ　問2　①　イ　②　ウ　問3　A　問4　ウ

○推定配点○

1　問4～問6　各3点×3　他　各2点×5　2　問1・問2　各2点×2　他　各3点×4

3　問1・問2・問4・問7　各2点×5　他　各3点×3

4　問1・問2　各2点×5　他　各3点×2　計70点

<理科解説>

1　(力のはたらき－浮力と密度・圧力)

やや難　問1　浮力はおもりの体積分の水の重さに等しい。容器1へあふれた水の体積＝おもり1の体積＝20(cm^3)だからおもり1が受ける浮力は20gである。

問2　おもり1の重さ＝水中の重さ＋浮力となるので，34(g)＋20(g)＝54(g)である。

問3　おもり1の重さは54gで体積20cm^{3}より，比重＝54(g)÷20(cm^3)＝2.7となる。

問4　あふれた水の体積からおもり2の体積は10cm^{3}とわかる。おもり2の重さは，比重が8.9だから8.9×10＝89(g)である。浮力が10gはたらくので，ばねばかりの示す値は89(g)－10(g)＝79(g)である。

問5　木片の体積は5(cm)×5(cm)×5(cm)＝125(cm^3)で比重が0.60より，木片の重さは0.60×125＝75(g)となる。木片が浮いていることから，木片の重さと浮力は等しいので木片にはたらいている浮力が75gで，水中の体積は75cm^{3}とわかる。水中の高さ＝75(cm^3)÷(5(cm)×5(cm))＝3(cm)より浮いている部分は2cmとなる。

問6　浮いている部分の体積は，高さから計算すると2(cm)÷5(cm)×100＝40(%)である。

問7　人間の体積を100%とすると2%が水面上に出るので水中にある体積は98%で，比重＝98÷100＝0.98となる。救助を待つ姿勢は仰向けになり後頭部まで水中にあるカが望ましい。

2　(物質と変化－水溶液の性質・物質との反応)

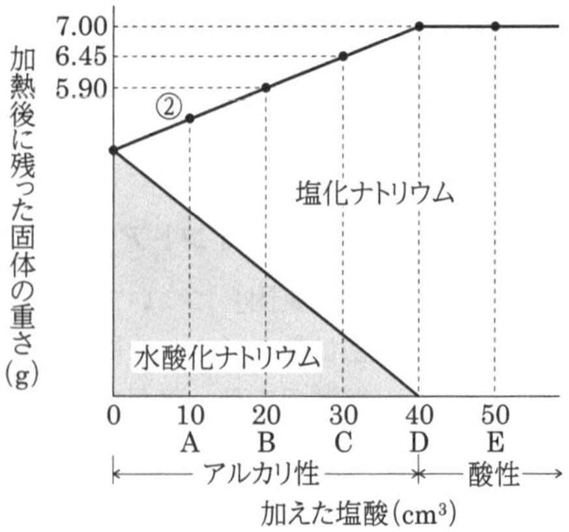

基本　問1　ビーカーDで塩酸を40cm^{2}加えたときに緑色であることから，中和していることがわかる。ビーカーEでは塩酸を50cm^{3}加えているので，酸性となるのでBTB溶液は黄色となる。

重要　問2　実験の反応では右図のようになる。Bでは水酸化ナトリウムと塩酸の中和により塩化ナトリウム(食塩)ができている。

やや難　問3　実験の反応では右図のように加熱後に残る固体の水酸化ナトリウムはDで0gとなり，塩化ナトリウムは7.00gとなる。Dでは水酸化ナトリウム水溶液20cm^{3}と塩酸40cm^{2}が完全に中和して塩化ナトリウムが7.00gできている。Bでは塩酸の量が20cm^{3}なので塩化ナトリウムは$\frac{1}{2}$の3.50gできていると考えられるので，残る固体のうち水酸化ナトリウムは5.90(g)－3.50(g)＝2.40(g)である。

やや難　問4　Bで中和している水酸化ナトリウム水溶液は10cm^{3}で，残っている水酸化ナトリウム水溶液10cm^{3}に含まれる水酸化ナトリウムは2.40gである。Aで中和しているのは水酸化ナトリウム水溶液5cm^{3}で，残っている水酸化ナトリウム水溶液は15cm^{3}だからx：2.40(g)＝15(cm^3)：10(cm^3)より水酸化ナトリウムは3.60gできる。またできる塩化ナトリウムは塩酸10cm^{3}分なので10(cm^3)：40(cm^3)＝x(g)：7.00(g)より1.75gである。3.60(g)＋1.75(g)＝5.35(g)となる。また，B→C，C→Dと加えた塩酸が10cm^{3}増えると加熱後に残った固体の重さが0.55g変化していることから，Bの5.90(g)－0.55(g)＝5.35(g)と求めることもできる。

問5　水酸化ナトリウム水溶液10cm^{3}に含まれる水酸化ナトリウムは2.40gなので100cm^{3}には24.0gの水酸化ナトリウムが含まれる。

問6　水酸化ナトリウム水溶液10cm^{3}に含まれる水酸化ナトリウムは2.40gなので，加えた塩酸の体積が0のときグラフは2.40gを通る。水酸化ナトリウム水溶液10cm^{3}と塩酸20cm^{3}が完全中和し塩化ナトリウムが3.50gできるので適切なグラフはキである。

3　**(生物－人体)**

問1　(1)　原尿の中でろ過されていないのは表よりたんぱく質である。　(2)　原尿に残っていて，尿に残っていないのはブドウ糖なので，ブドウ糖が再吸収されているとわかる。

問2　尿に含まれるイヌリンの量が原尿に含まれるイヌリンの量の12÷0.1＝120(倍)なので，1.5(L)×120＝180(L)とわかる。

問3　原尿に含まれる尿素が1L中に0.3gでその120倍の原尿が尿になるので0.3×120＝36(g)が作られると考えられる。尿から排出される尿素は20gなので20(g)÷36(g)×100＝55.5…より56%である。

基本　問4　尿素はかん臓でアンモニアよりつくりかえられる。

問5　原尿の塩分が3.4gより1日にその120倍の408gがろ過されているが尿の中に含まれるのは5gなので408(g)－5(g)＝403(g)が再吸収されるので403(g)÷408(g)×100＝98.7…より99%である。

問6　原尿中のブドウ糖が1L当たり3.0g→4.0g→5.0gと変化すると尿中のブドウ糖濃度は1L当たり60g→180g→300gと変化していることから原尿中のブドウ糖が1L当たり1.0g増えると尿中のブドウ糖濃度は1L当たり120g増えることがわかる。尿中のブドウ糖濃度が1L当たり0g→60g変化すると原尿中のブドウ糖は1L当たり0.5g変化するので原尿中のブドウ糖濃度が3.0(g)－0.5(g)＝2.5(g)を超えると原尿1L当たり1.0g増加すると尿中のブドウ糖が1L当たり120g排出される。尿中のブドウ糖濃度が24gのとき原尿中のブドウ糖の濃度は2.5(g)＋1(g)×$\frac{24}{120}$＝2.7(g/L)と考えられ，原尿中と血しょう中のブドウ糖の濃度は等しく，2.7g/Lである。

基本　問7　余分なブドウ糖はかん臓でグリコーゲンとしてたくわえられ，結晶中の濃度が調整されている。

4　**(天体・気象・地形－地球と太陽・月)**

基本　問1　晴れの日，地温が最も高くなるのは午後1時ごろで，その1時間後の午後2時ごろ気温が最も高くなる。

問2　地温が最も高くなる午後1時ごろは太陽から受けとる熱のほうが空気中に放出される熱より多く，午後2時ごろは太陽から受け取る熱より空気中に放出される熱のほうが多い。

問3　太陽光の幅に対して当たっている部分の幅が小さいほうが，地面の温度の上がり方が速いのでAが最も速い。

問4　光の当たった部分の地面の長さの比がB：C＝1.2：1.7で光の幅は同じなので，光の幅の比はB：C＝1：1となり，光のあったっている面積の比はB：C＝(1.2×1)：(1.7×1)＝1.2：1.7となる。同じ面積でくらべたときの光の量は同じ量の光のあったっている面積の比と逆比になるので，B：C＝1.7：1.2となりBはCの1.7÷1.2≒1.41…でおよそ1.4倍となる。

★ワンポイントアドバイス★

計算問題では表などからわかることをたての関係や横の関係から変わり方を調べて，本文中にある数値や考え方のヒントをしっかり把握して考えよう。

第1回

2023年度

解　答　と　解　説

《2023年度の配点は解答欄に掲載してあります。》

＜算数解答＞

1　(1)　①　31.4　　②　3.6　　(2)　9　　(3)　300g　　(4)　39通り　　(5)　220円
　(6)　55個　　(7)　107度　　(8)　9.42cm　　(9)　15.28cm　　(10)　ア　3　　イ　14

2　(1)　280m　　(2)　3分30秒　　(3)　5分50秒後

3　(1)　2cm　　(2)　$15\frac{9}{13}cm^2$　　(3)　6：7

4　(1)　$20cm^3$　　(2)　15個　　(3)　$56cm^3$

○推定配点○

各5点×20(1(10)完答)　　計100点

＜算数解説＞

1　**(四則計算，割合と比，場合の数，消去算，過不足算，平面図形，論理)**

(1)　①　6.28×(8−3)＝31.4　　②　$\frac{9}{2}\times\frac{8}{3}\times(28\div35-0.5)=12\times0.3=3.6$

(2)　□＝(15−72×8÷48)×3＝3×3＝9

重要　(3)　右図において，色がついた部分と斜線部分の面積が等しい。したがって，求める重さは，{10×50−(12−10)×100}÷(11−10)＝300(g)

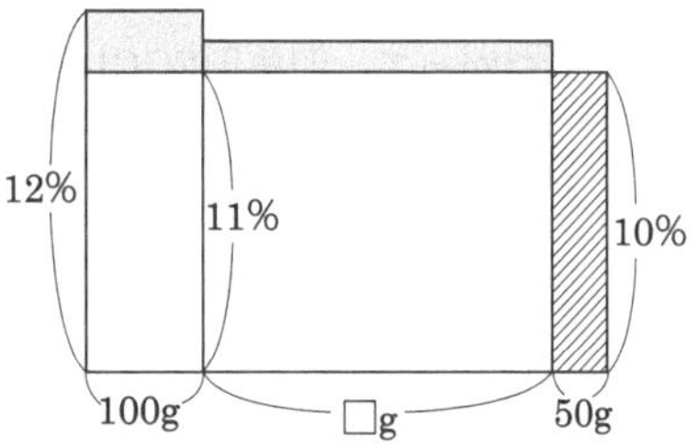

重要　(4)　2人が同じ手で、この手も残りの2人の手もそれぞれ異なる場合…4×3÷2×3×2×1＝36(通り)　　4人が同じ手の場合…3(通り)　　したがって，全部で36＋3＝39(通り)

基本　(5)　りんご8個の代金…4120−2560＝1560(円)　　りんご12個の代金…1560÷8×12＝2340(円)　　したがって，箱代は2560−2340＝220(円)

基本　(6)　人数…(1＋13)÷(8−6)＝7(人)　　したがって，あめの個数は8×7−1＝55(個)

重要　(7)　5角形の内角の和…180×(5−2)＝540(度)　　したがって，右図より，角アは540−(133＋120×2＋60)＝107(度)

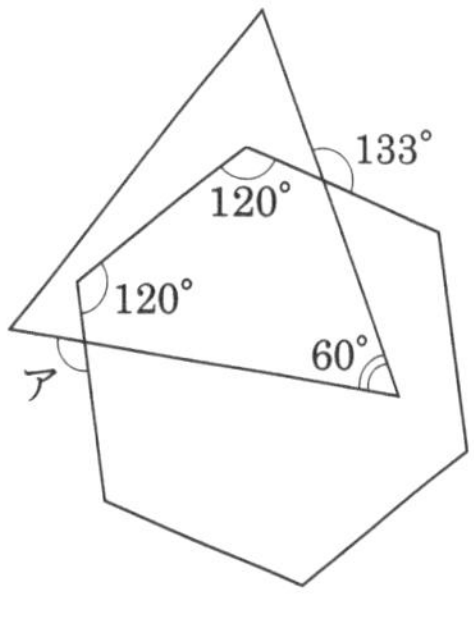

重要　(8)　辺AB…図1より，6×6×3.14÷2×2÷12＝9.42(cm)

重要　(9)　三角形OAB…図2より，正三角形　　したがって，求める周の長さは6×3.14÷2÷3×2＋6＋3＝6.28＋9＝15.28(cm)

重要　(10)　(日×50＋5)×2＋月＝1413より，日×100＋10＋月＝1413　　したがって，誕生日は3月14日

図1

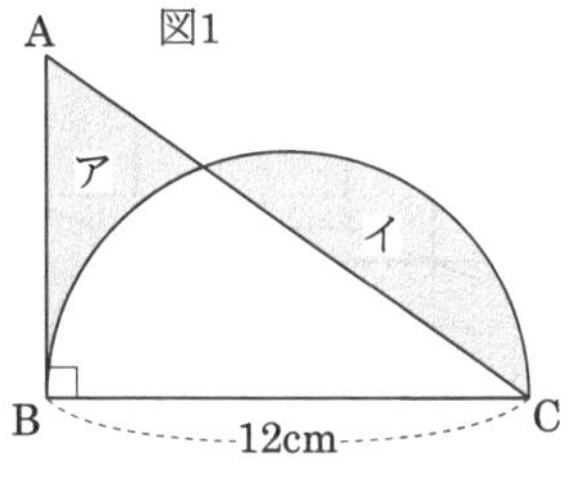

図2

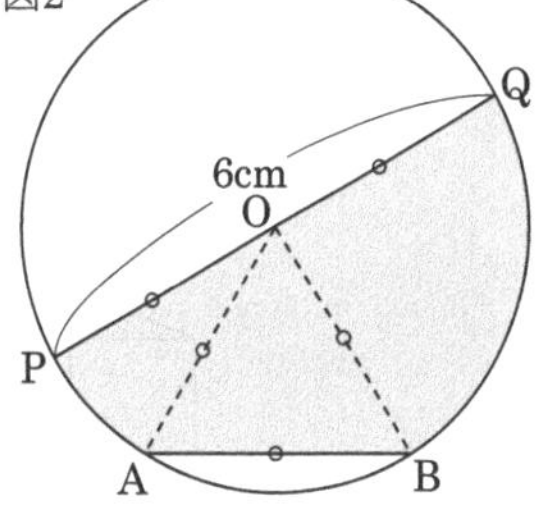

重要 **2** **(速さの三公式と比，旅人算，割合と比，単位の換算)**

(1)　AさんとCさんが出会った時刻におけるAさんとBさんの距離の差…(60＋80)×2＝280(m)

(2)　Aさんが休み始めた時刻…280÷(100－80)＝14(分)　Aさんが戻り始めた時刻…100×14÷80＝140÷8＝17.5(分)　したがって，休んだ時間は17.5－14＝3.5(分)　すなわち3分30秒

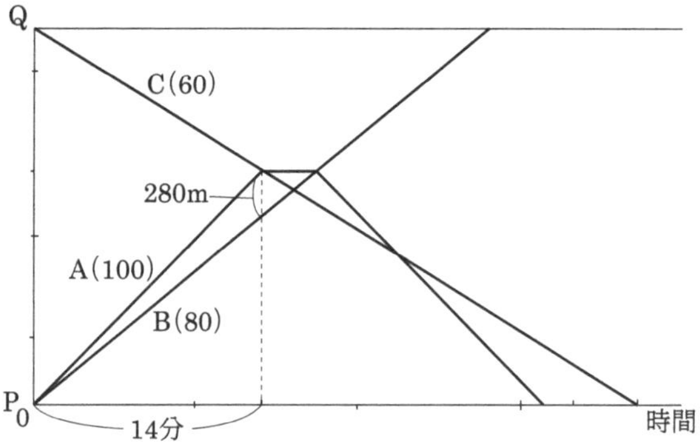

(3)　PQ間の距離…(100＋60)×14＝2240(m)　CさんがPに着く時刻…2240÷60＝$37\frac{1}{3}$(分)　AさんがPに着く時刻…14×2＋3.5＝31.5(分)　したがって，求める時刻は37(分)20(秒)－31(分)30(秒)＝5(分)50(秒後)

3 **(平面図形，相似，割合と比)**

重要 (1)　直角三角形BCEとABF…合同より，FDは6－4＝2(cm)

やや難 (2)　直角三角形BHEとBFA…相似より，EHは4×4÷6＝$\frac{8}{3}$(cm)

直角三角形EGHとCGB…相似より，EG：GCは$\frac{8}{3}$：6＝4：9

直角三角形EBGの面積…4×6÷2÷(4＋9)×4＝$\frac{48}{13}$(cm²)

したがって，四角形FGCDは6×6－$\left(4\times6-\frac{48}{13}\right)$＝$15\frac{9}{13}$(cm²)

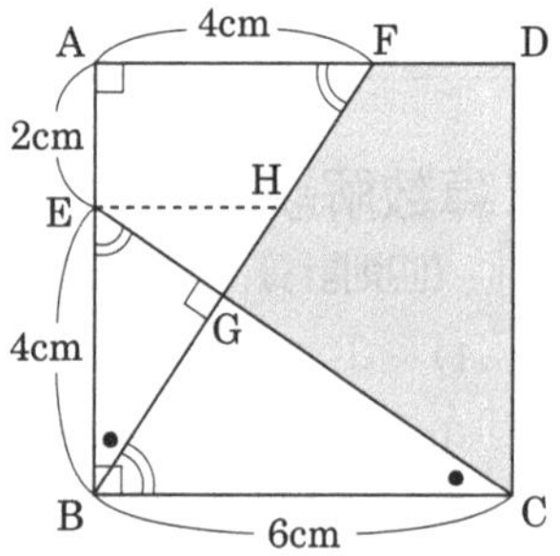

【別解】　GI…6÷(4＋9)×9＝$\frac{54}{13}$(cm)　CI…$\frac{54}{13}$÷6×4＝$\frac{36}{13}$(cm)

DI…6－$\frac{36}{13}$＝$\frac{42}{13}$(cm)　四角形FGCD…$\frac{54}{13}$×6÷2＋$\frac{42}{13}$×2÷2＝$15\frac{9}{13}$(cm²)

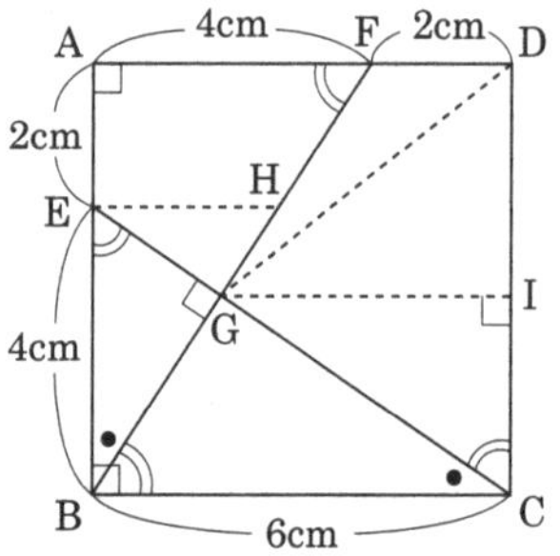

(3)　右図において，直角三角形BCEとAJEは相似であり，AJは3cm　したがって，相似である直角三角形BCGとFJGにおいて対応する辺の長さの比は6：(3＋4)＝6：7

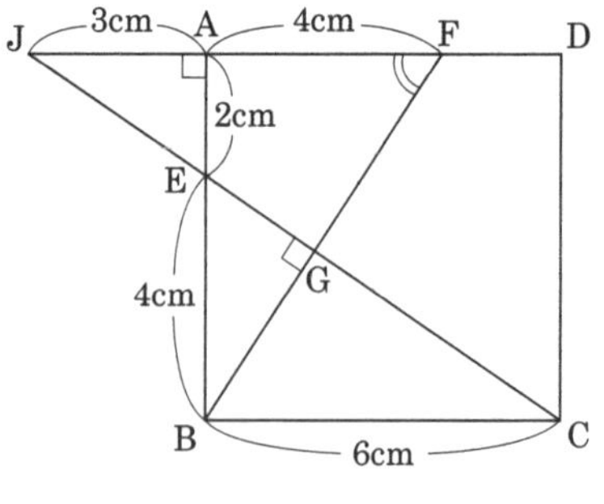

4 **(立体図形，平面図形，規則性)**

基本 (1)　1×1×1×(1＋3＋6＋10)＝20(cm³)

重要 (2)　(1)より，10＋5＝15(個)

(3)　(1)・(2)より，1×(1＋3＋6＋10＋15＋21)＝56(cm³)

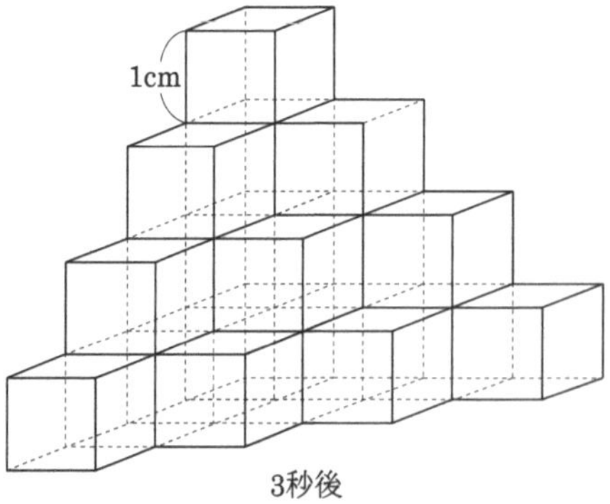

3秒後

★ワンポイントアドバイス★

1(4)「あいこになる手の出し方」は，2人・1人・1人が異なる手になる場合であり，式に注意しよう。3(2)「四角形FGCDの面積」が面倒であるが，相似な図形をヒントにすれば問題自体は難しくない。

<理科解答>

1 問1 イ　問2 ア　問3 ウ　問4 ア　問5 ウ

2 問1 水素　問2 イ　問3 1800cm^3　問4 900cm^3，0.9g　問5 黄色
問6 600cm^3，1.4g

3 問1 葉緑素　問2 イ　問3 師管　問4 温度を一定に保つため
問5 ① 酸素　② 二酸化炭素　③ 左　問6 0.8cm^3

4 問1 ウ　問2 赤外線　問3 イ，ウ　問4 イ　問5 ウ

○推定配点○

1 各2点×5　2 各2点×8

3 問4・問5 各3点×2(問5完答)　他 各2点×4　4 各2点×5(問3完答)

計50点

<理科解説>

1 **(電流－電流のはたらき・電磁石)**

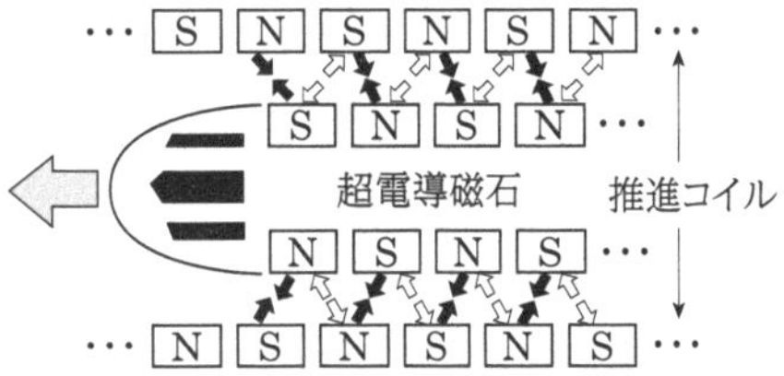

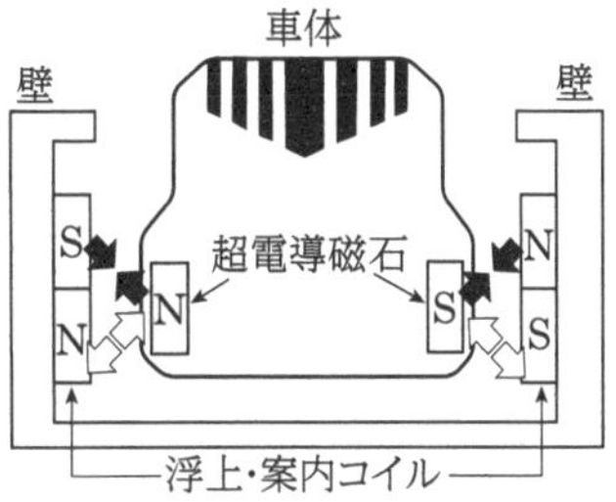

基本 問1 超電導リニアは品川－名古屋間を走行する計画である。

基本 問2 「ある金属を一定温度以下にすると電気抵抗がゼロになる」現象が超電導である。

基本 問3 ウのように推進コイルに交流電流を流すことにより引き合う力と反発する力を発生することで車体を前に進ませる。

問4 超電導コイルのN極とS極は変化せず，推進コイルのN極とS極を電気的に変化させることにより加速する。

問5 超電導磁石に対して浮上・案内コイルが磁石となり，ウのように引き合う力と反発する力が発生し，車体を浮上させる。

2 **(物質と変化－水溶液の性質・物質との反応)**

基本 問1 塩酸と水酸化ナトリウムはアルミニウムと反応し，水素を発生する。

基本 問2 水素は火を近づけると爆発して水を発生する。アは酸素，ウは二酸化炭素，エはアンモニアの性質である。

問3 図1より90cm^3の溶液Aとアルミニウム1.2gが過不足なく反応し，水素が1800cm^3発生する。アルミニウムが1.2gで変わらないので，溶液Aの量が100cm^3に増えても発生する水素の体積は1800cm^3で変化しない。

問4　図2より60cm^3の溶液Bとアルミニウム1.2gが過不足なく反応し，水素が1800cm^3発生する。溶液Bの量が30cm^3でアルミニウムが1.5gの場合は溶液Bの量が$\frac{1}{2}$になるので，発生する水素の体積も$\frac{1}{2}$で900cm^3となり，反応するアルミニウムも$\frac{1}{2}$で0.6gなので1.5－0.6＝0.9(g)のアルミニウムが残る。

問5　図3より溶液Aと溶液Bが中和する体積の比は溶液A：溶液B＝1：2であることがわかる。アルミニウムと反応して，どちらも溶液Acm^3と溶液Bを60cm^3ずつ混ぜると溶液Aが30cm^3余るので，混ぜ合わせた溶液は酸性となるから，BTB液は黄色となる。

問6　混ぜ合わせた溶液に，溶液Aが30cm^3混ざっている。図1より90cm^3の溶液Aとアルミニウム1.2gが過不足なく反応し，水素が1800cm^3発生することから，発生する気体の量＝1800(cm^3)×$\frac{30(cm^3)}{90(cm^3)}$＝600($cm^3$)となる。その時反応するアルミニウムの量＝1.2(g)×$\frac{30(cm^3)}{90(cm^3)}$＝0.4(g)となるので，1.8－0.4＝1.4(g)のアルミニウムが残る。

3　(生物－植物)

基本　問1　光合成は葉緑素という色素を含む葉緑体という部分で行われる。

問2　光合成では初めにブドウ糖ができ，デンプンをつくり，そのショ糖となって体の各部分に運ばれ，体の各部分にそのままショ糖のままかデンプンに変えられてたくわえられる。サツマイモでは主に根にたくわえられるので，正解はイとなる。

重要　問3　糖が体全体に運ばれるときに通るのは師管である。

問4　温度により発芽の状況が変化する可能性があるので，水そうの水につけることにより温度を一定に保つようにする。

問5　発芽しかけた種子は呼吸のみ行うため，酸素を吸収し，二酸化炭素を放出する。放出した二酸化炭素は水酸化カリウム水溶液に吸収されるため，種子が吸収した酸素の分だけ着色液が左に動く。

問6　フラスコAで減少したのは，吸収した酸素の量＋放出した二酸化炭素＝1.1(cm^3)であり，フラスコBで減少したのは，吸収した酸素の量＝0.3(cm^3)なので，実験中に放出した二酸化炭素の量＝1.1－0.3＝0.8(cm^3)である。

4　(天体－時事問題)

問1　JWSTは，NASAの2代目長官でアポロ計画の基礎を築いたジェイムス・E・ウェッブにちなんで命名された。

問2　テレビのリモコンはリモコンから赤外線を出していて，非接触体温計は人体が出す赤外線を測定している。天文学では100億光年を超える遠方の天体から届く光による赤外線を観測している。

問3　アポロ計画はアメリカ航空宇宙局により1961年から1972年にかけて実施され，人類が初めて地球以外の天体「月」に到達した。火星探索は近年アメリカや中国が行っている。JWSTが撮影するのは何億光年も離れた超遠方の天体なので，イとウが正解となる。

問4　高温の天体の太陽から離れているイの位置が観測地として適している。

問5　スペースデブリとは，不要となった人工の物体で「宇宙のごみ」のことである。

★ワンポイントアドバイス★

学習してきた知識をもとにして考えることができる出題である。問題文をしっかり読んで解くための材料を把握しよう。

<社会解答>

1 問1 1 かぼちゃ[カボチャ] 2 いろはかるた[いろはがるた] 3 藤原定家 4 Q 5 福岡 6 京都 7 豊臣秀吉 8 群馬 問2 イ 問3 ウ 問4 (1) エ (2) ア 問5 ウ 問6 (1) ア (2) エ 問7 奈良 問8 エ→ア→イ→ウ 問9 イ 問10 (1) イ (2) 執権 問11 (1) 日本銀行 (2) 渋沢栄一 問12 ウ 問13 エ 問14 世論[与論] 問15 ア 問16 イ・オ 問17 エ 問18 (1) 多国籍 (2) イ 問19 エ 問20 埼玉県 問21 (1) エ (2) イ 問22 大韓民国

○推定配点○

1 問1の1～3，5～8・問7・問10(2)・問11(1)(2)・問14・問18(1)・問20・問22 各2点×15 他 各1点×20 計50点

<社会解説>

1 **(総合問題―歴史と伝統工業，埼玉県に関連する問題，時事問題)**

問1 1 カボチャの名はカンボジアに由来する。 2 いろはかるたは，江戸時代中期に生まれた室内遊戯である。 3 新古今和歌集(1205年)は，古今和歌集(905年)のちょうど300年後に編さんされている。 4 トランプの「Q」は「クイーン」である。 5 福岡県大牟田市には，三池炭鉱があった。福岡県内にはそれ以外にも筑豊炭田，高島炭坑などもあり，昭和戦前期の北九州工業地帯(地域)の繁栄を支えた。 6 かるたは，京都の伝統産業といえる。 7 名護屋は現在の佐賀県に位置し，豊臣秀吉による朝鮮出兵の拠点となった。朝鮮出兵は文禄の役(1592年)と慶長の役(1597年)の二度断行され，豊臣秀吉の死(1598年)によって最終的に頓挫した。

8 上毛は上野(こうずけ)ともいわれ，現在の群馬に位置していた。

重要 問2 鉛筆は外来語ではなく，和語である。

問3 ア 持統天皇の夫は天武天皇である。 イ 和同開珎発行は708年で時期が異なる。 エ 最初の戸籍である庚午年籍の作成は670年で時期が異なる。

問4 (1) エはギリシャの国旗である。 (2) イ UNHCRの説明となる。 ウ OECDの説明となる。 エ UNESCOの説明となる。

基本 問5 ア・イ 17世紀の出来事である。 エ 15世紀の出来事である。

問6 (1) この説明文は，長崎県についてのものとなる。長崎県には五島列島などの島や大村湾といったリアス式海岸がある。 (2) アが北海道で，イが本州で，ウが四国となる。人口と面積の数値を主な手掛かりにすると判別がしやすいといえる。

問7 【和歌2】が最もなじみがあるといえる。また【和歌3】の春日の山も手掛かりとなる。

重要 問8 アは894年，イは1016年，ウは1086年，エは797年の出来事である。

問9 イ 小倉百人一首は，一歌人一首となる。

基本 問10 (1) 鎌倉市は神奈川県の南東部に位置する。三方が山で残り一方が海であることから，敵の侵入を防ぎやすいという利点があつた。 (2) 源頼朝の死後，鎌倉幕府は有力御家人による合議制を採用した。執権は将軍を補佐する役職であり，初代執権は北条時政である。源氏の将軍は3代で途絶え，執権は代々北条氏が務めていくこととなった。

重要 問11 (1) 日本銀行は日本の中央銀行である。市中銀行に対して資金の貸借を行う「銀行の銀行」としての機能，紙幣を発行する「発券銀行」としての機能，政府を金融政策を通して支える「政

府の銀行」としての機能をそれぞれ持っている。 (2) 渋沢栄一は「近代資本主義の父」ともよばれている。埼玉県深谷市出身で，幅広い業種・分野の企業及び社会団体の設立に関与し，日本の近代化に貢献した。

問12 ウ 兵庫県にある姫路城は，法隆寺・白神山地・屋久島とともに1993年に日本で初めて世界遺産に登録された。姫路城は「白鷺城」とも呼ばれている。法隆寺は世界最古の木造建築であり，白神山地はブナの原生林があり，屋久島は屋久杉がある。

問13 名護屋は現在の佐賀県に位置する。朝鮮半島に比較的近いことから拠点とされた。

問14 世論は主権者である国民の意見であり，政治の動向を左右したりする。立法権を有する「国会」・行政権を有する「内閣」・司法権を有する「裁判所」はそれぞれ，「選挙」・「内閣支持率」・「国民審査」等を通して，世論の影響を受けている。

問15 アは福岡県，イは秋田県，ウは大阪府，エは埼玉県である。

問16 ア・ウは享保の改革。エ・カは，天保の改革。江戸の三大改革は，徳川吉宗が主導した享保の改革，松平定信が主導した寛政の改革，水野忠邦が主導した天保の改革である。

問17 アは東京都で，イは神奈川県で，ウは福井県の県花である。

問18 (1) 多国籍企業は，世界各地で事業展開している巨大企業である。グローバル化の進展によって，自国の枠にとどまらず国境を越えて，世界の幅広い地域に拠点を設け，それぞれの市場において，多角的なビジネスを行っている。 (2) ファーウェイは中国企業である。昨今のアメリカと中国による経済分断(デカップリング)・貿易摩擦により，ファーウェイはアメリカから経済的制裁を受けてきている。「米中新冷戦」ともいわれる象徴的なものとなっている。

問19 エサブスクリプションの略称は「サブスク」である。昨今のコロナ禍において，自宅で過ごす時間が増えるいわゆる「巣ごもり生活」の中で，ますます注目を集めるようになってきた。

やや難 問20 この絵札に記載されている人物は，塙保己一で，江戸時代の盲目の国学者である。代表的な著書は「群書類従」である。

問21 (1) 「一票の格差」問題は衆参両院ともに長年の問題となっている。各選挙区ごとに有権者数と当選者数が比例していないことから，有権者一人ひとりの一票の重みが変わってくるというものである。 (2) 2022年の参議院選挙にて当選した議員のなかでの女性比率は約3割となる。

問22 Aはアメリカ合衆国で，Bは中華人民共和国である。

★ワンポイントアドバイス★

地理・歴史・公民の垣根を越えたいわゆる「総合問題」がよく出題され，時事問題と関連づけた設問も見受けられるのでしっかり対策をしておこう。

＜国語解答＞

一 ① 刻 ② 往復 ③ 染 ④ さいく ⑤ はんのう

二 問1 A イ B ア C エ 問2 X ウ Y イ 問3 エ 問4 2 ウ 4 ア 問5 イ 問6 ア 問7 エ 問8 イ 問9 ウ

三 問1 a ケ b イ c カ d エ 問2 ウ 問3 あ ア い ア う ア え イ 問4 この国が効(~)増えている 問5 赤ちゃん 問6 イ

問7　ア　　問8　(例)　私は庭や里山にいる鳥の種類に詳しい。この知識を，クラブ活動やクラスでの発表，文化祭などに生かしたい。　問9　イ

問10　ア　B　　イ　A　　ウ　B　　エ　B　　オ　A

○推定配点○

一　各2点×5　　二　問1・問2・問4・問8・問9　各2点×9　　他　各5点×4

三　問4・問7～問9　各5点×4(問4完答)　　他　各2点×16　　計100点

＜国語解説＞

一　**(漢字の読み書き)**

①「亥」の部分の形に注意。　②「往復」の「復」と，「複雑」の「複」，「空腹」の「腹」を区別しておくこと。　③「染」の右上の部分を「丸」としないように注意する。　④「細工」は，手先を働かせて細かい物を作ること。　⑤「応」を「のう」と読むことに注意する。

二　**(小説―空欄補充，慣用句，接続語，内容理解，語句の意味，指示語)**

基本　問1　A「ひけを取る」は，負ける，という意味。　B「得意そう」は，誇らしげな様子。C「助け舟を出す」は，救いの手をさしのべる，という意味。

問2　X　空欄の前が原因，あとが結果になっているので，順接の接続語が入る。　Y　空欄の前後が逆の内容になっているので，逆接の接続語が入る。

問3「高揚」は，精神や気分が高まること。

問4　2　模倣する，という意味。漢字では「倣う」と書く。　4　漢字では「縁」と書く。

問5「へばりつく」は，離れずぴったりとくっつく，という意味。日本が大陸の「はじ」にくっついている，と言って，日本が世界の中では小さい国であることを伝えている。

重要　問6「やっぱり」「この」という言葉から，上人は久蔵のことを以前から知っていたということがうかがえる。

やや難　問7　指示語の指す内容を前からとらえる。「その精神」は，「夜は眠りを断ち昼は暇を止めて之を案ぜよ」という言葉に忠実に生きた日蓮の精神を指している。

問8　直前の二つの文の内容に注目する。

問9「ポルトガル人」「南蛮貿易」などの言葉から考える。

三　**(論説文―漢字，空欄補充，四字熟語，内容理解，指示語，作文，要旨)**

基本　問1　それぞれ，a「究極」，b「余地」，c「有能」，d「自身」と書く。

問2　Ⅰ「他力本願」は，もっぱら他人の力をあてにすること。　Ⅱ「理路整然」は，物事や話のすじみちが，きちんと通っている様子。　Ⅲ「創意工夫」は，新たに物事を考え出す心でいろいろ試すこと。　Ⅳ「試行錯誤」は，いろいろ試みては失敗を繰り返しながら，目的に迫っていくこと。

問3〝偶然が必然につながる〟という大まかな内容をとらえる。

重要　問4　まず，「存在感をアピールするロボット」とは直後の〈弱いロボット〉であることをおさえる。次に，文章のあとの方にある「今，〈弱いロボット〉に注目が集まっているのは，この国が効率や合理性を求める中，疲れたり生きづらさを感じる人が増えているからだろう」という部分に注目する。

問5　第三段落に，〈弱いロボット〉について，「このような存在感の究極は『赤ちゃん』だと岡田さんは言う」と書かれている。

問6「オドオド」「もじもじ」は，はにかみや気おくれなどで，行動をためらったり落ち着かなかっ

たりしている様子。

問7　傍線④は，前の段落の「ブルーオーシャン」のことである。「ブルーオーシャン」は，多くの人には受け入れられないものなので，アは適当でない。

問8　本文における岡田さん個人の仕事やパターンにとらわれすぎず，自分自身が得意なものを一つ挙げ，それがどのように生かせるかを考えて書く。

問9　「僕の好きな言葉のひとつが〝出会うのは偶然なんだけど，出会ってからは必然なんだよ〟というものです」という岡田さんの言葉からは，信念の強さがうかがえる。その反面「僕は，……人前でちゃんと喋れない人間で，……」といった不器用な面もうかがえる。

やや難　問10　ア　このような内容は，文章中に書かれていない。　イ　岡田さんは，「チキンラーメンのくぼみ」を，「ちょっとした手間や工夫を引き出すための隙間」「いろいろな関係性を引き出すための余白」だと考えている。　ウ　岡田さんは，「周りの人間を一人でも多く蹴落とす」「競争社会」は自分に合わないと考えている。　エ　岡田さんは，「職場にも，全国から優秀な人が集まってきていて，そこで……競い合ってもダメなので，自分で新しい世界を探しながら研究を進めてきました」と言っている。　オ　岡田さんの言葉から筆者が述べている言葉「既存の土俵で競っても勝てないなら，自分で新しい土俵を作ってしまえばいい」という内容に注目する。

★ワンポイントアドバイス★

細かい読み取りを必要とする読解問題が出題されている。場面や人物の様子のポイントを的確に読み取れる力をつけておこう。論説文では文章のキーワードや論理の展開をおさえながら読むことが必要。ふだんからの読書が大切！

2022年度

★★★★★★★★★★★★★★★★★★★★★★★★

入　試　問　題

2022年度

城北埼玉中学校入試問題（第１回）

【算　数】（50分）　＜満点：100点＞

【注意】　○分数で答えるときは約分して，もっとも簡単な分数にしなさい。
○比で答えるときは，もっとも簡単な整数を用いなさい。
○円周率の値を用いるときは，3.14として計算しなさい。
○コンパス，定規は使用できますが，分度器や計算機（時計などの）は使用できません。

1　次の各問いに答えなさい。

(1)　次の □ にあてはまる数を求めなさい。

$$\left(1\frac{4}{7}\times1\frac{1}{6}-\frac{4}{21}\right)\div\frac{1}{3}=\square\times3\frac{1}{2}+2\div1.4$$

(2)　一定の水量がわき出ている井戸の水をポンプで全てくみ出すのに，ポンプ５台では252分，10台では72分かかります。ポンプ15台では何分かかりますか。

(3)　○，□には整数が入ります。＜○，□＞は○を□回かけたときの一の位の数を表すものとします。例えば，３×３×３×３＝81 なので，＜３，４＞＝１となります。

①　＜２，10＞の値を求めなさい。

②　＜○，2021＞＝＜○，2022＞となる○は１から30までに何個ありますか。

(4)　ある学年の生徒150人に対して国語と算数のテストをしました。その結果について，あるグループが話し合いました。以下はそのグループの会話です。

２教科とも80点以上の生徒は何人いますか。また，国語が80点以上の生徒は何人いますか。

会話

Ａ：算数より国語ができる人のほうが多かったね。
Ｂ：そうだね。国語が80点以上の人数は，算数が80点以上の人数の $\frac{4}{3}$ 倍より５人多かったよね。
Ａ：国語で100点をとった人がいたよ。
Ｃ：算数がよくできて，国語ができない人ってどのくらいいるのかな。
Ｂ：算数が80点以上で，国語が79点以下の人数は，全体の１割より３人少なかったよ。
Ｃ：算数が79点以下の人数と，２教科とも80点以上の人数は同じだったね。

算数＼国語	80 点以上	79 点以下	合計
80 点以上			
79 点以下			
合計			150

(5)　右の図で，四角形ＡＢＣＤは正方形，三角形ＡＤＥはＡＤ＝ＤＥの二等辺三角形，曲線は円の一部です。ア，イの角度を求めなさい。

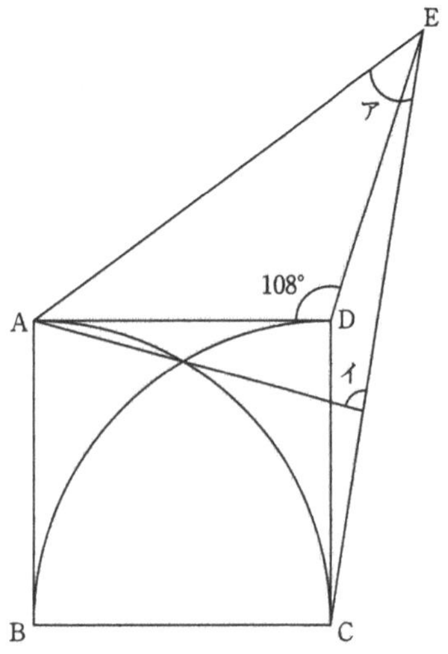

(6)　整数を５で割った余りは０，１，２，３，４のいずれかです。１から100の整数の中から異なる６つの数を選びます。選んだ６つの数から２つの数を取り出して組をつくると15通りあり，その15組それぞれに対して，大きいほうの数から小さいほうの数を引いた値をつくります。
このとき，次の選択肢のうちで正しい事柄を１つ選びなさい。また，それを選んだ理由を書きなさい。
[選択肢]
①　６つの数の選び方によっては，「つくった15通りの数すべてが奇数となる」という場合がある。
②　６つの数の選び方によっては，「つくった15通りの数すべてが５の倍数でない」という場合がある。
③　６つの数をどのように選んでも，つくった15通りの数の中に５の倍数となるものが１つ以上ある。
④　６つの数をどのように選んでも，つくった15通りの数すべてが偶数となる。

2　ある川には川下の地点Ａと川上の地点Ｂがあり，船Ｊ号はＡを出発してＢに向かい，Ｂで27分間停泊してからＡに戻ります。
ある日，Ｓ君は自転車で川沿いの道を川上から川下へ毎時25㎞で走っていると，午前９時10分にＡを出発したＪ号とAB間にある地点Ｃですれ違いました。Ａに到着したＳ君はもう一度Ｊ号を見ようと同じ速さで引き返したところ，Ｂから$\frac{15}{8}$㎞の地点でＪ号とすれ違うことができました。そのままＳ君はＢに向かって走り，午前11時17分30秒にＢに到着し，Ｊ号は午後12時01分にＡに到着しました。川の流れる速さは一定であり，Ｊ号の川を上る速さと下る速さの比は３：５であるとします。
次の問いに答えなさい。
(1)　午前９時10分にＡを出発したＪ号がはじめてＢに到着するのは何時何分ですか。
(2)　Ｊ号の静水での速さは毎時何㎞ですか。
(3)　ＣはＡから何㎞の地点ですか。

3 下の図のように１辺の長さが１㎝の立方体があります。この立方体の全ての面に同じ大きさの立方体をつけていきます。

このように，１つ前の立体の全ての面に立方体をつけていくことを１回の操作とします。

次の問いに答えなさい。

⑴ １回目の操作後の立体の表面積を求めなさい。

⑵ ２回目の操作後の立体の表面積を求めなさい。

⑶ ５回目の操作後の立体の体積を求めなさい。

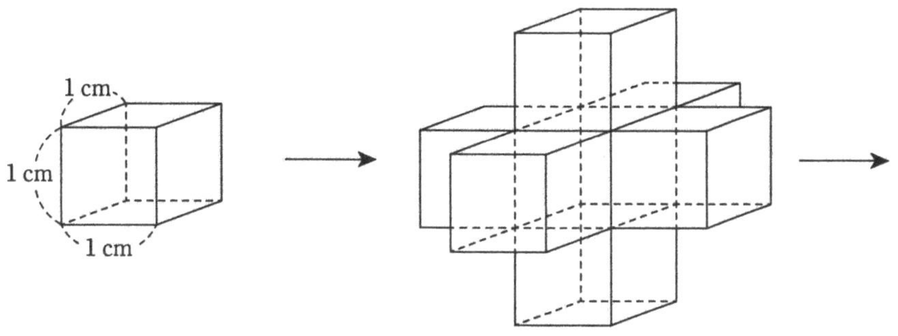

1回目の操作後

4 大きさの異なる４つのさいころを同時に投げて出た目の積を考えます。

例えば，積が10となる４つの目の組は１，１，２，５だけなので，積が10となる目の出方は12通りです。

次の問いに答えなさい。

⑴ 積が540になる目の出方は何通りありますか。

⑵ 積が360になる目の出方は何通りありますか。

⑶ 積が360より大きく，540より小さくなる目の出方は何通りありますか。

5 右の図において，点Oは半径５㎝の半円の中心です。また，四角形ABCDは正方形です。AIとDHは垂直に交わり，AIとIJは45°で交わります。

次の問いに答えなさい。

⑴ AHとHIの比を求めなさい。

⑵ 四角形ABCDの面積を求めなさい。

⑶ OCとCPの比を求めなさい。

⑷ 三角形DHPの面積を求めなさい。

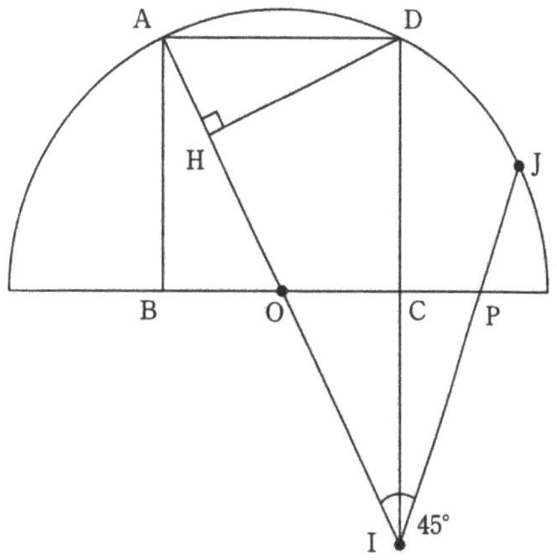

【理　科】（30分）　＜満点：50点＞

【注意】 グラフや図を描く場合は，定規を使用してもかまいません。

1　真空中の光は一定の速さで進みますが，その速さを測定するために以下の実験を行いました。

【実験の準備】 ※図１を参照すること

準備１：光源からレーザーを照射《しょうしゃ》させ，入射角が45度になるようにハーフミラー（光の一部を反射し，もう一部を通過させる特殊《とくしゅ》な鏡）を設置した。

準備２：ハーフミラーで反射した光が歯車の歯のすき間を通過するように歯車を設置し，さらに遠方に一般的な平面鏡を垂直に反射するように設置した。

準備３：平面鏡で反射したレーザーが再び歯車の歯のすき間とハーフミラーを通過してスクリーン上に写し出されるようにスクリーンを設置した。

【実験】 歯車の回転速度を上げていくと，スクリーン上に写し出されたレーザーがどのように変化をするか観察する。

【結果】 図２のように，歯車がゆっくり回転しているときにはスクリーン上にはレーザーの点滅《てんめつ》が観測された。また，図３のように歯車が毎秒12回転で回転したときに初めてレーザーはスクリーン上で観測できなくなった。

【考察】 スクリーン上でレーザーが観測できなくなるのは，図３のように歯車の歯のすき間Ｂを通過したレーザーが平面鏡で反射し，再び歯車を通過しようとするとき，歯車の歯Ａがとなりのすき間Ｂの位置まで回転したことで歯Ａに光がさえぎられてしまったためである。

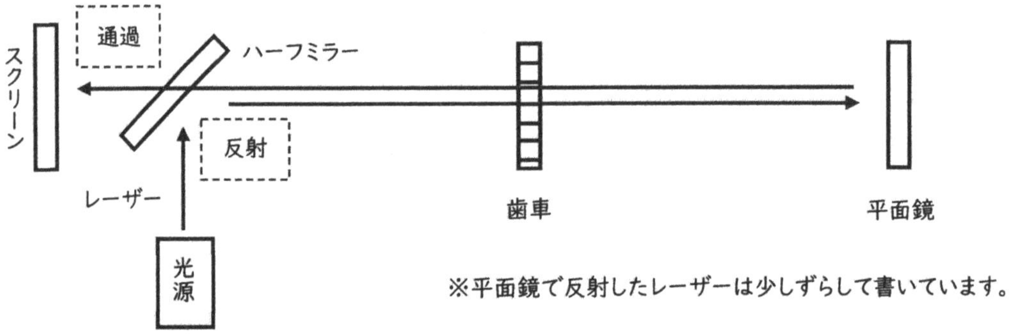

※平面鏡で反射したレーザーは少しずらして書いています。

図１　実験装置

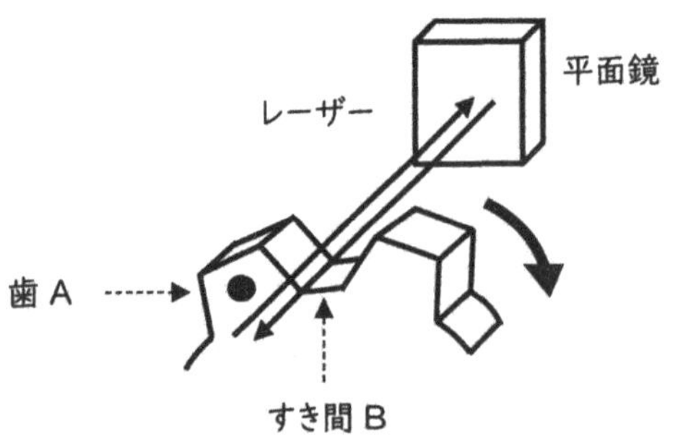

図２　ゆっくり回転

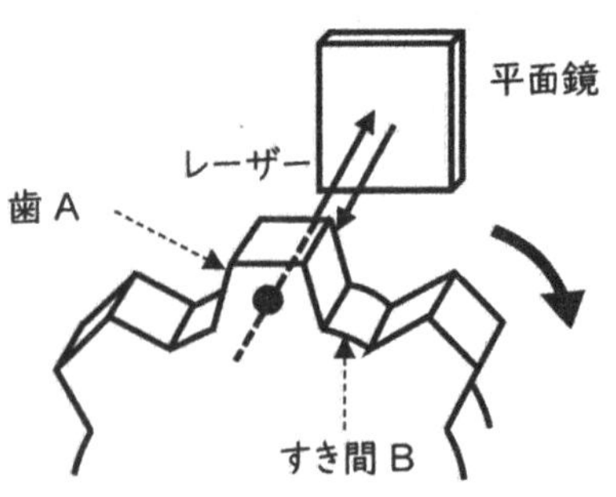

図３　速く回転

次の各問いに答えなさい。

問１　前のページの図１においてハーフミラーへの入射角が45度のとき，反射角は何度になりますか。

問２　歯車をゆっくり回転させたとき，スクリーン上のレーザーが点滅する理由を次のア～ウから選び，記号で答えなさい。

ア　光源から出たレーザーがハーフミラーで反射することなく，全ての光を通過させてしまうことがあるから。

イ　ハーフミラーで反射したレーザーが平面鏡にたどり着く前に，歯車の歯にさえぎられてしまうことがあるから。

ウ　空気中のチリにレーザーが反射してしまうことがあるから。

問３　歯車を毎秒12回転の速さで回転させたとき，歯車が１回転するのにかかる時間は何秒ですか。ただし，割り切れない場合は小数第５位を四捨五入しなさい。

問４　問３において，歯車の歯の数が700個だったとします。前のページの図３のように，歯車の歯Ａがとなりのすき間Ｂの位置まで回転するのにかかる時間を求める式を次のア～エから選び，記号で答えなさい。ただし，歯の幅と歯のすき間の長さは同じ長さとします。

ア　$\frac{1}{12}\times\frac{1}{700}$　　イ　$\frac{1}{12}\times700$　　ウ　$\frac{1}{12}\times\frac{1}{1400}$　　エ　$\frac{1}{12}\times1400$

問５　歯車と平面鏡までの距離が９kmだったとすると，この実験で求められる光が１秒間に進む距離はおよそ何kmになりますか。次のア～エの中から選び，記号で答えなさい。

ア　およそ1.5万km　　イ　およそ15万km　　ウ　およそ３万km　　エ　およそ30万km

2　図のように物質Ａ～Ｆ（アルミニウム，砂糖，塩，石灰石，鉄，銅のいずれか）を，それぞれ性質の違いで分類しました。あとの各問いに答えなさい。

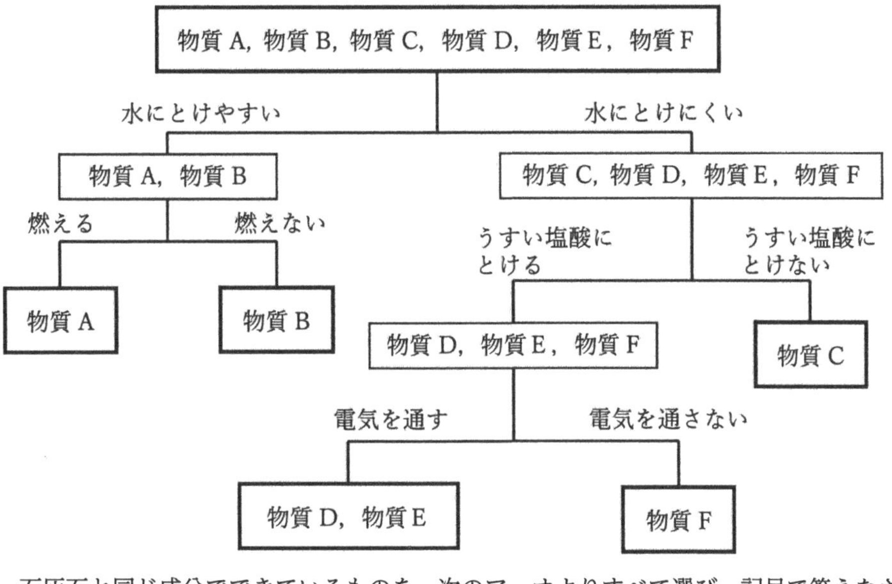

問１　石灰石と同じ成分でできているものを，次のア～オよりすべて選び，記号で答えなさい。

ア　石灰水　　イ　重そう　　ウ　片栗粉　　エ　卵の殻《から》　　オ　チョーク

問２　物質Ａ，Ｂ，Ｃの組み合わせとして正しいものを，次のア～クより１つ選び，記号で答えなさい。

	物質Ａ	物質Ｂ	物質Ｃ
ア	砂糖	塩	アルミニウム
イ	砂糖	塩	石灰石
ウ	砂糖	塩	鉄
エ	砂糖	塩	銅
オ	塩	砂糖	アルミニウム
カ	塩	砂糖	石灰石
キ	塩	砂糖	鉄
ク	塩	砂糖	銅

問３　物質Ａの燃え方について書かれた次の文を読んで，下の各問いに答えなさい。

物質Ａは燃えた結果，（　①　）色の物質ができた。これは，物質Ａの中に（　②　）が含《ふく》まれているためであり，このような物質を（　③　）という。

⑴　空欄①～③に入る言葉の組み合わせとして正しいものを，次のア～クより１つ選び，記号で答えなさい。

	①	②	③
ア	白	アルコール	有機物
イ	白	アルコール	無機物
ウ	白	ナトリウム	有機物
エ	白	ナトリウム	無機物
オ	黒	炭素	有機物
カ	黒	炭素	無機物
キ	黒	ヨウ素	有機物
ク	黒	ヨウ素	無機物

⑵　文章中の下線部の物質の名前を答えなさい。

問４　物質Ｄと物質Ｆでは，塩酸にとけたときに発生する気体が違います。それぞれ発生する気体の名前を漢字で答えなさい。

問５　物質Ｄと物質Ｅの性質の違いから，家の中にある身近な道具を使うとさらにこの２つを区別することができます。そのときに使う道具の名前を１つ答えなさい。ただし，見た目だけでの区別はつけられないものとします。

３　次の各問いに答えなさい。

目のもう膜《まく》には，青色，赤色，緑色の光を感じる３種類の細胞《さいぼう》があります。３種類の細胞で感じたそれぞれの信号の強さを脳《のう》で処理することで，さまざまな色を感じることができます。つまり，私たちの目は，さまざまな色を青色，赤色，緑色の３色の組み合わせとして感じているのです。次のページの図は光の三原色《さんげんしょく》（青色・赤色・緑色）と三原色の組み合わせによって生じる光の色（紫《むらさき》色・黄色・水色・白色）の関係をあらわしています。

バナナは，青色，赤色，緑色の光が混ざった太陽の光のもとで見ると黄色に見えます。このとき，青色の光はバナナに吸収され，赤色と緑色の光は反射されます。この反射された赤色と緑色の光が目に入ると，赤色の光を感じる細胞と緑色の光を感じる細胞が同時に刺激《しげき》を受けとって脳に信号を送ります。このとき，右の図より脳はその色を黄色と判断します。また，脳は３種類の細胞がいずれも刺激を受けないと黒色，３種類の細胞がほぼ等しく刺激を受けると白色と判断します。

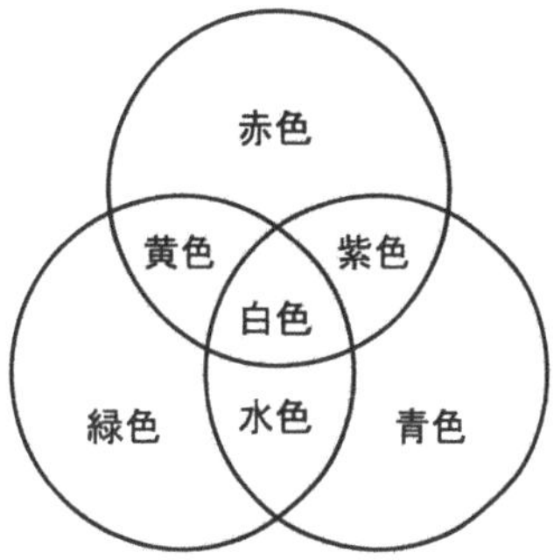

問１　太陽の光のもとで赤色に見えるリンゴは，何色の光を吸収していますか。次のア～カの中から一つ選び，記号で答えなさい。

ア　青色　　イ　赤色　　ウ　緑色　　エ　青色と赤色　　オ　青色と緑色　　カ　赤色と緑色

問２　太陽の光のもとで青色，赤色，緑色，黄色，紫色，水色，黒色に見える色カードを用意し，これらのカードに緑色の光をあてました。このとき，２つの色の区別ができない組み合わせを次のア～オの中から２つ選び，記号で答えなさい。

ア　青色と緑色　　イ　緑色と黄色　　ウ　赤色と黄色　　エ　青色と水色　　オ　紫色と黒色

問３　人には青色，赤色，緑色の光を感じる３種類の細胞がありますが，大部分のほ乳類《にゅうるい》には光の色を感じる細胞が２種類しかないといわれています。動物園の中には，暗い飼育《しいく》場所に赤い光をあてて小動物を展示しているところがあります。この小動物の特徴として最も適した文を次のア～エの中から一つ選び，記号で答えなさい。

ア　この小動物のもう膜には，赤色の光を感じる細胞がない。よって，暗い場所での小動物の行動は，赤色の光をあてた場合と，あてない場合で大きなちがいは見られない。

イ　この小動物のもう膜には，赤色の光を感じる細胞がない。よって，暗い場所での小動物の行動は，赤色の光をあてたほうが，あてないときより活発になる。

ウ　この小動物のもう膜には，人と同じように赤色の光を感じる細胞がある。よって，暗い場所での小動物の行動は，赤色の光をあてた場合と，あてない場合で大きなちがいは見られない。

エ　この小動物のもう膜には，人と同じように赤色の光を感じる細胞がある。よって，暗い場所での小動物の行動は，赤色の光をあてたほうが，あてないときより活発になる。

問４　植物を人工的に生産する植物工場では，太陽の光のかわりにLED照明《しょうめい》を使ってリーフレタス（サニーレタス）やバジル，ほうれん草などの野菜《やさい》を栽培《さいばい》しています。植物工場では，太陽の光に近い白色LED照明のほかに，１種類のLED照明または２種類のLED照明を組み合わせて使用し，光の量や照射《しょうしゃ》時間を管理することで効率よく野菜を生産しています。野菜が最もよく育つと考えられる光の色または光の色の組み合わせを次のア～カの中から一つ選び，記号で答えなさい。

ア　青色　　イ　赤色　　ウ　緑色　　エ　青色と赤色　　オ　青色と緑色　　カ　赤色と緑色

太陽の光が海の中に進むと，深さが増すにつれていろいろな色の光が海中で吸収されます。海の透明度《とうめいど》によっても異なりますが，何色の光がどのくらいの深さまで届くかはだいたい決まっています。

海に生息《せいそく》している海藻《かいそう》の色は，生息している場所の深さと関連性があります。深さが０ｍ～３ｍの浅い場所では，アオサのような緑色の海藻が，もう少し深い３ｍ～10ｍの場所では，ワカメのような褐色《かっしょく》（うす茶色）の海藻が多く生息しています。さらに深さが30mぐらいの場所では，おさし身のつまや海藻サラダの材料となるトサカノリのような紅色《べにいろ》（赤のこい色）の海藻が多く生息しています。

深さが200mより深い場所では，海藻のような植物や植物プランクトンは生息できません。

問５　海藻は，生息している場所に届いた光を利用して何をおこなっていますか。漢字で答えなさい。

問６　太陽の光が海の中に進むとき，次の①，②にあてはまる光の色をア～ウの中から一つずつ選び，それぞれ記号で答えなさい。

①　太陽の光が海の中に進むとき，最初に吸収される光の色

ア　青色　　　　イ　赤色　　　　ウ　緑色

②　トサカノリが生息している深さ30mぐらいのところまで届く光の色

ア　青色と赤色　　イ　青色と緑色　　ウ　赤色と緑色

4　地球をとりまく環境について，次の各問いに答えなさい。

問１　太陽から出た目に見えない光が地面で反射し，その一部の光が地球上の温室効果ガスに吸収されることがあります。この吸収された光が再び地表に向けて放出されると，地球温暖化の原因になります。この目に見えない光は何か漢字で答えなさい。

問２　問１の光によって地面が温められるとその付近にある空気も暖められます。暖められた空気（⇨）と冷たい空気（➡）の流れとして，最も適切なものを次のア～エの中から選び，記号で答えなさい。また，この空気の流れを何というか漢字で答えなさい。

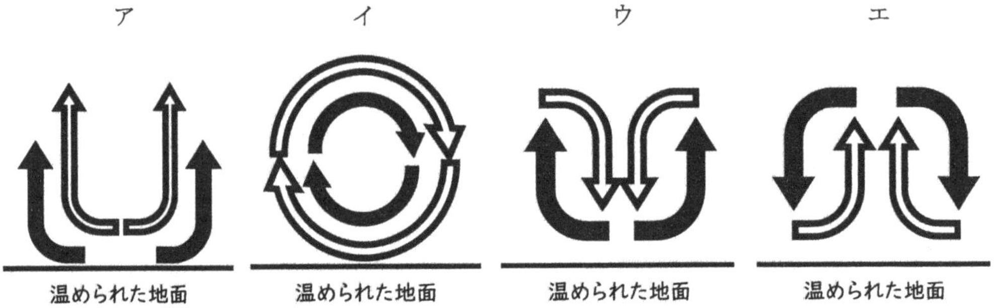

問３　空気が上昇《じょうしょう》すると雲になり雨をふらせることがあります。この雨が酸性雨になる直接的な原因を次のア～エの中から２つ選び，記号で答えなさい。

ア　工場から排気された煙《けむり》　　イ　農薬の多用散布

ウ　合成洗剤《せんざい》の使用　　　　エ　車の排気《はいき》ガス

問４　温室効果ガスとして代表的な気体を次のア～エから２つ選び，記号で答えなさい。

ア　二酸化炭素　　イ　酸素　　ウ　メタン　　エ　水素

問５　2021年６月頃に北米を襲《おそ》った記録的熱波はヒートドーム現象が原因だと言われています。ヒートドーム現象について説明したものを次のア～ウの中から選び，記号で答えなさい。

ア　上空で発達した高気圧により地上の熱がとどまり，広範囲《はんい》に熱波をもたらすこと。

イ　山火事や火山の噴火により地上が急激に熱せられ，広範囲に熱波をもたらすこと。

ウ　工場から排気された煙により地上の熱がとどまり，広範囲に熱波をもたらすこと。

問６　右の図は北極圏《けん》を表し，図中の斜線部はヒートドームの発生している範囲を表しています。矢印の進路を進む風の名前を答えなさい。

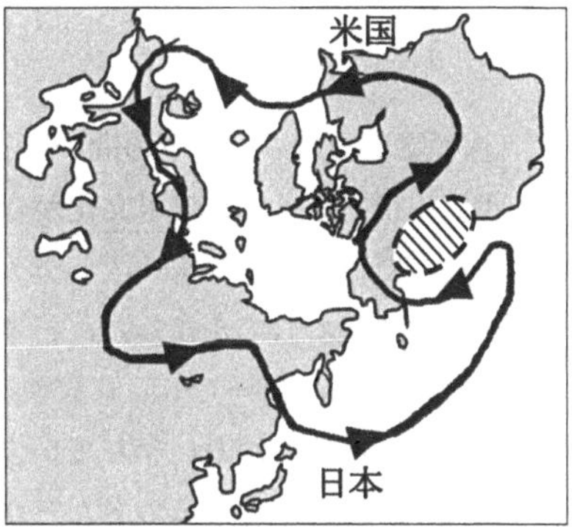

問７　地球温暖化を加速させている原因の１つとして森林伐採《ばっさい》があげられます。森林伐採をする目的としてプランテーションが問題になっていますが，プランテーションの説明として最も適したものを次のア～エの中から選び，記号で答えなさい。

ア　森林を伐採し，広大な土地を観光地に変化させること。

イ　森林を伐採し，その木材を大量に仕入れ，海外へ輸出すること。

ウ　森林を伐採し，動物たちの生息地を制限することで，人間への被害《ひがい》を減らすこと。

エ　森林を伐採し，安い労働力を使って世界に輸出するための特産物を大量生産すること。

【社　会】（30分）　＜満点：50点＞

１　次の文章を読み，以下の問いに答えなさい。

世界には数多くの①紋章文化《もんしょう》が存在しますが，国単位で国民のほぼすべてが所有してきた紋章文化は日本だけといってよいでしょう。日本において紋章は家紋《かもん》と呼ばれ，時代ごとにさまざまな場面，用途で使われてきました。日本人の習俗《しゅうぞく》や精神文化を簡潔で多彩なデザインに込め，現代では300種類以上のモチーフに，家紋独自のルールに従ったアレンジが加えられて，その数は５万種類以上あるのではないかといわれています。

家紋は，その家や一族の者たちが共有する紋章で，一族のアイデンティティを示すものとして使われてきました。また，衣服や調度品，屋敷の表札に家紋を描いておけば，［　②　］であったとしても他者との識別がしやすくなるため，重宝された時代もありました。では，家紋のルーツはどこにあるのでしょうか。原始の時代から，人類は絵を描いて何かを伝える方法を考えてきました。（　１　）時代の土器に描かれた縄目の文様にも，さまざまな意味やメッセージが含まれていました。③漢字が日本列島に伝わってからも，④古墳の壁画や祭事の道具などには文様が描かれていました。文様で何かを伝え，文様から何かを感じ取ろうとするのは，人間の感性として強く引き継がれているのではないでしょうか。⑤奈良時代には中国から多くの文物が伝えられ，外来の文様も多く目にしたり，使ったりするようになります。従来の文様とそのような外来の文様が影響しあい，日本人が描く文様はさらに⑥多様化しました。これらの文様がルーツとなり，やがて家や一族の印である家紋へと変化するのが，平安時代のことだといわれています。

平安時代に，貴族の⑦牛車《ぎっしゃ》が道に列をなす眺めは，都の⑧風物詩でした。しかし，誰が乗る牛車なのか見分けがつかないと困ることが多くあり，問題が起こることもありました。平安時代後期になると，牛車に各家の目印を描くことで，見分けがつくようになり，これが家紋の起源だといわれています。（　２　）２年（1220年）頃に成立した『愚管抄《ぐかんしょう》』には，「春宮大夫公実《とうぐうだいぶきんざね》ノ嫡子《ちゃくし》ニタテテ，トモエノ車ナド伝エケルナリ」と，西園寺公実《さいおんじきんざね》の牛車に巴紋《ともえもん》が描かれていた記述が残っています。鎌倉時代初期の有職故実《ゆうそくこじつ》書『錺抄《かざりしょう》』には「当家壮年《そうねん》ノ間⑨龍胆《りんどう》多須岐《たすき》ヲ着シ」とあります。「当家」とは村上源氏の久我家のことで，龍胆《りんどう》を描いた文様を衣服に描いていた様子が記されています。牛車だけでなく，衣服にもどこの家の者かわかるように文様を描いていたようです。公家は家格や⑩血脈によって力関係が決まり，代々受け継ぐ家紋は威勢を誇示するのに便利なものとして，貴族社会に定着していくようになります。

戦いの中で相手を区別するため，武士たちは竿《さお》の先に目印を描いた布をつけ，戦場で掲げるようになります。これを「流れ旗」といい，合戦の必需品になっていきます。平安時代末の源平合戦では，平氏が赤旗，源氏が白旗を掲げていました。赤旗は朝廷の軍勢であることを意味するもので，白旗は清和源氏が信奉する⑪八幡神《はちまんしん》を象徴する色でした。平家の滅亡後，鎌倉幕府を開いた（　３　）により白旗は源氏の嫡流《ちゃくりゅう》のみと決められ，流れ旗に一族の目印となる文様を描くことで白地の別の旗として使用するようになります。鎌倉時代には，独自の文様を旗に描くことが普及し，これが武士の家の家紋へと発展していきました。

▲日月紋

皇室の紋といえば菊紋というイメージがありますが，もっとも古くから皇室が紋章として用いたのは日月紋《じつげつもん》でした。皇祖神である天照大《あまてらすおお》神《かみ》とその弟神月読尊《つくよみのみこと》は，太陽と月の化身であり，日本古来の自然崇拝の象徴でもあります。皇室の象徴としてはもっとも適しているといえるでしょう。また，このデザインが「日の丸」に影響を与えたという話もあるようです。菊紋は，鎌倉時代初期に（　４　）が好んで用いたのがその起源と言われています。『増鏡』には皇室の神輿《みこし》に菊紋があしらわれていたという記述もあります。（　４　）が幕府との対立を深めるようになると，菊紋は勤王の象徴ともなっていきます。1221年，（　４　）は乱に敗れて隠岐に配流されますが，菊紋はその後も皇室で使用され続けました。16枚の花弁が表を向いて重なる⑫「十六葉《じゅうろくよう》八《や》重《え》表菊紋《おもてきくもん》」が皇室の紋として認知され，1869年には太政官布告で正式な皇室紋章であると定められました。

武家政権が成立すると，武士の仕事場は戦場だけではなくなります。戦場の旗や陣幕に家紋をつけるだけでなく，あらゆるものに家紋をつけて家格を誇示するようになります。武士の普段着であった直垂《ひたたれ》にも家紋を入れたものが見られるようになり，室町幕府第３代将軍（　５　）も家紋入りの直垂を好みました。功績のあった家臣に与えており，直垂に家紋をつけることが武家社会の流行になりました。家紋入りの衣服が浸透していくと，優れた所作を見せる者は誰か，衣服の家紋を見れば一目瞭然となり，戦場を離れても名誉をかけた戦いを繰り広げることになるのです。

⑬応仁の乱では多くの足軽が動員され，騎馬による一騎打ちから大軍が入り乱れて戦う集団戦へと合戦の戦術は大きく転換しました。旗指物《はたさしもの》や足軽の甲冑に家紋を入れておけば，乱戦の中でもすぐに敵軍と友軍が判別できます。また，乱世にあっては親兄弟や親族が相争うことが増え，同じ家紋を使っていると戦場で見分けがつかずに混乱することもありました。そのため，団結の印として同じ家紋を使っていた一族は，分家や庶子家が新しい家紋を作って使うようになります。多くの場合は本家の家紋を原形として一部を変える・付け足すなどの細工をして作成しました。徳川家の場合も，宗家の将軍家と御三家は「丸に三つ葉葵《あおい》」の家紋ですが，水戸徳川家では茎なしの三つ葉葵を使用し，⑭紀州徳川家でも茎なしで葉の数を変えるなどして，将軍家の家紋と見分けがつくようにしていました。

戦術の変化で，家紋は戦場の目印としてより重要視されるようになると，大将は家紋の入った旗指物で諸将の現在位置を知り，戦況を分析し，指揮をとりました。戦後の論功行賞のためにも諸将の家紋の把握は必要です。しかし，乱世の時代状況が家紋の数を増やし，その判別をいっそう難しくしていきます。そのため戦国大名は，独自の家紋入りの名簿を作成するようになりました。例えば，上杉謙信が⑮関東へ出陣した時には，200家を超える在地の諸将を臣下としました。上杉氏はその家紋をすべて記録した『関東幕注文』を作成し，諸将の管理や指揮系統の整備に役立てました。

室町時代あたりから，商人たちの間では自分の店の看板や暖簾《のれん》に，商売に関連するものを図案化した紋章を入れることが一般化していました。それらの紋章はやがて，家紋としても使用され，武家や公家の家紋とは違ったものが多く，家紋の種類もさらに多様化していくことになりました。また，江戸や⑯大坂といった都市部では，歌舞伎役者や遊郭《ゆうかく》の遊女などが，着物に家紋をつけるようになります。派手な衣装に家紋が映え，自分のイメージを人々に強く印象づけておく必要があった人々にとっては大変便利なアイテムであったといえるでしょう。江戸時代になって，武士以外の庶民は（　６　）を名乗ることを禁じられましたが，家紋の使用は許可されていました。徳川家の「葵紋《あおいもん》」や天皇家の「菊紋」以外のものであれば，どんな紋でも自分の家紋として使うことができます。そのため，庶民の間でも家や個人を表すものとして，家紋の使用が急速に普及しました。

1898年に制定された民法では，家長（戸主）となった長男が全財産を相続し，家族をまとめていました。これを「家制度」あるいは「家《か》父《ふ》長《ちょう》制」と呼びます。戦前の日本では，家長《かちょう》のもとに家を意識する機会が多く，家を象徴する家紋は大きな役割を果たしていました。しかし，⑰1948年に新しい戸籍法が制定されると，これまで家を基本単位としていた戸籍は，夫婦を基本単位とするものに改められました。遺産は⑱均分相続が基本となり，家長の権限も失墜《しっつい》してしまいました。これによって，戦前の家制度は消滅したといってよいでしょう。新しい民法の下で家としての結束は弱まり，三世代同居から，夫婦のみまたは夫婦と未婚の子という構成の（　7　）が増えてくると，家紋の存在意義も薄れていきました。⑲ライフスタイルの変化によって家紋を使用する機会が減ると，自分の家紋を知らないというのも珍しくなくなりました。とはいえ，現在でも日本人には家紋が必要になる時があります。⑳冠婚葬祭《かんこんそうさい》の正装は黒の紋付袴《もんつきはかま》です。家紋付きの着物や羽織になりますが，貸衣装を借りるときに自分の家紋を知らずにあわてることのないようにしたいものです。

現在でも多く目にする家紋としては，自治体の紋章，学校の紋章などがあります。企業の商標やブランドマークには，家紋をアレンジしたものも多く見られます。㉑三菱グループのマークは創業者である（　8　）の家紋「三階菱《さんかいびし》」をアレンジしたものであり，島津製作所の「丸に十の字」も，創業者の祖先が島津義弘から島津姓と家紋を贈られたことに由来します。あまり目にしなくなったように思われる家紋ですが，いろいろなところで工夫されながら使用されていると言ってよいでしょう。

（参考図書『決定版　面白いほどよくわかる！家紋と名字』西東社　家紋監修　高澤　等　名字監修　森岡　浩）

問１　空欄（１）～（８）にあてはまる**適当な語句**を**漢字**で答えなさい。ただし，空欄（２）には年号（元号）が入り，空欄（８）は**４字以上**で答えなさい。

問２　下線部①について，紋章文化には世界の国旗も含まれますが，２つの国の国旗と１人の伯爵家の旗が組み合わさって成立した国旗として**正しいもの**を次のア～エの中から一つ選び，その記号を答えなさい。

ア

イ

ウ

エ

問３　空欄〔②〕に入る語句として最も**適当なもの**を次のア～エの中から一つ選び，その記号を答えなさい。

ア　文字が読めない者　　　　イ　耳が聞こえない者

ウ　言葉がしゃべれない者　　エ　目が見えない者

問４　下線部③について，以下の問いに答えなさい。

(1)　漢字が日本に伝わった頃（本格的に使用しはじめた頃）の日本の様子として**最も適当なもの**を次のア～エの中から一つ選び，その記号を答えなさい。

ア　今よりも海水面が低く，大陸とつながっていた。

イ　稲作が伝来し，人々は定住するようになった。

ウ　大王と呼ばれる連合政権の長が支配していた。

エ　貴族の文化が花開き，日本風の絵画や彫刻が発展した。

⑵　漢字と同じ時期に日本に伝来したものとして**適当でないもの**を次のア～エの中から一つ選び，その記号を答えなさい。

ア　仏教　　イ　キリスト教　　ウ　紙　エ　儒教

問５　下線部④について，茨城県にある虎塚《とらつか》古墳は鮮やかな壁画が残っていることで有名です。茨城県に関する以下の問いに答えなさい。

⑴　茨城県の県庁所在地の名称を**漢字**で答えなさい。

⑵　茨城県は農業生産額でも全国有数の県ですが，その農業の特徴を表した説明として**最も適当なもの**を次のア～エの中から一つ選び，その記号を答えなさい。

ア　大消費地が近いため，新鮮なうちに安い輸送費で野菜や果実を出荷している。

イ　広大な土地を利用して，大規模な農業を行い，じゃがいも・とうもろこしなどを栽培している。

ウ　冬場に雪が積もるため，きれいな水を利用して稲作がおこなわれている。

エ　夏の涼しい気候を利用して，キャベツやレタスなどの葉物野菜を栽培している。

問６　下線部⑤について，奈良時代の出来事①～④を左から古い順に並べた時，**正しいもの**を次のア～カの中から一つ選び，その記号を答えなさい。

①　東大寺で大仏の開眼《かいげん》供養《くよう》が行われる。

②　墾田永年私財法が出される。

③　国分寺建立の詔が出される。

④　『日本書紀』が編纂《へんさん》される。

ア　③→②→①→④　　イ　③→②→④→①　　ウ　③→④→①→②

エ　④→③→①→②　　オ　④→③→②→①　　カ　④→②→①→③

問７　下線部⑥について，以下の問いに答えなさい。

⑴　多様化･多様性という意味のカタカナ言葉として**適当なもの**を次のア～エの中から一つ選び，その記号を答えなさい。

ア　ダイバーシティ　　イ　サステナビリティ　　ウ　グローバリゼーション

エ　アセスメント

⑵　社会の多様化の具体例をあらわした文として**適当でないもの**を次のア～エの中から一つ選び，その記号を答えなさい。

ア　様々な働き方に対応するため，週休３日制の採用を検討する企業があらわれた。

イ　大学では，学生たちが様々な国の留学生とともに授業を受け，交流している。

ウ　企業によっては男性のほうが賃金や出世において優遇されている。

エ　公共交通機関の案内板が複数の言語に対応することが多くなった。

問８　下線部⑦について，牛車とは牛に引かせた屋形車のことです。牛に関する説明文のうち**最も適当なもの**を次のア～エの中から一つ選び，その記号を答えなさい。

ア　乳用牛も肉用牛も飼育頭数１位（平成31年）は北海道である。

イ　牛乳生産量（令和２年）の１位は北海道であるが，その割合は全国生産量の50％を超えている。

ウ　肉用牛の飼育頭数１位（平成31年）の都道府県は，ブロイラー（食用鶏）の飼育頭数（平成31年）も１位である。

エ　乳用牛の飼育頭数上位５位以内（平成31年）には九州地方の県は入っていない。

問９　下線部⑧について，季節の風物詩に夏祭りがあります。右の写真のような，山車《だし》とうろうが有名な祭りが行われる県名を**漢字**で答えなさい。

問10　下線部⑨について，龍胆《りんどう》とは右の写真の花です。龍胆をもとにした家紋として**正しいもの**を次のア～エの中から一つ選び，その記号を答えなさい。

ア

イ

ウ

エ

問11　下線部⑩について，血脈をあらわすものに家系図があります。下の家系図は，江戸幕府を開いた徳川家のものです。空欄 [1] にあてはまる人物の氏名を**漢字**で答えなさい。

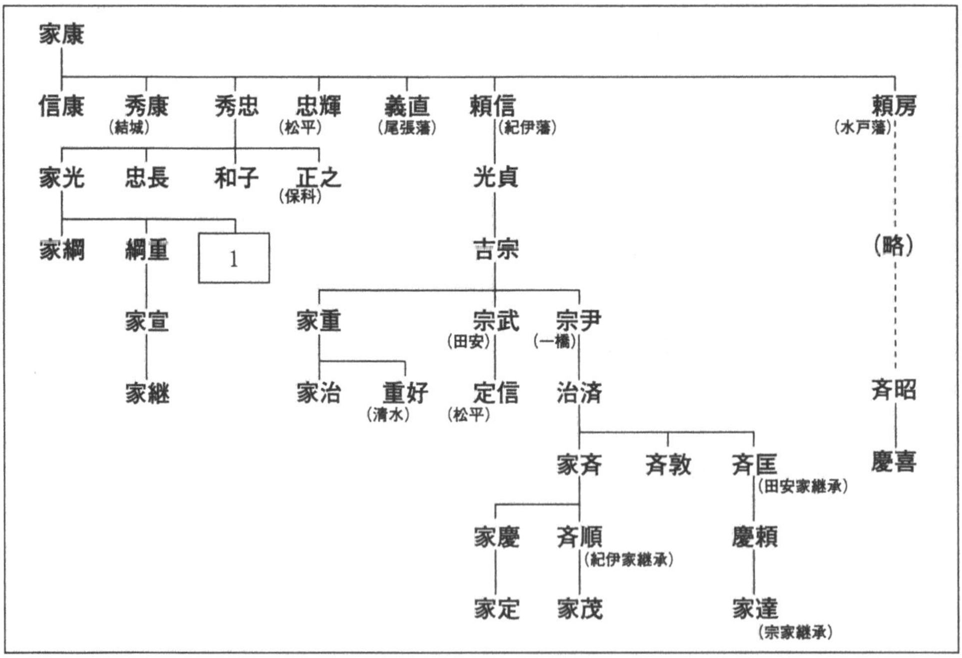

問12　下線部⑪について，八幡神《はちまんしん》を祀《まつ》った神社に大分県の宇《う》佐《さ》八幡宮《はちまんぐう》があります。大分県の説明として**正しいもの**を次のア～エの中から一つ選び，その記号を答えなさい。

ア　九州地方の北東部にあり，福岡県・宮崎県・熊本県・佐賀県と境を接している。

イ　県内にある阿蘇山は世界でも有数のカルデラをもち，世界ジオパークに認定されている。

ウ　県内に別府や登別などの多数の温泉があり，日本一の［おんせん県］としてアピールしている。

エ　大分市には製鉄所と石油化学コンビナートがあり，県内の重要な工業地域として発展している。

問13　下線部⑫について，「十六葉《じゅうろくよう》八《や》重《え》表菊紋《おもてきくもん》」として**正しいもの**を次のア～エの中から一つ選び，その記号を答えなさい。

ア

イ

ウ

エ

問14　下線部⑬について，以下の問いに答えなさい。

⑴　応仁の乱では，様々な対立が重なり東軍と西軍に分かれて争いましたが，東軍の指導者として**最も適当な人物**を次のア～エの中から一つ選び，その記号を答えなさい。

ア　大内義隆　　イ　細川勝元　　ウ　山名宗全　　エ　赤松満祐

⑵　応仁の乱の西軍が陣地をおいたことからついた地名があります。**その地名に最も関係の深い**伝統工芸品を次のア～エの中から一つ選び，その記号を答えなさい。

ア

イ

ウ

エ

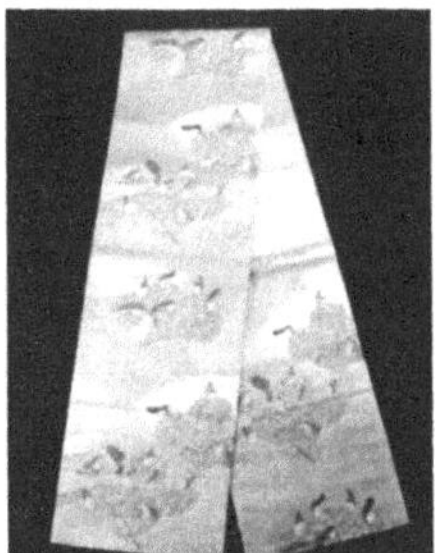

問15　下線部⑭について，紀州徳川家が治めていた地域の現在の都道府県の説明として**正しいもの**を次のア～エの中から一つ選び，その記号を答えなさい。

ア　三大庭園の一つである偕楽園があり，南部の沿岸部には工業地域も広がっている。

イ　降水量が豊富で，きれいな水を利用した製薬業や米の生産がさかんである。

ウ　みかんの有数の産地で，県庁所在地では鉄鋼業がさかんである。

エ　キャベツの生産がさかんで，日本でも有数の工業地帯がある。

問16　下線部⑮について，以下の問いに答えなさい。

(1)　城北埼玉中学がある埼玉県も関東地方の県です。埼玉県の県章として**正しいもの**を次のア～エの中から一つ選び，その記号を答えなさい。

ア　　イ　　ウ　　エ

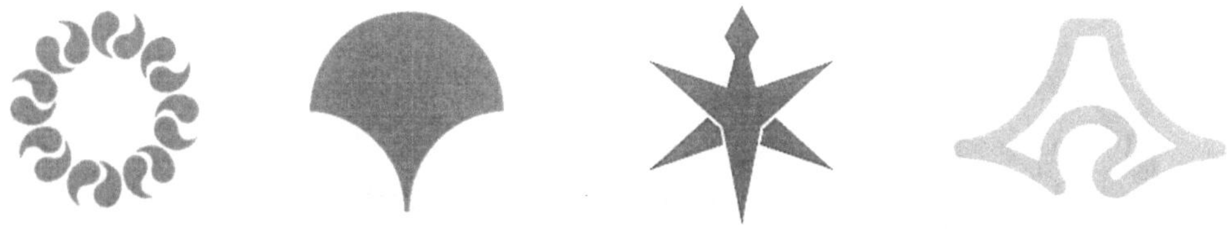

(2)　日本の政治の中心である東京都も関東地方にふくまれます。政治の中心といえる国会議事堂が東京都にありますが，2021年度に行われた衆議院の選挙方式を**漢字**で答えなさい。

問17　下線部⑯について，以下の問いに答えなさい。

(1)　大阪府には世界で初めての完全人工島からなる海上空港があります。西日本の国際拠点空港であり近畿圏の国内線の基幹空港であるこの空港の名称を**漢字６字**で答えなさい。

(2)　大阪を中心とした阪神工業地帯の製造品出荷額等の構成として**最も適当なもの**を下のグラフのア～カの中から一つ選び，その記号を答えなさい。

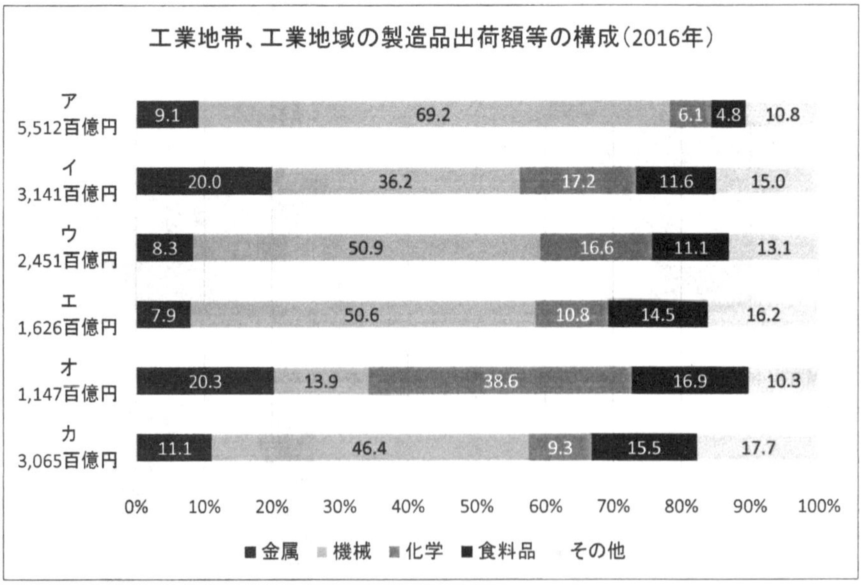

※ア～カは中京工業地帯・阪神工業地帯・京浜工業地帯・京葉工業地域・関東内陸工業地域・東海工業地域のいずれかを示しています。

『日本国勢図会 2019/20』（矢野恒太記念会編）より作成

問18　下線部⑰について，1948年の**出来事ではない**ものを次のア～エの中から一つ選び，その記号を答えなさい。

ア　国際連合で世界人権宣言が採択された。

イ　朝鮮民主主義人民共和国が建国された。

ウ　中華人民共和国が建国された。

エ　世界保健機関（WHO）が設立された。

問19　下線部⑱について，日本の均分相続について説明した文として**最も適当なもの**を次のア～エの中から一つ選び，その記号を答えなさい。

ア　遺産は戸主権をもつ長男が全て相続することとなっている。

イ　遺産は配偶者が３分の１を相続し，残りを子どもが均等に相続することとなっている。

ウ　遺産は配偶者が３分の２を相続し，残りを子どもが均等に相続することとなっている。

エ　遺産は配偶者が半分相続し，残りを子どもが均等に相続することとなっている。

問20　下線部⑲について，2020年から続くコロナ禍によって我々日本人のライフスタイルは大きく変化しました。変化の内容を説明した文として**適当でないもの**を次のア～エの中から一つ選び，その記号を答えなさい。

ア　多数の人が集まることが規制され，2021年の東京オリンピックは無観客開催という名目で行われた。

イ　リモートワークが推奨され，全ての企業で在宅勤務が選べるようになった。

ウ　感染対策として，換気の徹底や衝立《ついたて》の設置などが飲食店で行われている。

エ　外出するときにはマスクをつけることが推奨され，不要不急の外出を控えるように要請された。

問21　下線部⑳について，冠婚葬祭に**含まれない行事**を次のア～エの中から一つ選び，その記号を答えなさい。

ア　成人式　　イ　結婚式　　ウ　葬式　　エ　卒業式

問22　下線部㉑について，以下の問いに答えなさい。

(1)　三菱グループのマークとして**最も適当なもの**を次のア～エの中から一つ選び，その記号を答えなさい。

ア　　　　イ　　　　ウ　　　　エ

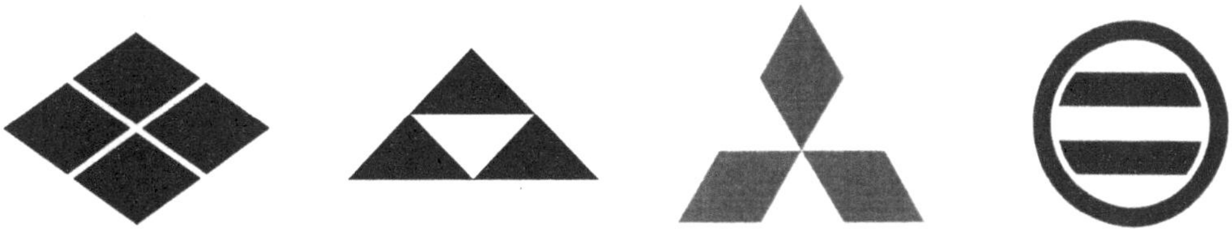

(2)　三菱グループは，戦前まで三菱財閥と呼ばれていました。財閥のような企業集団や大企業が市場で不公正な行動をすることを防ぐ目的で1947年に制定された法律の名称を**漢字**で答えなさい。

問４　傍線１「とても大きな変化」とありますが、変化したこと（もの）の中で最も大きな変化は何の変化ですか。本文中から五字で抜《ぬ》き出しなさい。

問５　傍線３「この両者」とありますが、何と何のことですか。本文中から①三十四字と②六十字で抜き出し、その最初と最後の三字をそれぞれ記しなさい。（句読点、カッコなども字数に数えて答えなさい。）

問６　傍線４「目に見えるもの」とありますが、ここでいう「目に見えるもの」の具体例として最も適当なものを次から一つ選び、記号で答えなさい。

ア　知恵　　イ　信頼　　ウ　財産　　エ　やさしさ　　オ　自由

問７　傍線５「外側の価値観」とありますが、意識的にせよ無意識にせよ、ここでいう「外側の価値観」にあわせていくうちにできあがってしまう自分らしさのようなものを筆者は何と表現していますか。本文中から三字で抜き出しなさい。

問８　傍線６「人の数だけ答えがある状態」とありますが、「いろいろな種類や傾向があり、変化に富んでいること」を表す三字の言葉を本文中から抜き出しなさい。

問９　傍線７「嘘をつく」とありますが、ここでは誰が（何が）、誰に（何に）嘘をつくのですか。本文中の言葉を使って解答欄にあうように簡潔に答えなさい。

問10　傍線８「衣服やサングラスや仮面」とは、本文においては何のたとえですか。本文中から四字で抜き出しなさい。

三

※問題に使用された作品の著作権者が二次使用の許可を出していないため、問題を掲載しておりません。

（出典：小川糸「キラキラ共和国」幻冬舎）

じめるのです。今まで常識だと思っていたことを疑ってみてください。人と違うことを恐れないでほしいのです。自分にとっての真の豊かさとは何なのか。誰とも比較せず、自分でそのことを知り、選択するときがきています。自分にしか自分のほんとうの声ってわからないものです。その声を信頼する時は今、です。

わたしが考えているあたらしい時代の特徴にはこんなことがあります。

・とにかく計画ができない
・ものごとのスピードがどんどん速くなっていく
・より個人単位で考えるようになる
・個が重視される
・多様性が重視される
・「頭」より「こころ」が重視される
・所有の概念《がいねん》が変わる、所有しなくなる、シェア（共有）するようになる
・目に見える物質的なものよりも目に見えないもの（情報や知恵、信頼関係、人と人とのつながりなど）が重要になっていく
・お金や仕事などの※固定概念があたらしいありかたに変わっていく
・女性の観点や。女性性がより重要になっていく
・やさしくて、あたたかく、ゆったり、ゆっくりしたものが好まれる
・自然がよりたいせつになっていく
・自由がよりたいせつになっていく
・表面的なことよりも、本質がより大事にされていく。本質的になっていく
・人間がしていた仕事を機械がやるようになる
・ピラミッド形ではなく、丸い円形のシステムや社会構造が増える
・より平和的、調和的なものが好まれる
・「ないもの」ではなく「あるもの」を数えるようになる

などです。

（服部みれい「自分をたいせつにする本」筑摩書房　一部省略がある。）

※蔓延……植物の蔓（つる）が延びて広がること。転じて、病気などが広がること。
※リモートワーク……自宅など会社から離れた場所で仕事を行う勤務（きんむ）の仕方、形態（けいたい）。
※ケア……世話や配慮（はいりょ）、気配り、手入れなどをすること。
※ネガティブ……物事に否定的、消極的である様子、傾向。
※個々人……それぞれの人。
※固定概念……定着している考え、変わらない考え方。固定観念（こていかんねん）、思い込み。
※女性性……一般に、優しさ、認める気持ち、許す気持ち、共感する気持ち、感性の豊かさなどを指す。

問1　傍線《ぼうせん》2「一寸先」という語を使った「人生はほんの少し先のことでさえも予測できない」という意味のことわざを答えなさい。

問2　空欄《くうらん》【A】にあてはまる漢字一字を記しなさい。

問3　空欄【B】にあてはまるものとして最も適当なものを次から一つ選び、記号で答えなさい。

ア　権力構造　　イ　情報化社会　　ウ　地球温暖化
エ　都市型　　オ　少子高齢化社会

す。また、「自分風《じぶんふう》」の世界ではなくて、ほんらいの自分自身で生きていくというような、なにか、自立した人間どうしでつくりあげる社会がこの先には現れるはずだとも思っています。

「コロナ禍《か》」という表現がありますが、わたしは、同時に「コロナ【　A　】」でもあると感じています。「禍」というわざわいがあるならば、同時に可能になったことやあたらしく生まれる可能性もあるだろうと思うのです。

　まず、忙しすぎた人は自分の仕事の見直しができました。無理に通勤しなくとも※リモートワークで働くというもうひとつの選択肢《せんたくし》が生まれました。遠く離れていてもネットを通してたくさん交流ができることもわかってきました。

　自然破壊の原因のひとつである一極集中する【　B　】をベースにしたやりかたでなくとも仕事ができることは、より明確になってきています。

　生活がとまった反面、自然環境は急激にその元気を取り戻しました。

　家族で交流が増えたケースもあります。たいせつな人とそうでない人がはっきりしたというケースもあるでしょう。同時に、人と人とのつながりや信頼関係が、生きていくうえでより大きな比重を占《し》めるようになっていっています。日々の何気ない暮らしのことをたいせつにしはじめた人も増えました。

　自分の心身の※ケアを自分でしようという人も増えました。予防医学に目を向ける人が増え、免疫力《めんえきりょく》を高めるということに意識がむくようになりました。いのちのたいせつさをあらためて感じ入る機会にもなっています。

　そうして何よりも、各自が、5外側の価値観ではなくて、いよいよ、ほんらいの自分に戻り、自分軸《じぶんじく》で生きるということに注目が集まっているということが、何よりとてもすばらしいことに感じられるのです。

　もちろん、※ネガティブなこともたくさんあります。でも、怖い、不安だ、心配だ、と嘆《なげ》いたり怒《おこ》ったりしているだけでは、根本の解決になりません。外側に答えを求めようとしたって、6人の数だけ答えがある状態です。誰かが勧《すす》めることに従ったとしても、自分にそれが合うというわけでもありません。来月どうなっているか、誰にもわからないような世界になっているのです。なにもかも１００パーセント自分で責任をとる気持ちで自分軸で考えて、行動をすることが求められる時代になったのです。

　わたしは本当に今の状況を、たくさんのかたがたがほんらいの自分、ほんらいのありかたに戻《もど》る大チャンスだと実は感じ取っています。もう、まやかしの「自分風」でがんばる時代は終わったのです。大勢が「よい」とする世界に個人が合わせるのではなく、※個々人《ここじん》が自分たちの幸福をそれぞれに追求したら、それがめぐりめぐって全体の幸福になっている世界に移行しつつあるのです。嘘《うそ》をついてももうごまかせなくなったのです。いや、7嘘をつく必要がなくなっていくのでしょう。価値観もますます多様になります。誰かの答えが自分の答えにはなりません。本質的に、自分を信じて生きるほかなくなったのです。

　このような大転換《てんかん》期をよりスムーズに乗り越えるには、自分ひとりの時間をたいせつにすることです。そして、自分と向き合い、「自分風」を点検し、少しずつ、8衣服やサングラスや仮面を外していくことをは

【国　語】（五〇分）〈満点：一〇〇点〉

【注意】○文字ははっきりと丁寧《ていねい》に書くこと。
○特に漢字の書き取りは、トメ・ハネにも注意すること。
○字数に制限がある問いに対しては、その指示をよく確認すること。

一　次の傍線部のカタカナを漢字に、漢字をひらがなに改めなさい。

1　チョキン箱が重たくなってきた。
2　あの人は仕事のノウリツが悪い。
3　二人とも意地を張ってコンクラベが続いている。
4　川越は美しく風情のある町並みが残っている。
5　ぜひともご意見を承りたいものです。

二　次の文章を読んで、後の問いに答えなさい。

今、世界は1とても大きな変化の中にいます。黒だったことが白になったり白だったことが黒になるくらい、価値観が反転していたりします。2一寸先にどういう変化が起こるかわからなければ、「問題」と思えることをどう解決していいか誰もわからないということもたくさんあります。

たとえば、２０１９年末から、世界中に感染症が※蔓延《まんえん》しました。働き方や、外出のしかた、人との距離《きょり》、さまざまな変化が起こりました。それにともなって、仕事が変わったり、住む場所が変わったり、家族が変わったりしている方も多いでしょう。なにより、人々の意識が、大きく変わりはじめています。感染症の一件は、ひとつのきっかけであるにすぎず、多かれ少なかれ、人の意識に変化が起きるタイミングだったのかもしれません。いや、この感染症の影響《えいきょう》で、変化のスピードは速くなったかもしれません。何より人は前よりも「死」を身近に感じるようになり、自分で自分の身を守るという意識が芽生えたと思います。なにかに依存しているだけでは生きられないということもわかってきたように思います。

さらには、たとえば、ワクチンひとつとっても、「感染症にかかりたくないからなんとしても打ちたい」という人もいれば、「副作用などについてよくわかっていない段階で、ワクチンを打つなんて危険だ。絶対に打ちたくない」という人もいます。どちらも本気でそう思っているのです。これからの時代、ひとりひとりの意見が、こんなふうにひとによって、びっくりするほど掛《か》け離《はな》れるというのも特徴《とくちょう》です。何がいい／悪い、ではありません。

いずれにしても、本当に自分で自分に責任をもたないと、誰かからいわれたまま動かされるような、まるで奴隷《どれい》や家畜のような生き方になる気がします。超強固な管理社会の一員として生きる生き方です。

一方で、自分で自分に責任をもつことを選んで、はっきりと自立し自分の頭で考え、自分の足で立ち、自分自身をよりどころにして生きることもできます。3この両者が、はっきり分けられるような世の中になるように感じています。

あたらしい世界というのは、こんなふうに世界が分かれていくばかりか、今までとまったくちがう価値観や意識状態がやってきて、4目に見えるものより目に見えないものが、予定してなにか行うというよりは、その場その場で決めていくことが大事になるような世界になりそうで

MEMO

大切なことはメモしておこうネ！

第1回

2022年度

解 答 と 解 説

《2022年度の配点は解答欄に掲載してあります。》

＜算数解答＞

1 (1) 1　(2) 42分　(3) ① 4　② 12個　(4) (2教科とも80点以上) 69人　(国語が80点以上) 113人　(5) ア 45度　イ 84度　(6) ③ 理由：解説参照

2 (1) (午前)10時40分　(2) 毎時15km　(3) 11.25km

3 (1) 30cm^2　(2) 78cm^2　(3) 231cm^3

4 (1) 12通り　(2) 36通り　(3) 58通り

5 (1) 1：4　(2) 20cm^2　(3) 3：2　(4) $9\frac{1}{3}$cm^2

○配点○

1(1)，2(1)，3(1)，4(1)　各6点×4　1(3)②・(4)・(5)イ・(6)記号，5(2)　各4点×6

1(6)理由，2(3)，3(3)，4(3)，5(3)　各3点×5　5(4)　2点　他　各5点×7　計100点

＜算数解説＞

重要 1 (四則計算，割合と比，ニュートン算，演算記号，数の性質，統計・表，消去算，平面図形，場合の数，論理)

(1) $\square=\left(\frac{69}{14}-\frac{10}{7}\right)\times\frac{2}{7}=1$

(2) ポンプ1台1分の排水量を1とする。1分でわき出る水量…1×(5×252－10×72)÷(252－72)＝540÷180＝3　最初から井戸にあった水量…1×10×72－3×72＝7×72＝504　したがって，ポンプ15台では504÷(1×15－3)＝42(分)かかる。

(3) ① 2，2×2＝4，4×2＝8，8×2＝16，6×2＝12より，＜2，5＞＝2　したがって，＜2，10＞＝4　② 以下の12個がある。1，11，21　5，15，25　6，16，26　10，20，30

(4) 算数80点以上で国語79点以下…150×0.1－3＝12(人)　2教科とも80点以上の人数ア…算数が80点以上の人数を①とすると，右表より，①＝ア＋12，ア＋12＋ア＝ア×2＋12が150であり，アは(150－12)÷2＝69(人)　国語が80点以上の人数…(150－69)×$\frac{4}{3}$＋5＝113(人)

国語＼算数	80点以上	79点以下	合計
80点以上	ア		$\textcircled{\frac{4}{3}}$＋5
79点以下	12		
合計	①	ア	150

(5) 角DEA…右図より，(180－108)÷2＝36(度)　角CED…[180－{360－(108＋90)}]÷2＝9(度)　したがって，角アは36＋9＝45(度)　角GFC…180－[{180－(90－60)}÷2＋60]＝45(度)　角FCG…30＋9＝39(度)　したがって，角イは45＋39＝84(度)

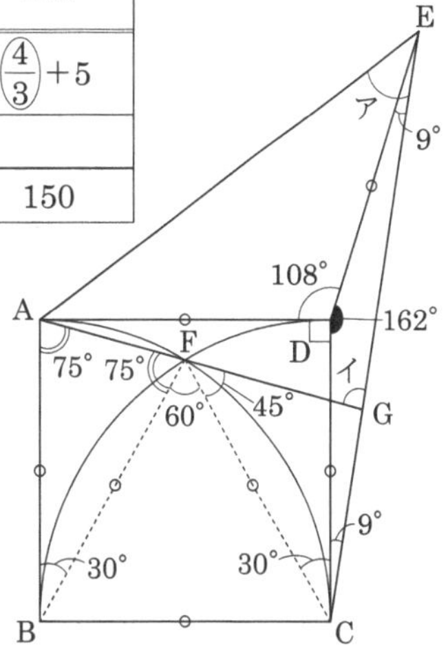

(6) 15通りの数とは，差の値という意味である。正しい内容③　理由：(例) 6つの数を選ぶすべての場合には，例えば10−5=5という場合がふくまれるから。
【別解】 整数を5で割った余りは5つあり，選んだ6つの数の少なくとも2つは同じ余りになり，これらの数の差の値が5の倍数になるから。

余り0の数…5，10，15，20，～
余り1の数…1，6，11，16，～
余り2の数…2，7，12，17，～
余り3の数…3，8，13，18，～
余り4の数…4，9，14，19，～

重要 2 (速さの三公式と比，流水算，割合と比，単位の換算)

(1) J号が上り下りする時間…12時1分−(9時10分＋27分)＝2時間24分　したがって，川上のBに着くのは9時10分＋2時間24分÷(5＋3)×5＝9時10分＋1時間30分＝10時40分。

(2) S君が2度目にJ号とすれ違った時刻…11時17.5分−$60\times\frac{15}{8}\div25$＝11時13分。　J号がBから$\frac{15}{8}$km下った時間…(1)より，11時13分−(10時40分＋27分)＝6(分)　J号の下りの時速…$\frac{15}{8}\div\frac{6}{60}=\frac{75}{4}$(km)　したがって，静水での時速は$\frac{75}{4}\div5\times\{(3+5)\div2\}=15$(km)

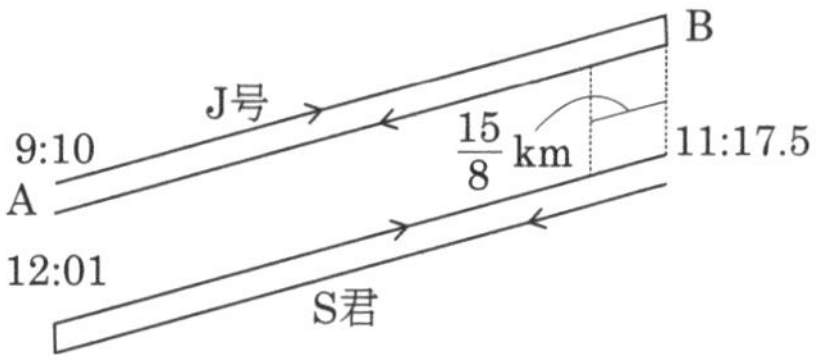

(3) AB間の距離…(1)・(2)より，$\frac{75}{4}\times$(2時間24分−1時間30分)$=\frac{75}{4}\times\frac{54}{60}=\frac{135}{8}$(km)　S君がBから出発した時刻…11時17.5分$-\frac{135}{8}\times2\div25$＝9時56.5分。　J号の上りの時速とS君の時速の比…$\left(\frac{75}{4}\div5\times3\right):25=\frac{45}{4}:25=9:20$　したがって，CA間は$\frac{135}{8}-\left\{\frac{135}{8}-\frac{45}{4}\times(56.5-10)\div60\right\}\div(9+20)\times20=\frac{135}{8}-\frac{45}{8}=\frac{45}{4}$(km)

3 (平面図形，立体図形，規則性)

基本 (1) 1回目の操作後…5×6＝30(cm^2)

重要 (2) 2回目の操作後…右図より，5×(1＋4＋1)＋4×4×(1＋2)＝30＋48＝78(cm^2)

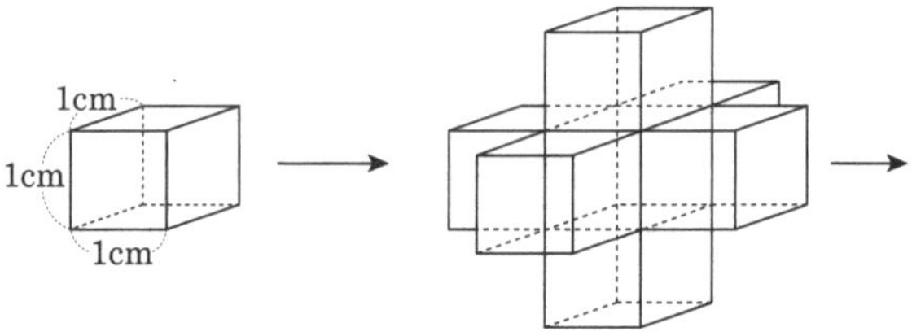

1回目の操作後

やや難 (3) 1回目操作後の「体積」…1×(1×2＋1＋4)＝7(cm^3)　2回目操作後の「体積」…1×{(1＋5)×2＋1＋4＋8}＝25(cm^3)
3回目操作後の「体積」…1×{(1＋5＋13)×2＋1＋4＋8＋12)}＝63(cm^3)
4回目操作後の「体積」…1×{(1＋5＋13＋25)×2＋1＋4＋8＋12＋16)}＝129(cm^3)　5回目操作後の「体積」…1×{(1＋5＋13＋25＋41)×2＋1＋4＋8＋12＋16＋20)}＝231(cm^3)

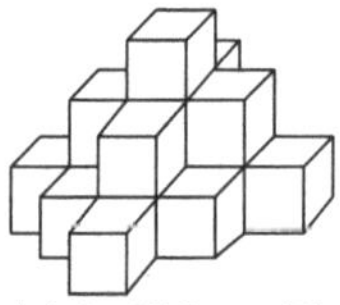
上から3段までの図

4 (場合の数，数の性質)

重要 (1) 積が540になる目の組…(3，5，6，6)→目の出方：4×3÷2×2＝12(通り)

(2) 積が360になる目の組…(2，5，6，6)→目の出方：12通り。　(3，4，5，6)→目の出方：4×3×2×1＝24(通り)　したがって，合計12＋24＝36(通り)

やや難 (3) 積が375になる目の組…(3，5，5，5)→目の出方：4通り　積が384になる目の組…(4，4，4，6)→目の出方：4通り　積が400になる目の組…(4，4，5，5)→目の出方：4×3÷2＝6(通り)　積が432になる目の組…(2，6，6，6)→目の出方：4通り　積が432になる目の組…(3，4，6，6)→目の出方：12通り　積が450になる目の組…(3，5，5，6)→目の出方：12通り　積が480になる目の組…(4，4，5，6)→目の出方：12通り　積が500になる目の組…(4，5，5，5)→目の出方：4通り　したがって，合計4×4＋6＋12×3＝58(通り)

5 (平面図形，相似，割合と比)

重要 (1) 三角形AID…ID：DAは2：1　三角形ADH…三角形AIDと相似であり，DH：HAも2：1　三角形DIH…三角形AIDと相似であり，IH：HDも2：1　したがって，AH：HIは1：(2×2)＝1：4

(2) DH…図アにおいて，(1)より，三角形AODの高さは5÷(1＋1.5)÷2＝4(cm)　したがって，正方形ABCDは5×4＝20(cm^2)

やや難 (3) 直角二等辺三角形PKIとJOI…図イより，直角三角形OKPのOK：KPは1：2，2つの直角二等辺三角形の相似比は2：3　KL：LP…直角三角形KIPより，KI：KLは2：1，LはKPの中点。　したがって，直角三角形MOCとLPCの相似比が(3÷2)：1＝3：2より，OC：CPも3：2

(4) (3)より，図ウにおいてLCとCMがそれぞれ2，3であるとする。OC…3×2＝6，CD…6×2＝12，ID…12×2＝24　三角形DHPの高さ…(3＋5)÷24×(12＋2)＝$\frac{14}{3}$(cm)　したがって，三角形DHPは4×$\frac{14}{3}$÷2＝$\frac{28}{4}$(cm^2)

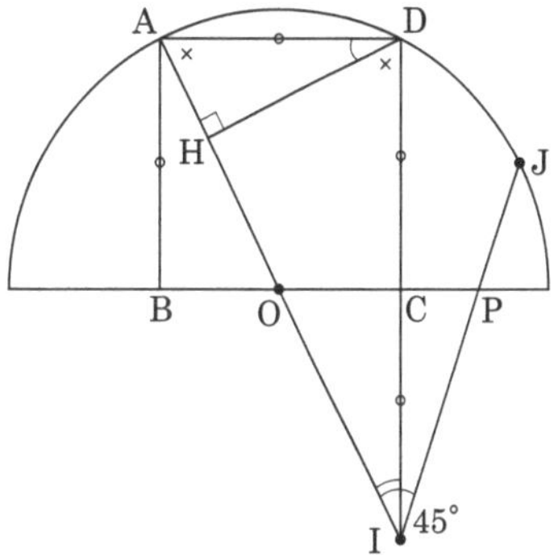

図ア
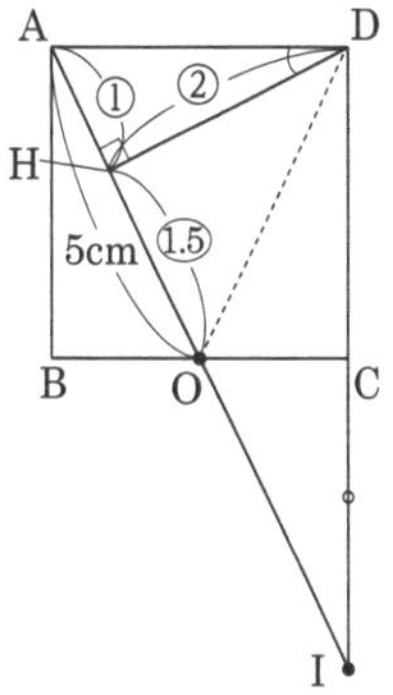

図イ
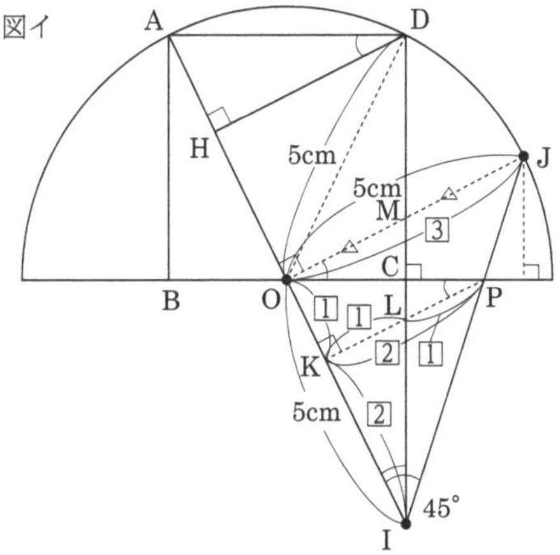

図ウ
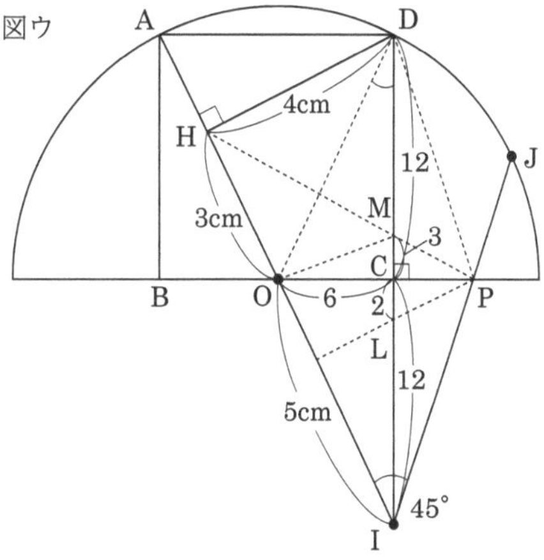

★ワンポイントアドバイス★

1(2)「ニュートン算」が解けるかどうか，(6)「5で割った余り」の問題は問題文を注意して読み取らないとまちがいやすい。　3(3)「体積」であり，表面積ではないことに注意。　4(3)「目の出方」，5(3)「OC：CP」は難しい。

＜理科解答＞

1　問1　45度　問2　イ　問3　0.0833秒　問4　ウ　問5　エ

2　問1　エ，オ　問2　エ　問3　(1)　オ　(2)　炭素[炭]

問4　(物質D)　水素　(物質F)　二酸化炭素　問5　磁石

3　問1　オ　問2　イ，オ　問3　ア　問4　エ　問5　光合成

問6　①　イ　②　イ

4　問1　赤外線　問2　エ，対流　問3　ア，エ　問4　ア，ウ　問5　ア

問6　偏西風　問7　エ

○配点○

1　問3・問5　各3点×2　他　各2点×3　2　問4　3点(完答)　他　各2点×5(問1完答)

3　問2　3点(完答)　他　各2点×5(問6完答)

4　問2・問5・問7　各1点×4　他　各2点×4(問3・問4各完答)　計50点

＜理科解説＞

1　(熱・光・音－光の性質)

基本　問1　光の反射では，入射角と反射角は等しいので，45度となる。

基本　問2　光が点滅するのは，レーザーの光がさえぎられるからである。レーザーの光をさえぎるの歯車の歯の部分であり，平面鏡で反射する前と反射後の両方が考えられる。選択肢であてはまるのはイである。

基本　問3　1秒間に12回転するので，1(秒)÷12＝0.08333…より1回転には0.0833秒かかる。

問4　歯の数が700個なので，すき間の数も700個で合計1400個の区間を1回転で動くことになるので$\frac{1}{12}\times\frac{1}{1400}$(秒)となる。

問5　問4で求めた$\frac{1}{12}\times\frac{1}{1400}$秒で歯車から平面鏡の距離を往復するので，9(km)×2÷$\left(\frac{1}{12}\times\frac{1}{1400}\right)$(秒)＝302400(km)となるので正解はエとなる。

2　(物質と変化－物質との反応・金属の性質)

基本　問1　石灰石の成分は炭酸カルシウムで，重そうは炭酸水素ナトリウム，片栗粉は炭水化物，石灰水は水酸化カルシウムである。同じ成分なのは，卵の殻とチョークである。

問2　水に溶けやすい物質で燃える物質Aは砂糖，燃えない物質Bは塩である。アルミニウム，石灰石，鉄，銅で塩酸に溶けない物質Cは銅である。

問3　(1)　砂糖は燃えると黒色にこげる。これは砂糖に炭素が含まれるからである。　(2)　黒色の物質は炭素(炭)である。

問4　うすい塩酸に溶ける石灰石，鉄，アルミニウムのうち電気を通さない物質Fは石灰石である。鉄とアルミニウムは塩酸に溶けて水素を発生し，石灰石は二酸化炭素を発生する。

基本　問5　鉄とアルミニウムは磁石を使うことで区別することができる。

3　(熱・光・音－光の性質)

基本　問1　赤色に見えるので緑色と青色の光を吸収し，赤色の光を反射している。

問2　カードの色と緑色の光を当てたときに見える色は下の表のようになる。

カードの色	青色	赤色	緑色	黄色	紫色	水色	黒色
見える色	黒色	黒色	緑色	緑色	黒色	緑色	黒色

そのため，緑色と黄色はどちらも緑色に見え，紫色と黒色は黒色に見えるので区別できない。

問3　赤い光がこの小動物の行動に影響を与えないこと判断できるので赤色を感じる細胞がないと考えられる。

問4　植物の葉の色が緑色であることから青色と赤色の光を吸収していると考えられる。

問5　海藻も植物なので光を利用して光合成をおこなっている。

やや難 問6　①　浅い所では緑色なので青色と赤色の光を吸収していると考えられる。3mから10mの場所では，薄茶色で30mくらいになると赤色になるということは赤色の光を吸収しないということなので，赤色の光が初めに吸収されると考えられる。　②　トサカノリが赤色をしているということは，赤色の光以外を吸収すると考えられるので緑色と青色の光が届いていると考えられる。

4　**(天体・気象・地形－気象)**

基本 問1　太陽の光の「赤外線」のエネルギーを地球は地表から放射し，その一部を大気中の二酸化炭素やメタンなどの温室効果ガスが吸収し，地球に向かって再び放射し，地表を温める。

問2　温められた空気は膨張し密度が小さくなるので，上昇気流が発生し，冷たい空気は密度が大きくなるので下降気流が発生することでエのように空気が循環する。これを対流という。

問3　酸性雨の原因は自動車の排気ガスや工場などから排出される煙に含まれる窒素酸化物などである。

問4　代表的な温室効果ガスは水蒸気・二酸化炭素・メタンなどである。

問5　ヒートドーム現象は上空の発達した高気圧がその地域をドーム状に包み込み停滞することで熱波をもたらす現象である。

問6　日本付近の上空を図のように吹く風を偏西風という。

問7　プランテーションとはおもに熱帯地域で，森林を伐採し，バナナやコーヒー，綿花など一種類の作物を現地の安い労働力で大規模に大量に生産する農園のことである。

★ワンポイントアドバイス★

問題文の中に考え方が書かれているので，しっかり読んで実験内容や現象を理解しよう。数問難しい問題があるが多くの問題は標準的な問題なので時間を意識しながら解き進もう。

＜社会解答＞

1　問1　1　縄文　　2　承久　　3　源頼朝　　4　後鳥羽上皇　　5　足利義満　　6　名字[苗字]　　7　核家族　　8　岩崎弥太郎　　問2　エ　　問3　ア　　問4　(1)　ウ　(2)　イ　　問5　(1)　水戸(市)　　(2)　ア　　問6　オ　　問7　(1)　ア　　(2)　ウ　問8　ア　　問9　青森(県)　　問10　ウ　　問11　徳川綱吉　　問12　エ　　問13　ウ　問14　(1)　イ　　(2)　エ　　問15　ウ　　問16　(1)　ア　　(2)　小選挙区比例代表並立制　　問17　(1)　関西国際空港　　(2)　イ　　問18　ウ　　問19　エ　　問20　イ　問21　エ　　問22　(1)　ウ　　(2)　独占禁止法

○配点○

1　問1・問5(1)・問9・問11・問16(2)・問17(1)・問22(2)　各2点×14　　他　各1点×22　計50点

＜社会解説＞

1　**(日本の歴史・地理・政治の総合問題)**

問1　(1)　厚手で，低温で焼かれたため黒褐色をした縄文土器は，名前の通り表面に縄目のような文様がつけられていることが多い。このため，この頃の文化を縄文文化といい，この時代を縄文時代と呼ぶ。　(2)　西暦1220年の頃の年号は承久であった。幕府軍と朝廷軍が戦った1221年の戦いを承久の乱ということからも，この頃の年号が承久であることがわかる。　(3)　鎌倉幕府の初代将軍は，その創立者である源頼朝である。圧倒的なリーダーシップで源氏・東国御家人をひとつにまとめ上げ，弟の義経らをつかって平家滅亡を成し遂げて，鎌倉幕府を開いた。

基本

(4)　最も有名な家紋の一つである皇室の菊の紋は，後鳥羽上皇が特に菊を好み日常品にまで菊花紋を使用していたことが始まりとされている。彼が，源氏滅亡後，幕府を支配下に置こうと執権北条義時追討の兵を挙げたのが承久の乱である。しかし幕府側の武力に抑えられ，上皇は隠岐へ流され，生涯都に戻ることはなかった。　(5)　室町幕府第3代将軍足利義満は尊氏の孫である。　(6)　江戸時代，武士の特権として，苗字帯刀(苗字を名乗り，刀を帯びる権利)，斬り捨て御免(身分の低い庶民を斬り殺しても罪に問われない権利)などがある。これは，他の庶民などにはない権利であった。　(7)　核家族とは，①夫婦とその未婚の子ども，②夫婦のみ，③父親または母親とその未婚のこども，のいずれかからなる家族である。　(8)　岩崎弥太郎は，明治6年三菱商会をつくり社長となり，台湾出兵，西南戦争などでの軍需輸送により海運界を支配した。さらに鉱山，荷為替，造船などに事業を拡大し，三菱財閥の基礎をきずいた。

やや難

問2　エのイギリス国旗は，最初に，イングランド国旗とスコットランド国旗が組み合わされて作られ，さらにアイルランド王国との合同でグレートブリテン及びアイルランド連合王国が成立した際，アイルランドの国旗と称して，そこの有力諸侯だったキルデア伯爵家の旗が組み合わされ最終的に完成した。

問3　家紋とは，先祖代々続く血脈を，シンプルなロゴマークで表したもので，一言で「家系や血筋を表す紋章」である。家紋が確立したのは平安時代後期から鎌倉時代にかけて。武家社会の発展とともに広がっていった。それによって文字が読めない者でも，その家や一族と他者との識別ができるものとして重要視されてきた。

問4　(1)　漢字は渡来人が伝え，使用されるようになった。この頃の日本は古墳時代であり，大王と呼ばれる大和政権の王は，九州地方から東北地方南部に至る各地の豪族を従えていたと考えられている。　(2)　キリスト教の伝来は1549年であり，それは，漢字が伝わったころと同じ時期ではない。

問5　(1)　茨城県の県庁所在地は水戸市で，江戸時代の御三家の一つ水戸徳川家ゆかりの地であり，水戸黄門(徳川光圀)や偕楽園で知られている。　(2)　茨城県の農業のように，消費地に近い地域で，野菜などの生産を行う農業を近郊農業という。輸送費が安く，短時間で新鮮な農産物を消費地に届けられるのが利点である。

問6　④『日本書紀』編纂(720年)→③国分寺建立の詔(741年)→②墾田永年私財法(743年)→①大仏開眼供養(752年)。

問7　(1)　ダイバーシティとは，多様性を意味する。集団において年齢，性別，人種，宗教，趣味嗜好などさまざまな属性の人が集まった状態のことである。したがって，アが正解である。サステナビリティ(CSR)とは，広く環境・社会・経済の3つの観点からこの世の中を持続可能にしていくという考え方。グローバリゼーションとは，政治・経済・文化などの諸領域の仕組みや制度が，国を越えて地球規模で拡大すること。アセスメントとは，対象を客観的に調査，評価すること。　(2)　企業における男性優遇の状態は，ダイバーシティの考え方に逆行するものである。

したがって，ウは社会の多様化の例とはいえない。

問8　乳用牛，肉用牛，ともに飼育頭数全国1位は北海道である。

問9　この画像はねぶた祭りのものであり，それが行われているのは青森県である。

問10　龍胆は，青紫色の花を咲かせ山野に咲く多年草である。古来から親しまれ，「万葉集」や「源氏物語」にも登場している。平安時代に文様として用いられ，家紋としては同じ平安時代に村上源氏の一族に用いられた。その中には，葉をメインに描かれたものとして，ウの「葉陰の龍胆車」がある。白抜きした葉の間に花を入れ，花は脇役のようなデザインとなっている。

問11　徳川家の家系図で，家康の子どものうち秀忠(第2代将軍)の家が将軍家である。家光(第3代将軍)→家綱(4代将軍)→綱吉(第5代将軍)と続いた。

重要　問12　大分市は，製鉄所や石油化学コンビナートがあり県内の工業の中心地域となっている。大分県は佐賀県とは接していないので，アは誤り。イは熊本県の説明なので，誤り。登別は北海道の温泉なので，ウも誤りとなる。

やや難　問13　鎌倉時代には，後鳥羽上皇が菊を好み，自らの印として愛用した。その後，後深草天皇・亀山天皇・後宇多天皇が自らの印として継承し，慣例のうちに菊花紋，ことに32弁の八重菊紋である十六葉八重表菊が皇室の紋として定着した。現在も，ウの十六葉八重表菊は，天皇および皇室を表す紋章となっている。

問14　(1)　応仁の乱は有力守護大名の細川勝元(東軍)と山名宗全(西軍)，それぞれを中心として対立しこの戦乱は，京都から全国に広がっていった。　(2)　応仁の乱が終わると，各地に離散していた織物職人たちも京都に戻り，戦乱の際に山名宗全率いる西軍の陣地が置かれていたあたりで，織物作りを再開した。戦乱以前から織物の町として栄えていた京都北西部の一帯が「西陣」と呼ばれるようになったのはこの頃からで，西軍の陣地跡だから「西陣」というわけである。その西陣織はエである。

重要

問15　紀州とは，紀伊国の別称で今の和歌山県にあたる。和歌山県はみかんの生産量全国第1位である。

問16　(1)　埼玉県章は，まが玉16個を円形にならべたもので，アである。まが玉は，古代人が装飾品などとして大切にしたものであり，埼玉県名の由来である「幸魂(さきみたま)」の「魂」は，「玉」の意味でもあり，まが玉は，埼玉県にゆかりの深いものとなっている。　(2)　衆議院の選挙方式は，小選挙区比例代表並立制という方式であり，小選挙区選挙と比例代表選挙が同じ投票日に行われる。

基本

問17　(1)　関西国際空港は，大阪府大阪市の南西約40kmに位置する海上にある国際空港である。西日本の国際的な玄関口であり，関西三空港の一つとして大阪国際空港(伊丹空港)，神戸空港とともに関西エアポート株式会社によって一体運営が行われている。　(2)　アは中京工業地帯，イは阪神工業地帯，ウは関東内陸工業地域，エは東海工業地域，オは京葉工業地域，カは京浜工業地帯。

問18　中華人民共和国の建国は1949年である。

問19　民法では，遺産相続は均分相続を原則としているが，配偶者については特別にあつかっていて，配偶者が2分の1，のこりの2分の1を子どもたちが平等に相続することを原則としている。

問20　コロナ禍によって，リモートワークが奨励されるようになったが，全ての企業で在宅勤務が選べるわけではないので，イが誤りとなる。

問21　冠婚葬祭は，人間が生まれてから死ぬまで，および死んだ後に家族や親族の間で行われる行事全般を指しており，選択肢の中では，成人式，結婚式，葬式が当てはまるが，卒業式は冠婚葬祭とはいえない。

問22 (1) 創業時の九十九商会が船旗号として採用した三角菱が現在のスリーダイヤ・マークの原型である。これは岩崎家の家紋「三階菱」と土佐山内家の家紋「三ツ柏」に由来すると言われている。このことは，後に社名を三菱と定める機縁ともなった。 (2) 独占禁止法の正式名称は「私的独占の禁止及び公正取引の確保に関する法律」であり，公正・自由な競争の実現を目指す法律である。

★ワンポイントアドバイス★

1問1(4) 後鳥羽上皇の歌人としての優れた才能も，見落とせない魅力の一つである。小倉百人一首に歌人として名を連ねている。 1問22 独占禁止法が順守されているかどうかを監視している機関が，公正取引委員会である。

＜国語解答＞

一 1 貯金 2 能率 3 根比 4 ふぜい 5 うけたまわ

二 問1 一寸先は闇[やみ] 問2 可 問3 エ 問4 人々の意識
問5 ① 誰かか(～)生き方 ② 自分で(～)ること 問6 ウ 問7 自分風
問8 多様性 問9 自分・自分 問10 固定概念

三 問1 エ 問2 目が見えないこと 問3 ウ 問4 ア 問5 なるべ(～)くこと
問6 ウ 問7 おかあ(～)かった 問8 イ 問9 イ 問10 タカヒコ君本人〔自身〕 問11 オ 問12 エ 問13 (例) 太陽が沈む 問14 (例) 私が「かっこいい自分」を見せるのは，就職をして，初めての給料をもらったときだと思う。ぜひ両親をレストランでごちそうして，しっかり働いていることを知らせたい。

○配点○

一 各2点×5 二 問4・問6・問7 各4点×3 問8～問10 各5点×3 他 各3点×5(問5①・②・問9各完答) 三 問1・問3・問6・問9・問11 各2点×5 問14 6点 他 各4点×8(問5・問7各完答) 計100点

＜国語解説＞

一 **(漢字の読み書き)**

1 「貯」の「宁」の部分の形に注意。 2 「能率」の「率」と「卒業」の「卒」は形が似ているので注意。 3 「根比べ」は，根気のよさを比べ合うこと。 4 「風情」は，おもむきや味わいのこと。 5 「承る」は，つつしんで受けることや，つつしんで聞くことを表す。

二 **(論説文―ことわざ，空欄補充，内容理解，指示語)**

基本 問1 「一寸」は，短い時間や距離のこと。

問2 直後の文に「可能」という言葉があることに注目。

問3 直前の「自然災害の原因のひとつ」「一極集中する」に合うものを選ぶ。

問4 直後の段落に「なにより，人々の意識が，大きく変わりはじめています」とあることに注目する。

やや難 問5 筆者は二つの〝生き方〟を比較している，ということをとらえる。「生き方」「生きること」という表現に注目。

問6　ここでの「目に見えるもの」とは，ア「知恵」のような精神的なものでなく，ウ「財産」のような物質的なものを表している。

問7 「外側の価値観ではなくて，いよいよ，ほんらいの自分に戻り，自分軸で生きる」という部分は，前にある，「『自分風』の世界ではなくて，ほんらいの自分自身で生きていく」という部分に対応している。

重要　問8　文章の終わり近くの箇条書きの部分に「・多様性が重視される」とある。

問9　前後に注目。「『自分風』でがんばる時代は終わった」「自分を信じて生きるほかなくなった」とある。つまり，自分で自分に嘘をつく時代は終わったということである。

問10 「衣服やサングラスを外す」とは，〝定着している考えをやめる〟ということである。〝定着している考え〟という意味の「固定概念」が正解である。

三 (小説―空欄補充，内容理解，心情理解，指示語，表現理解，主題，作文)

問1 「ような」という言葉を使ったたとえの表現である。

問2 「気づく」という言葉に注目。二つ前の文に「私は最初，タカヒコ君の目が見えないことに全く気づかなかった」とある。

基本　問3 「果たして」は，疑問を伴って〝ほんとうに〟という意味を表す。

問4　直前に「私の動揺が伝わったらしい」とあることに注目。

問5 「希望」という言葉に注目。「タカヒコ君の希望は，なるべく漢字を使うことと，字を小さくして書くことだった」とある。

問6 「もじもじ」は，はにかみや気おくれなどで，行動をためらったり落ち着かなかったりしている様子。

問7 「そんな大事なこと」は，二つ前の文の「そんなこと」と同じである。

重要　問8 「私，ひとつご提案があります」と言いながら「背筋をのばして」いることに注目。「私」はこのあと，タカヒコ君の注文とは違う，もっとおかあさんに感謝を伝えられるような提案，つまり，「タカヒコ君が自分で書いてみたらどうか」という提案をしている。

問9　タカヒコ君は目が見えないが，心ではわかっているということ。

問10 「タカヒコ君が自分で書いてみたらどうか」という「私」の提案をふまえて考える。

問11 「まるで……ようだ」というたとえの表現である。

やや難　問12 「太陽」に関する部分に注目する。タカヒコ君の希望を聞いている場面で「私」は，「タカヒコ君には太陽に育てられたみたいな，ゆるぎのない健全さがあった」と思っている。

問13　問12で考えたことをふまえる。「太陽」はタカヒコ君にとって特別なものである。

問14 「かっこいい自分」に「どのようなとき」になるのか，できるだけ具体的に書くことが大切。

★ワンポイントアドバイス★

細かい読み取りを必要とする読解問題が出題されている。特に小説は文章が長めなので，ポイントを的確に読み取れる力をつけておこう。論説文では文章のキーワードや論理の展開をおさえながら読むことが必要。ふだんからの読書が大切！

MEMO

大切なことはメモしておこうネ！

データ対応

収録から外れてしまった年度の
問題・解答解説・解答用紙を弊社ホームページで公開しております。
巻頭ページ＜収録内容＞下方のQRコードからアクセス可。

※都合によりホームページでの公開ができない内容については，
次ページ以降に収録しております。

カッコなども字数に数えて答えなさい。）

□□□□□□なのだ

問６　傍線２「生態学では『ニッチ』といいます」とありますが、その説明として適当でないものを次から一つ選び、記号で答えなさい。

ア　ワシとフクロウは虫や小動物を主に餌《えさ》としているが、ワシは昼間に活動し、フクロウは夜間に活動している。

イ　ライオンとジャッカルはサバンナという生息地にいるが、ライオンは大型の草食動物を餌にし、ジャッカルは小型の動物を餌にしている。

ウ　イワナとヤマメは小魚や水に落ちてきた昆虫《こんちゅう》などを食べるが、イワナは川の上流域に棲み、ヤマメは下流域に棲んでいる。

エ　サルとゴリラは群れを中心にして集団生活を送るが、群れの中で年齢《ねんれい》やケンカの強さなどで競い合い、一番強い個体が群れのボスとして君臨する。

問７　次に示す会話は、この文章を読んだ五人の生徒が、本文の表現について話し合っている場面です。本文を踏《ふ》まえた説明として合致《がっち》するものにはAを、そうでないものにはBを記しなさい。

ア　生徒Ａ「19～20行目に出てくる文が随所《ずいしょ》で反復されていて、自然界の厳しさが感じられてくる文章だね。」

イ　生徒Ｂ「そうだね。それに23行目からのガウゼが行った実験や、131行目からのようにたとえ話などを用いて読者がイメージしやすくなっているよね。」

ウ　生徒Ｃ「そうそう、たとえ話と言えば、112行目のような直喩《ちょくゆ》表現が多用されているのも特徴の一つだよね。」

エ　生徒Ｄ「あとは、問いかけの形で問題提起がどんどんされることで、読者も答えを知りたくなって、どんどん引きこまれていくよね。」

オ　生徒Ｅ「文体が、〝である調〟で書かれていることで、作者が直接読者に語りかけているように感じられるよね。」

問８　本文の内容に合致しないものを次から一つ選び、記号で答えなさい。

ア　ガウゼの実験から、生き物はナンバー1の座を譲《ゆず》り合いながら生き残っていることがわかる。

イ　人間が自分の社会的役割を見失うのは、簡単に助けあい他人任せになるからである。

ウ　生き物は、何かしらナンバー1であり、その席は無限に用意されているのである。

エ　ニッチという考え方は、個人の生き方や社会での役割を考えるうえで重要になってくる。

問９　傍線３「ナンバー1になれるオンリー1のニッチを探してみましょう」とありますが、あなたはどういうところでニッチを見つけたいですか。五十字以上で解答欄に記述しなさい。（句読点、カッコなども字数に数えて答えなさい。）

担によって、人間社会は発達していきました。「得意な人が得意なことをする」、これが人間の作り上げた社会です。

人間の一人ひとりが、社会の中のさまざまなポジションで、さまざまな役割を果たすことは、さまざまな生物種が、生態系の中でそれぞれの役割を担っているのと同じです。

しかし、社会は高度にivフクザツになり、役割分担もまたわかりにくくなってしまいました。誰《だれ》がどんな役割分担を担っているかもわからないし、社会の中で自分が得意なのは何なのかも、簡単には見出せなくなってしまったのです。

そのため、「ニッチ」という生物の種の基本的な考え方が、自分の社会的役割を再考するのに、とてもサンコウになるのではないでしょうか。私はそう思います。

さあ、それでは3ナンバー1になれるオンリー1のニッチを探してみましょう。

（稲垣栄洋「はずれ者が進化をつくる」ちくまプリマー新書）

問1　空欄《くうらん》A～Dの中に入る最も適当なものを次からそれぞれ一つずつ選び、記号で答えなさい。ただし、同じ記号を何度用いても構わない。

ア　ナンバー1　　イ　オンリー1

問2　空欄あ・いの中に入る四字熟語として最も適当なものを次からそれぞれ一つずつ選び、記号で答えなさい。

ア　栄枯盛衰　　イ　自他共栄　　ウ　多種多様　　エ　一朝一夕
オ　花鳥風月　　カ　弱肉強食　　キ　日進月歩　　ク　朝三暮四

問3　傍線《ぼうせん》i～ivと同じ漢字を含《ふく》む語句を後の語群の中からそれぞれ一つずつ選び、記号で答えなさい。

i　カクリツ　　ii　サンコウ　　iii　キヨウ　　iv　フクザツ

語群
ア　要点　　イ　服装　　ウ　自律　　エ　孝心　　オ　用事
カ　幸運　　キ　打率　　ク　独立　　ケ　様子　　コ　複数
サ　考察　　シ　復習

問4　空欄①～④の中に入る文章の組み合わせとして最も適当なものを次から一つ選び、記号で答えなさい。

A　驚《おどろ》くことに、どちらのゾウリムシも滅ぶことなく、二種類のゾウリムシは、一つの水槽の中で共存をしたのです。
　これは、どういうことなのでしょうか。

B　もし、ナンバー1の生き物しか生き残れないとすれば、この世の中には、ナンバー1である一種類の生き物しか生き残れないことになります。それなのに、どうして自然界にはたくさんの種類の生き物がいるのでしょうか。

C　二種類のゾウリムシは、エサや生存場所を奪《うば》い合い、ついにはどちらかが滅ぶまで競い合います。そのため、一つの水槽に二種類のゾウリムシが共存することはできないのです。

D　このように、同じ水槽の中でも、ナンバー1を分け合うことができれば、競い合うこともなく共存することができます。

ア　CBAD　　イ　CADB　　ウ　ADCB　　エ　ACBD

問5　傍線1「生物たちの世界は、この問いかけに対して、明確な答えを持っている」とありますが、生物が持っている明確な答えとは何ですか。本文中68行目～105行目から解答欄にあてはまるように、三十字以上三十五字以内で抜《ぬ》き出し、最後の六字を記しなさい。（句読点、

自然界に暮らす生き物は、すべてがナンバー1です。どんなに弱そうに見える生き物も、どんなにつまらなく見える生き物も、必ずどこかでナンバー1なのです。

ナンバー1になる方法はいくらでもあります。

この環境《かんきょう》であれば、ナンバー1、この空間であればナンバー1、このエサであればナンバー1、この条件であればナンバー1……。こうしてさまざまな生き物たちがナンバー1を分け合い、ナンバー1しか生きられないはずの自然界に、[い]な生き物が暮らしているのです。

自然界はなんと不思議なのでしょう。

そして、ナンバー1はたくさんいますが、それぞれの生物にとって、ナンバー1になるポジションは、その生物だけのものです。すべての生物は、ナンバー1になれる自分だけのオンリー1のポジションを持っているのです。そして、オンリー1のポジションを持っているということは、オンリー1の特徴《とくちょう》を持っているということになります。

つまり、すべての生物はナンバー1であり、そして、すべての生物はオンリー1なのです。

これが「ナンバー1が大切なのか、オンリー1が大切なのか？」という問いに対する自然界の答えです。

ナンバー1しか生きられない。これが自然界の鉄則です。

しかし、ナンバー1になる方法はたくさんあります。

そして、地球上に棲むすべての生物は、ナンバー1になれるものを持っているのです。このナンバー1になれるオンリー1のポジションのことを[2]生態学では「ニッチ」といいます。

「ニッチ」という言葉は、もともとは、装飾品《そうしょくひん》を飾《かざ》るために教会の壁《へき》面《めん》に設《もう》けたくぼみのことです。

一つのくぼみには、一つの装飾品しか掛《か》けることができないように、一つのニッチには一つの生物種しか入ることができません。

私たちのまわりには、たくさんの生き物がいます。弱そうな生き物もいます。人間と比べると、単純でつまらない存在に見える生き物もたくさんいます。しかし、すべての生物がナンバー1になれる自分だけのニッチを持っているのです。

（中略）

勘違《かんちが》いしてはいけないのは、この時限で紹介した「ニッチ」という考え方は、モンシロチョウやアフリカゾウといった、生物の種の単位での話です。

人間という生物は自然界の中で確かなニッチを[i]カクリツしているのですから、本当は私たち個人個人がニッチを探す必要などありません。

しかし、ニッチの考え方は、今まさに個性の時代を生きようとしている私たちにとっても、じつに[ii]サンコウになる話のように思えます。

人間は、「助け合う」ということを発達させてきました。助け合いを通して、さまざまな役割分担を行い、社会を築いてきたのです。

たとえば力の強い人たちは、獲物《えもの》を獲《と》りに狩りに行きます。目の良い人たちは、果物などの食べ物を探しに行きます。泳ぐのが得意な人は魚を獲り、手先の[iii]キヨウな人たちは道具を作ったり、調理の得意な人は食べ物を調理しました。神に祈《いの》る人がいたり、子どもたちの面倒《めんどう》を見る人がいたり、人間は古くから役割分担をしていたのです。そうした役割分

自然界には、たくさんの生き物がいます。

②

ゾウリムシだけ見ても、自然界にはたくさんの種類のゾウリムシがいます。

もし、ガウゼの実験のようにナンバー1しか生きられないとすれば、水槽の中と同じように、自然界でも一種類のゾウリムシだけが生き残り、他のゾウリムシは滅《ほろ》んでしまうはずです。しかし、自然界にはたくさんの種類のゾウリムシがいます。

これはどうしてなのでしょうか？

じつは、ガウゼが行った実験には、続きがあります。そして、この実験が大きなヒントとなるのです。

続きの実験では、ガウゼはゾウリムシの一種類を変えて、ゾウリムシとミドリゾウリムシという二種類で実験をしてみました。

すると、どうでしょう。

③

じつは、ゾウリムシとミドリゾウリムシとは、違《ちが》う生き方をしていました。

ゾウリムシは、水槽の上の方にいて、浮《う》いている大腸菌《だいちょうきん》をエサにしています。これに対して、ミドリゾウリムシは水槽の底の方にいて、酵母《こうぼ》菌《きん》をエサにしているのです。

そのため、ゾウリムシとヒメゾウリムシのときのような争いは起きなかったのです。

「ナンバー1しか生きられない」

これは、間違いなく自然界の鉄則です。

しかし、ゾウリムシもミドリゾウリムシも、どちらもナンバー1の存在として生き残りました。

つまり、ゾウリムシは水槽の上の方でナンバー1、ミドリゾウリムシは水槽の底の方のナンバー1だったのです。

④

生物学では、これを「棲《す》み分け」と呼んでいます。

自然界には、たくさんの生き物が暮らしています。

つまり、すべての生き物は棲み分けをしながら、ナンバー1を分け合っています。

そのように、自然界に生きる生き物は、すべての生き物がナンバー1なのです。

自然界には、わかっているだけで一七五万種の生物が生存していると言われているのですから、少なくとも一七五万通りのナンバー1があるということになります。

ナンバー1になる方法はいくらでもあるということなのです。

ナンバー1しか生きられない。これが自然界の鉄則です。

入れることができなくて、はずかしい。

オ　なんとかして秀治をブラック＝キャットにいれようと思ってきたけれど、ケンにじゃまされていらいらしている。

問12　秀治は、みんなの話を聞くうちに、ブラック＝キャットに入ってもいいと思うようになります。気持ちが変わり始めたことが分かる秀治の言葉を本文中から抜《ぬ》き出し、その最初の六字を記しなさい。（句読点、カッコなども字数に数えて答えなさい。）

三　次の文章を読んで、後の問いに答えなさい。

「ナンバー1にならなくてもいい。もともと特別なオンリー1」

この歌詞に対しては、大きく二つの意見があります。

一つは、この歌詞の言うとおり、［A］であることが大切という意見です。

何も［B］にだけ価値があるわけではありません。私たち一人ひとりが特別な個性ある存在なのだから、それで良いのではないか。これはもっともな意見です。

一方、別の意見もあります。

そうは言っても、世の中は競争社会です。［C］で良いと満足してしまっては、努力する意味がなくなってしまいます。世の中が競争社会だとすれば、やはり［D］を目指さなければ意味がないのではないか。これも、納得できる意見です。

オンリー1で良いのか、それともナンバー1を目指すべきなのか。あなたは、どちらの考えに賛成するでしょうか？

じつは、1生物たちの世界は、この問いかけに対して、明確な答えを持っているのです。

「ナンバー1しか生きられない」

じつは、生物の世界では、これが鉄則です。

理科の教科書には、ナンバー1しか生きられないという法則を証明する「ガウゼの実験」と呼ばれる実験が紹介《しょうかい》されています。

旧ソビエトの生態学者ゲオルギー・ガウゼは、ゾウリムシとヒメゾウリムシという二種類のゾウリムシを一つの水槽《すいそう》でいっしょに飼う実験を行いました。

すると、どうでしょう。

最初のうちは、ゾウリムシもヒメゾウリムシも共存しながら増えていきますが、やがてゾウリムシは減少し始め、ついにはいなくなってしまいます。そして、最後には、ヒメゾウリムシだけが生き残ったのです。

［①］

「ナンバー1しか生きられない」

これが自然界の厳しい鉄則なのです。

競争は水槽の中だけではありません。

自然界は、［あ］、激しい競争や争いが日々繰《く》り広げられている世界です。あらゆる生き物がナンバー1の座を巡《めぐ》って、競い合い、争い合っているのです。

しかし、不思議なことがあります。

んの気持ちの説明として最も適当なものを次から一つ選び、記号で答えなさい。

ア　本当は野球が好きなのに意地をはっている息子が、ブラック＝キャットに受け入れてもらえそうなので安心している。

イ　仕事が忙しいので、こんなに大勢の友だちに来られても困るのだけれど、息子が怒り出すので、しかたなくにこにこしている。

ウ　いつもは不良仲間のケンくらいしか来ないのに、今日は野球をしている友だちが何人も来てくれてうれしくなっている。

エ　いつもは何もないので恥ずかしい思いをしていたが、今日はたまたますいかがあったので、出すことができてよかったと思っている。

オ　すいかでみんなをもてなして喜んでもらい、ぜひとも息子をブラック＝キャットに入れてもらいたいと必死になっている。

問９　傍線６「『うまいな。』とかなんとか、もごもごいって、食べ続けた。」の説明として最も適当なものを次から一つ選び、記号で答えなさい。

ア　この場にケンがいるとは予想していなかったので、ケンが帰るまで時間かせぎをしようとたくらんでいる。

イ　まさかお母さんがすいかを出してくれるとは思っていなかったので、本当にたべていいのかどうかなやんでいる。

ウ　部屋の中が思ったより暑かったので、今はすいかを食べることで涼しくなりたいと思っている。

エ　チームに入ってほしいという頼みを聞いてもらえそうもないと分かったので、帰るきっかけをさぐっている。

オ　秀治にブラック＝キャットに入ってくれるよう頼みにきたのだが、なかなかそれを言い出せずにいる。

問10　傍線７「おれあ、いいよ。おれあ、チームの規律だとかなんだとか、かたっ苦しいのは、きらいなんだ。」のケンの気持ちとして最も適当なものを次から一つ選び、記号で答えなさい。

ア　野球のように、チームプレーをしなければならないスポーツは前から好きではなかったのだから、自分のことはかまわないでほしい。

イ　「ぼくら」は自分たちのことを不良と思っているのだから、そんなやつらといっしょに野球をやりたいと思わない。

ウ　才能のある秀治はブラック＝キャットに入るべきで、さそわれていない自分に気をつかわせないようにしたい。

エ　ずっと仲良くしてきたのに、自分をすててブラック＝キャットに入ろうとしている秀治のことがきらいになった。

オ　自分たちをブラック＝キャットに入れたいと思っているならば、まずは「かたっ苦しい規律」をなくしてからにしてほしい。

問11　傍線８「ガンちゃんはもうトントンと階段をおりていってしまった。」のガンちゃんの気持ちとして最も適当なものを次から一つ選び、記号で答えなさい。

ア　みんながこんなに言ったのに首をたてにふらない秀治は、やっぱり不良で、そんなやつとは野球をやりたくない。

イ　岬くんが言ったように、秀治は野球が好きなはずだ。だからきっと秀治は川原に来てくれるだろう。

ウ　かんたんにあきらめてしまったキャプテンの「ぼく」はたよりにならないので、これからのブラック＝キャットが心配だ。

エ　みんなの期待をせおって来たのに、ブラック＝キャットに秀治を

ア　①④②③　　イ　①③②④　　ウ　②③①④　　エ　②④①③

問４　傍線１「マスクもプロテクターも、かぜひいちゃってんだからね。」の説明として最も適当なものを次から一つ選び、記号で答えなさい。

ア　今のところ、チームとして野球の練習ができていないことを表現している。

イ　ブラック＝キャットに、頼れるキャッチャーがいないことを表現している。

ウ　ブラック＝キャットには、今ピッチャーがいないことを表現している。

エ　ブラック＝キャットのメンバーが秀治を怖がっていることを表現している。

オ　秀治の球の力がとても強くて、キャッチャーが不安であることを表現している。

問５　傍線２「ぼくは、もう、なにもいわなくてもいいんだ、と思った。」の理由として最も適当なものを次から一つ選び、記号で答えなさい。

ア　秀治のピッチャーとしての実力を、みんなも認めざるをえないはずだと思えたから。

イ　チームのみんなが、ぼくよりも岬くんの言うことをきくことが分かっているから。

ウ　このようすなら、きっと弓削くんがみんなの意見をまとめてくれると気づいたから。

エ　秀治は本当の不良ではないと、みんなが気づいてくれる確信が持てたから。

オ　チームに秀治が必要だ、というぼくの気持ちをみんなが分かってくれると思えたから。

問６　傍線３「ぼくら、敬遠ばかりしてたもんね。優勝するには、やっぱり、勝負かけなきゃね。」とは、具体的にどうすることを表していますか。最も適当なものを次から一つ選び、記号で答えなさい。

ア　チーム全員でピッチャーをしてくれる人間を探そうとすること。

イ　チームの誰もがピッチャーになれるように努力すること。

ウ　秀治が不良だという間違った考えを、みんなで改めること。

エ　秀治をブラック＝キャットの一員としてチームに受け入れること。

オ　秀治だけでなく、ケンもブラック＝キャットの仲間と認めること。

問７　傍線４「そのグローブを、ベッドのすみにほうり投げてかくした。」の、秀治の気持ちの説明として最も適当なものを次から一つ選び、記号で答えなさい。

ア　本当は野球が好きでやりたいのだけれど、それをみんなに知られたくないと思っている。

イ　お母さんが何のことわりもなく勝手に自分の部屋に入ってきたことに腹を立てている。

ウ　みんなが野球にさそってくれたことはうれしい反面、ちょっと照れくさく感じている。

エ　ケンに野球を教えているところをみんなに見られて、恥ずかしくなっている。

オ　グローブを持っていることを知られると、チームに入れられてしまうと心配している。

問８　傍線５「ゆっくりしてってくださいね。」といったときのお母さ

ガンちゃんだけが、すわったままだ。

「いこうよ、しようがないよ。」

と、ぼくがユニホームを引《ひ》っぱったら、

「ばかやろう。」

と、ガンちゃんは静《しず》かにいった。

「チームをぶじょくされて、［④］なかまのところに帰れるか。」

そういった。

ぼくら、びっくりしてしまった。

秀治も、「なにい!」なんて、つっぱったけど、すっかりどぎもをぬかれている。

「てめえ、やるってえのかよ!」

「やるさ。」

ガンちゃんが、のっそりと立ちあがった。

「おまえが投げる、おれが打《う》つ。おまえは、一人で野球するつもりらしいからな、おれにヒットを打たれたら負《ま》けだ。フォアボールも、デッドボールも負けだ。三振《さんしん》かピッチャーフライにすれば、おまえの勝《か》ちだ。二時《じ》に川原《かわら》だ。文句《もんく》はないな!」

ドスッと秀治のかたをたたいて、さっとへやをでた。

「てめえ、なめやがって!」

と、秀治がわめいたけど、ガンちゃんはもうトントンと階段《かいだん》をおりていってしまった。

（後藤　竜二「キャプテンはつらいぜ」講談社）

※　センテキ…先生のこと。

問１　傍線《ぼうせん》Ａ「とまどっている」・Ｂ「どぎもをぬかれている。」の意味として最も適当なものを次からそれぞれ一つずつ選び、記号で答えなさい。

Ａ「とまどっている」

ア　どうすればよいかまごつくこと。

イ　立ちすくんでしまうこと。

ウ　いつまでも実行しないこと。

エ　内心はうれしく思っていること。

オ　積極的《せっきょくてき》になれないでいること。

Ｂ「どぎもをぬかれている。」

ア　わけが分からず、不思議に思っていること。

イ　相手の行動に、あきれてしまったこと。

ウ　突然《とつぜん》のできごとに、びっくりしていること。

エ　強がっているが、内心困っていること。

オ　相手の勢いに、負けたと思っていること。

問２　空欄①～④に入る語として最も適当なものを次からそれぞれ一つずつ選び、記号で答えなさい。

ア　のこのこ　イ　うろうろ　ウ　へらへら　エ　にこにこ

オ　わざわざ　カ　ぼちぼち　キ　とぼとぼ　ク　いらいら

ケ　こそこそ　コ　そわそわ

問３　空欄Ⅰ～Ⅳに入る次の会話文の順番として最も適当なものを次から一つ選び、記号で答えなさい。

①　ブラック＝キャットで、投げてくれないか。

②　いっぺん、マウンドから、投げて見せてほしいんだ。

③　ピッチャーってことか。

④　あ？　テストするってえのか？

と、ガンちゃんが助《たす》けてくれた。

「へっ、おんぼろチームが、おれをテストするんだとよ。」

と、秀治はケンを見て、二人で ③ とわらった。

「テストってほどのことじゃないよ。まあ、始球式《しきゅうしき》っていうようなとこさ。」

と、洋太くんがキャッチャーミットをポンポンとたたきながらいった。

秀治は、そのようすをちらちら見てたけど、

「それで、テストに合格《ごうかく》したらよ、——ケンもいっしょでいいのか？」

じろりと、ぼくらを見まわした。

そんなこと、考《かんが》えてもみなかった。

ぼくらは、たがいに顔を見あわせて、ううんと、うなってしまった。

（不良は一人でたくさんだ。）

というような気持ちが、ちらちらしてた。

「だめかよ。」

と、秀治がすごんだ。

「おまえらも、やっぱり、※センテキやばばあといっしょだな。」

「やめてくれよう。」

ケンがくすぐったそうにわらった。

7「おれあ、いいよ。おれあ、チームの規律《きりつ》だとかなんだとか、かたっ苦《くる》しいのは、きらいなんだ。」

立《た》ちあがって、ドアのほうにいきかけた。

「なんだよ、帰《かえ》るのか。」

と、秀治も立ちあがった。

「よせよう、ヒデさん。」

と、ケンはいった。

「ヒデさんは、かってにやってくれよ。あんな球、コンクリートにぶっつけてるだけじゃ、もったいねえよ。おれあ、おれで、かってにやるんだから。」

秀治がとめるのをふりきって、ケンは黒《くろ》いサイクリング車《しゃ》でいってしまった。

秀治はまどからしばらく見送《みおく》っていたけど、

「おれも、やめだ。」

と、ふりかえっていった。

「テストまでされて、頭さげてよ、なにもおんぼろチームにはいることはねえもんな。」

ぼくらは、息をつめて、ちらっと顔を見あわせた。

「いいすぎだろ、秀治。」

ぼくはどなりつけてやりたいのをしんぼうして、低《ひく》くいった。しんぼうして、ブラック＝キャットを続けてきたガンちゃんの顔を、まともに見れなかった。

「いいなあ、才能《さいのう》のあるやつは。」

と、洋太くんも投げやりな口調《くちょう》になった。

（こんなにまでしてもだめなら、もう、しようがない。）

「いこうか。」

と、ぼくは立ちあがった。

「これで、まぼろしの剛速球もぱあか。」

洋太くんも、ちょっと残念《ざんねん》そうだったけど、ミットをたたきながら立ちあがった。

しばらく、一人でうんうんとうなずいていた。

2ぼくは、もう、なにもいわなくてもいいんだ、と思《おも》った。自分《じぶん》のことでもないのに、うれしかった。

「こんどは、マウンドから投げるのを見せてもらおうよ。」

と、弓削《ゆげ》くんがいった。

3「ぼくら、敬遠《けいえん》ばかりしてたもんね。優勝《ゆうしょう》するには、やっぱり、勝負《しょうぶ》かけなきゃね。」

弓削くんのことばが結論《けつろん》になった。

お昼《ひる》を食《た》べたあと、ぼくとガンちゃんと洋太くんの三人《にん》で、そのことをたのみに、秀治の家《いえ》にいった。

秀治は、ケンといっしょにグローブの手《て》入《い》れをしていた。

ぼくらがへやにはいっていくと、4そのグローブを、ベッドのすみにほうり投げてかくした。

「ほんとに、よくきてくれたねえ。」

と、お母《かあ》さんが、仕事中《しごとちゅう》だったのに、［　①　］あがってきて、すいかを切《き》ってすすめてくれた。

「さあ、どんどん食《た》べとくれよ。お友《とも》だち、こんなにきてくれたの何年《なんねん》ぶりかね。ねえ、ヒデちゃん。」

「しらねえよ。もう、いけよ。」

と、秀治はじろっとお母さんをにらんだ。

「ほんとに、もう、こうなんだから。」

と、お母さんはぼくを見て、

5「ゆっくりしてってくださいね。」

ガンちゃんと洋太くんに頭《あたま》をさげてでていった。

「くそばばあ！」

と、秀治はいって、すいかにかぶりついた。

「そんなこというなよ。」

と、ケンがちいさな声《こえ》でいった。

「だって、そうじゃねえか。おまえはしょっちゅう遊《あそ》びにきてんのによ、いっぺんでも、こんなものだされたこと、あるかよ！」

と、秀治がいった。最初《さいしょ》から、気まずいふんいきになってしまった。

ぼくらはだされたすいかを、6「うまいな。」とかなんとか、もごもごいって、食べ続《つづ》けた。下《した》の工場《こうば》の機械《きかい》の音《おと》が、かなりやかましくきこえてきて、へやは息《いき》がつまりそうなほど、むし暑《あつ》かった。

「用《よう》があるんなら、早《はや》くいえよ。」

と、やがて、秀治が［　②　］していった。

ぼくはあわてて、すいかにむせて、

「［　Ⅰ　］」

と、早口《はやくち》にいった。

みんなが、息をのんで秀治を見つめた。

「［　Ⅱ　］」

と、秀治がたしかめた。

「［　Ⅲ　］」

と、ぼくはことばをぼかした。

「［　Ⅳ　］」

「きみのボールは、あの返球《へんきゅう》しか見てないからね。ピッチャーとしてのボールを、ぜひ見せてもらいたいんだ。」

【国　語】〈五〇分〉〈満点：一〇〇点〉

【注意】○文字ははっきりと丁寧《ていねい》に書くこと。
○特に漢字の書き取りは、トメ・ハネにも注意すること。
○字数に制限がある問いに対しては、その指示をよく確認すること。

一　次の傍線《ぼうせん》部のカタカナを漢字に、漢字をひらがなに改めなさい。

1　危険なジタイとなった。
2　壊さぬようにサイシンの注意を払《はら》う。
3　コウセキをたたえる。
4　身を委ねる。
5　無駄《むだ》な殺生はしない。

二　次の文章を読んで、後の問いに答えなさい。

ぼくは小学五年生で、ブラック＝キャットという草野球《くさやきゅう》チームのキャプテンをしている。チームは強くないうえに、メンバーが減ってこのままでは野球を続けられなくなってしまう。

練習《れんしゅう》を中断《ちゅうだん》して、ぼくらは秀治《ひでじ》について話《はな》し合《あ》った。
「あの球《たま》が必要《ひつよう》なんだ。ブラック＝キャットには、あいつが必要なんだ。」
ぼくが熱《あつ》くなればなるほど、みんなはだまりこんだ。
〈不良《ふりょう》〉が、チームの中心《ちゅうしん》のピッチャーになるという、わりきれない気《き》持《も》ちと同時《どうじ》に、いま目《め》の前《まえ》で見《み》せつけられた剛速球《ごうそっきゅう》の実力《じつりょく》に、Aとまどっているのだった。
「だけど、ほんとに、ピッチャーとして使《つか》えるんですかねえ。」
と、ようやく誠《まこと》が口《くち》を開《ひら》いた。イレギュラーしたバウンドをあごに受《う》けて、顔《かお》がはれあがってる。
「それは、おれとガンちゃんとでたしかめるよ。——問題《もんだい》は、おれたちさ。おれたちが、あいつを、受け入《い》れるのかどうか、さ。」
一人一人《ひとりひとり》の表情《ひょうじょう》を、すばやくさぐった。
みんな、また、だまってしまった。
「とにかくさあ。」
と、洋太《ようた》くんがキャッチャーミットの中をのぞきこむようにして、
「すごい球だってことは、たしかだよ。」
こうだもんね、と秀治の投《な》げた球がとんできたようすを、身《み》ぶりでしめして、「ブーン、ドスッ！」と、みんなをわらわせた。
「あんな球、近《ちか》くから投げられたらどうしようって、ぶるっちゃうけどさ。でもさ、野球やってる気はするよな。——いまんとこ、1マスクもプロテクターも、かぜひいちゃってんだからね。」
「それは、いえる。」
と、岬《みさき》くんがいった。
「うん、それは、いえるよ。」
それで、だまったから、ぼくが口を開こうとしたら、岬くんは、ぱっとぼくの口をおさえて、
「投げるときさ、あいつ、しんけんな顔だったぜ。——うん、しんけんだった。」

たということ。

イ　ニンベンは漢字にあたるものなので、外国人には理解されなかったということ。

ウ　自働にあたる外国語がないので、外国に無理に合わせて社名を変更したということ。

エ　合理的な考え方をする外国で機械に人格を与えるということが受け入れられなかったということ。

問7　傍線6「本田宗一郎はこのように主張した」とありますが、その主張として適当でないものを次から一つ選び、記号で答えなさい。

ア　人間のやる仕事をロボットが代わってミスなく行う基本姿勢を大切にすること。

イ　人間の負担を楽にして、人間はより工夫した仕事ができるようにすること。

ウ　人間が人間らしく仕事をするためにロボットを使いこなすこと。

エ　人間が機械やロボットを使うのであって、使われることはあってはならないということ。

問8　この文章に出てくる、豊田佐吉と本田宗一郎の考え方の基《もと》になっているものは何ですか。本文中から十一字で抜き出しなさい。（句読点、カッコなども字数に数えて答えなさい。）

問9　本文に書かれている内容に合致《がっち》するものにはAを、そうでないものにはBを記しなさい。

ア　筆者が最初に体験したナット作りが良い結果を産んだのは、偶然《ぐうぜん》の産物に過ぎないが、あきらめずに挑戦することも大事だと筆者は主張している。

イ　多くの職人たちにとってニンベンをつける仕事とは、それぞれ仕事の要領を上げるための工夫をこらすということである。

ウ　豊田佐吉が機械にニンベンをつけておきたかったのは、発明したのが人間であることを忘れてほしくなかったからである。

エ　本田宗一郎は機械と人間の関係の逆転現象をいち早く予想し、働くものが主体性を持って納得できる仕事環境を作れるように配慮をした。

問10　本文を読んで、あなたがこれからの人生においてニンベンをつけるとしたら、どのようなものやことにニンベンをつけていきたいと考えますか。次の問いに答えなさい。

1　解答欄にあなたが考えるニンベンをつけてみたいと考える文字を記しなさい。

2　その文字にした理由を五十字以上で説明しなさい。（句読点、カッコなども字数に数えて答えなさい。）

のように書いている。

——量産工場のラインというものは、よほど考えて作らなければ、人間が機械に使われてしまうような職場になりかねない。（中略）働くものが納得できず、いやいやながら作り出すものに世界の水準をこえる良い製品ができるわけがないと考えていたからである。私自身が、一人の従業員となって生産ラインに立ったとき、おれは機械に使われているという思いがしたらたまらないだろう——

小さな町工場から出発して、世界のホンダを築いた本田宗一郎の、手が語ることばである。

機械にニンベンをつけて仕事をさせるのだから、自動ではなくて自働だと主張した豊田佐吉と、どんなにすぐれた機械であっても、人間が機械に使われてはならないと主張する本田宗一郎は、ともに人間こそが主人公であるという共通の考えにもとづいて、仕事をしてきたのである。

（小関智弘「ものづくりに生きる」岩波書店）

※ナット……ふつう六角で、ボルトと合わせて機械部品を結合するのに用いるもの。
※チャック……工具・加工物などを固定させる一種の回転万力。
※タップ……穴の内側に雌《め》ねじを切りこむ工具。
※心押台……旋盤のベッドの上を動く台。
※旋盤……材料を回転させながらこれに刃物をあてて切断・切削《せっさく》・穴開け・ねじ切りなどの加工をする機械。
※マンガ……正式な図面ではない、略図のこと。
※鍛冶場……金属を打ちきたえる場。
※コークス……石炭を高熱でむし焼きにして、揮発分《きはつぶん》を除いたもの。
※塩梅……ほどあい。つごう。

問１　空欄《くうらん》Ａ～Ｄの中に入る最も適当な語句を次からそれぞれ一つずつ選び、記号で答えなさい。

ア　まだるっこしい　　イ　わき目もふらずに作業をした
ウ　仕事の手を休めない　　エ　足音を忍《しの》ばせてやってくる

問２　傍線《ぼうせん》１「さかさまにしてはいけない、という法律でもあるのかい」とありますが、この台詞《せりふ》を聞いた時の筆者の気持ちを表した言葉として最も適当なものを次から一つ選び、記号で答えなさい。

ア　鬼《おに》の目にも涙　　イ　目から鱗《うろこ》が落ちる
ウ　二階から目薬　　エ　目の上のたんこぶ

問３　傍線２「現場の神様」とは、だれのことを指しますか。本文中から抜《ぬ》き出しなさい。

問４　傍線３「機械にニンベンをつける、というのがどういうことかを知った」とありますが、この時筆者は機械にニンベンをつけたことで、どのような結果を得ることができましたか。本文中から十二字で抜き出しなさい。（句読点、カッコなども字数に数えて答えなさい。）

問５　傍線４「自動ではなく自働だった」とありますが、どうして自働でなくてはならなかったのですか。解答欄《らん》にあてはまるように、本文中から三十字以上三十五字以内で抜き出し、最初と最後の五字を記しなさい。（句読点、カッコなども字数に数えて答えなさい。）

□□□□□～□□□□□から。

問６　傍線５「外国におもねること」とありますが、これはどういう意味ですか。最も適当なものを次から一つ選び、記号で答えなさい。

ア　外国には自働という考え方がなかったので、近い意味の自動にし

人や、ゆかたを染める職人も、それぞれの仕事のなかで、ニンベンをつける工夫をしているのを見てきた。

　最近では、ノーハウというカタカナ言葉がよく使われる。ノーハウは、技術情報とか技術的な知識、カンとコツのコツにあたる。コツは要領である。米語のknow-howは、若い人の間ではかなり日常語として使われるようになったが、わたしはノーハウとはニンベンをつけて仕事をすることだ、と思っている。

　車のトップメーカーであるトヨタ自動車の前身が、豊田自動織機という織物の機械メーカーだったことは、よく知られている。いまもトヨタ自動織機は、トヨタ系列の一翼《いちよく》を担う大会社である。創業者の豊田佐吉《とよださきち》（一八六七〜一九三〇年）は、豊田式木製動力織機の発明以来かずかずの自動織機を考案した人としてあまりにも名高い。

　その豊田自動織機の、もともとの名は豊田自働織機であった。4自動ではなく自働だった。ところが、その考案が多くの外国でも認められ、特許を取り、織機を輸出するようになると、自働という日本語にあたる外国語がない。自動（英語ではオートマチック）ならある。そこでやむを得ず社名を自動に変更《へんこう》した。そのことを豊田佐吉はとても残念がったそうである。

　あの発明王にすれば、機械はみずから動くのではなく、みずから働くのでなければならなかった。機械に人格を与《あた》えていたということである。機械にニンベンをつけておきたかったのである。

　なにも5外国におもねることはなかったのにと、わたしもちょっぴり残念な気がする。このエピソードは、わたしたちにいろいろなことを教えてくれる。精巧《せいこう》なロボットが考案されて、機械と人間の役割が逆転したかのように見える現在の工場を思うと、なおのことである。

　同じ自動車のメーカーとして知られるホンダの創立者本田宗一郎《そういちろう》（一九〇六〜一九九一年）は、自宅の一室を作業場にして、最後まで自分の手でモノを作り、作りながらさまざまな工夫を重ねた人として名高い。その本田宗一郎は『私の手が語る』（講談社、一九八二年）という本のなかで、次のように書いている。

　――わたしの手はそんなわたしがやってきたことのすべてを知っており、また語ってもくれる。私が話すことは、私の手が語ることなのだ――

　そういう人だったから、生産ラインにロボットを導入するときには、

――単に人間との置きかえをはかるといった考えはしないで、そのロボットを使うことによって人間のほうの肉体的負担を楽にして、そのぶん、より工夫のある仕事ができるようにすることが目的でなければならない。（中略）人が機械に使われる、機械にペースを合わせるというのでは、何のための仕事かということになる。人間がより人間らしく仕事をしてゆくためにロボットを使いこなすんだという、はっきりした思想がなくてはならない――

と書いて、どんなすぐれた機械もロボットも、人が使う道具であって、人が機械に使われるようなことがあってはならないことを強く主張した。

　一九八〇年は、日本のロボット元年といわれた。自動車をはじめとした大量生産工場では、ロボットが次つぎと導入され、工場はロボットが主人公で人間はその補助作業に追われはじめた。そんなときに、6本田宗一郎はこのように主張したのである。

　そして同じ本のなかで本田宗一郎は、機械と人間の関係について、次

に立った。

岸本さんという人は、いつも［Ｂ］。気がつくとうしろに立っている。油断も隙《すき》もない。現場で働く人はよくそういっていた。つい仕事ちゅうにおしゃべりをしてしまう女工さんたちには、とりわけそうだったらしい。そのころは、いまのような鉄板入りの重い安全靴《ぐつ》ではなくて、厚いゴム裏の草履《ぞうり》や、桐《きり》の板を並べて貼《は》り付けた板割草履《いたわり》だったから、よけいそう感じた。

「なあ、小関。［Ｃ］とは思わないか」

岸本さんは［Ｄ］わたしに、そう呼びかけた。

「なんとか、工夫してみようじゃないか」

そして岸本さんは、ズボンのポケットにはさんだ雑記帳《ざっきちょう》を、わたしの前に拡げた。そこには岸本さんが考案した、新しいネジ加工用の※マンガが書いてあった。

特製の、柄《え》の部分が長いタップで、六角のナットを一度に十個ずつネジを切ってしまうらしかった。びっくりしたのは、これまでナットをチャックにくわえて、旋回させてタップを通していたのに、マンガでは刃物《はもの》であるタップをチャックにくわえて加工するように書いてある。

わたしが逆なんてすねとたずねると、岸本さんは、

「1さかさまにしてはいけない、という法律でもあるのかい」

と笑った。

新しい仕事は特製のタップを作ることからはじまった。わたしは岸本さんに教わりながら、特殊《とくしゅ》な鋼にネジを切る。つまり六角のナットにしっくり合うようなボルト（雄《お》ネジ）を、旋盤で作る。そのボルトに刃をつければ、タップである。

※鍛冶場《かじば》に※コークスを焚《た》いて、燃えさかる火床《ほど》のなかで、鋼のボルトはしだいに赤くなり、やがて太陽のような色になるのを見計《みはか》らって、岸本さんが声をかけた。

「よし！　いまだ」

ボルトの先を、かたわらの油缶《あぶらかん》のなかに漬《つ》ける。最初はトンボが池にたまごを産みっけるときのように、チョンチョンと油をくぐらせ、あとはいっきにドボンと漬ける。先輩《せんぱい》職人たちの焼入れの手つきの真似である。

「なかなかいい手つきだ」

もくもくと油煙《ゆえん》のたちのぼる鍛冶場で、めったに笑顔を見せない岸本さんに、ほめられた。

こうして作業能率は十倍になった。

わたしが鼻歌まじりで、パイスケのなかにナットの山を築いていると、2現場の神様がぶらりとやってきて、こういった。

「機械にもニンベンをつけて仕事をするもんだ。どうだ、※塩梅《あんばい》よさそうだな」

3機械にニンベンをつける、というのがどういうことかを知った、わたしの最初の体験はそういうものだった。

（中略）

多少はものを書くようになって、たずねて歩いた大勢の職人たちからも、ニンベンという言葉を聞いた。たくさんの職人たちが、ニンベンをつけて仕事をするのを見てきた。

わたしのような鉄を削る仕事だけではない。鋳物《いもの》を吹《ふ》く仕事をする人たちも、木型《きがた》を作る人たちも、家を建てる大工さんも、屋根を葺《ふ》く瓦《かわら》職

不機嫌になっている。

エ　ぴーちゃんのためにがんばって餌を作ったので、その努力をエイコに認めてもらいたい。

オ　エイコにぴーちゃんを取られないよう、自分の役目をはっきりさせようとしている。

問8　傍線4「エイコはため息をついた。」の理由として最も適当なものを次から一つ選び、記号で答えなさい。

ア　ゴロウが自分よりもぴーちゃんをかわいがるので、悲しくなってしまったから。

イ　ゴロウがいい年の大人なのに小学生のような態度をとるのに驚いてしまったから。

ウ　自分に餌やりの順番が回ってきそうもないので、がっかりしてしまったから。

エ　ゴロウが実の息子よりもぴーちゃんを大切にする様子にあきれてしまったから。

オ　このままではゴロウにぴーちゃんを取られてしまう、と残念に思ったから。

問9　傍線7「やっぱりぴーちゃんがいちばん頭がよかった」とゴロウが言った理由として最も適当なものを次から一つ選び、記号で答えなさい。

ア　ぴーちゃんがしゃべれるようになるために、ゴロウとエイコがずっと言葉を教えてきていたから。

イ　同じセキセイインコでも、餌の与え方を工夫することで言葉の覚え方に差が出ることをゴロウが知っていたから。

ウ　自分たちがかわいがっているぴーちゃんを、特別な存在に思いたい気持ちがゴロウにあったから。

エ　息子達がセキセイインコに興味を持っていないことを、ゴロウとエイコは以前から見抜《ぬ》いていたから。

オ　ぴーちゃんがいつ言葉をしゃべれるようになるかと、ゴロウとエイコはずっと不安でいたから。

問10　傍線5でゴロウとエイコとぴーちゃんを「三人」と表現している理由を簡潔に説明しなさい。

問11　傍線6「まーちゃんとちーちゃん」とは何ですか。十字以上三十字以内で説明しなさい。（句読点、カッコなども字数に数えて答えなさい。）

三　次の文章を読んで、後の問いに答えなさい。

バスケットが訛《なま》ってパイスケになったといわれる、大きな籠《かご》に入った※ナットの山。わたしはそのひとつを指でつまみ、※チャックにくわえ、※タップのついた※心押台《しんおしだい》を押しつけ、タップに油をつけながら※旋盤《せんばん》を回転させ、タップが通ると逆回転させて心押台をもとにもどし、旋盤を止めて、ナットを取りはずす。どんなに急いだって、一個に一分はかかろうという仕事である。一時間、[A]ところで、もうひとつの空《から》のパイスケの底には、潮干狩《しおひが》りのあさりの一袋《ふくろ》ほどもたまらない。

　そんな仕事が一日二日と続くと、その仕事の単調さとそれゆえの気持ちのたるみに、こんどは工場の一日が限りなく長く感じられる。そして三日目あたりのことだった。工場長の岸本さんが、ふとわたしのうしろ

「オトウサン、［Ⅲ］」

（群よう子「セキセイインコのぴーちゃん」角川書店）

※嗉嚢……鳥類や昆虫などに見られる、餌を一時的に蓄えておく消化器官。

問１　空欄《くうらん》①～⑤に入る身体の一部を表す漢字一字として最も適当なものを次からそれぞれ選び、記号で答えなさい。

ア　頭　イ　目　ウ　鼻　エ　耳　オ　口
カ　頬《ほお》　キ　首　ク　肩　ケ　腰《こし》　コ　尻《じり》

問２　傍線《ぼうせん》２「舟を漕いでいるような状態」・３「そこそこに」の説明として最も適当なものを次からそれぞれ一つずつ選び、記号で答えなさい。

２　舟を漕いでいるような状態
ア　満腹でこれ以上食べられない状態。
イ　餌がおいしくて喜んでいる状態。
ウ　眠気をふりはらっている状態。
エ　餌を食べるのを嫌がっている状態。
オ　今にも眠ってしまいそうな状態。

３　そこそこに
ア　前の動作が終わっていないのに、次の動作に移ってしまうこと。
イ　十分ではないが、一応満足できる状態になっていること。
ウ　いろんな場所に興味や関心が分散してしまっていること。
エ　動作と動作の間に少しも間があいていない様子のこと。
オ　ある動作を、とても短い時間でしっかり終わらせること。

問３　空欄Ⅰに入る語句として最も適当なものを次から一つ選び、記号で答えなさい。

ア　水　イ　竿《さお》　ウ　天　エ　釘《くぎ》　オ　油

問４　空欄Ⅱに入る語句として最も適当なものを次から一つ選び、記号で答えなさい。

ア　一心同体《いっしんどうたい》　イ　同床異夢《どうしょういむ》　ウ　異口同音《いくどうおん》　エ　大同団結《だいどうだんけつ》
オ　付和雷同《ふわらいどう》

問５　空欄Ａ～Ｃに入る次の会話文の順番として最も適当なものを次から一つ選び、記号で答えなさい。

①「どうだ、ぴーちゃん。お腹すいてないか。ん？　お父さんが御飯をあげるよ」
②「さあ、ぴーちゃんはどうかなあ」
③「ん？　どうした？」

ア　①③②　イ　②①③　ウ　②③①　エ　③①②
オ　③②①

問６　空欄Ⅲには、ゴロウを悔《くや》しがらせる言葉が入ります。エイコの会話の中から最も適当な八字以内の語句をカタカナに直して記しなさい。

問７　傍線１「おれだってお湯をわかしたんだ」と言ったゴロウの気持ちの説明として最も適当なものを次から一つ選び、記号で答えなさい。

ア　たまには自分もぴーちゃんに餌をやってみたいので、エイコにお願いしている。
イ　自分も餌作りに協力したのでぴーちゃんに餌をやる権利がある、と言い張っている。
ウ　エイコに餌を作られてしまったので、ぴーちゃんにあげられず、

の口も同じようにぱくぱく動く。

「お父さん。ぴーちゃんと同じことをやってるわよ」

　エイコに笑われてもゴロウは、

「そうか。ぴーちゃんと Ⅱ だ」

などといいながら、目《め》 ⑤ を下げていた。

【中略】

日々、ぴーちゃんを夫婦で取り合って、二年が過ぎた。ある天気のいい日、5「三人」で日当たりのいい部屋でぼーっと庭を眺《なが》めていると、突然、

「ピーチャン、オハヨウ」

と声がした。夫婦ははっと顔を見合わせた。籠《かご》の中にいたぴーちゃんは、何度も首をかしげたり、止まり木を行ったり来たりしていたが、次は、

「オトウサン……」「オカアサーン」

と聞こえた。

「うわあ、ぴーちゃんが、ぴーちゃんがしゃべったああ」

夫婦ははいつくばって鳥籠をのぞき込んだ。

「よくできたねえ。もう一度、お話ししてごらん」

しばらくしてはっきりと、

「ピーチャン、オハヨウ」

といった。毎朝、いわれ続けているので、最初に覚えたらしい。夫婦は感激した。褒《ほ》められたほうのぴーちゃんも、言葉を学習したいらしく、夫婦の肩に乗っては、唇《くちびる》をつついて何かしゃべってと催促《さいそく》する。「こんにちは」「わたしはぴーちゃん」など、夫婦は何度も同じ言葉を繰《く》り返《かえ》した。ぴーちゃんは小首をかしげながら、嘴を上下に動かして、しゃべる練習をしているように見える。

　あまりの喜びに、ゴロウは息子の家に電話をして、6まーちゃんとちーちゃんはしゃべるかと聞いた。うちのはしゃべらないと、息子の妻から聞いた彼は、7やっぱりぴーちゃんがいちばん頭がよかったとうなずいた。たくさん言葉を覚えて、話ができるようになるといいのにと、エイコも暇《ひま》さえあれば、ぴーちゃんに話しかけた。「オカアサーン」はゴロウがエイコを呼んでいるのを覚えたらしく、そばにいるのに、遠くの自分を呼ばれているような雰囲気《ふんいき》で、エイコはいまひとつ不満だった。ゴロウは「オトウサン……」の後が、ぐちゅぐちゅと聞き取れないのが気になっていた。

「何をいおうとしてたんだろうね」

　エイコに聞いても、

「さあね」

とつれない。となるとぴーちゃんに聞くしかないので、彼は一生《いっしょう》懸命《けんめい》、

「『オトウサン』の後は何なのかな？　お話ししてちょうだい」

と語りかけていた。その三日後、ぐじゅぐじゅいいながら、ぴーちゃんは嘴をうごかしていた。

「ほら、いうぞ。何ていうんだろう」

夫婦はじっとぴーちゃんを見つめていた。そして次の瞬間《しゅんかん》、はっきりといい放った。

「いつも餌をやろうと思うと、お前がやっちゃっている。おれの出番がない」

と機嫌《きげん》が悪くなる。

「いちいちうるさいわねえ。お父さんが気がつかないのが悪いんじゃないの。ぴーちゃんに、むりやり食べさせているわけじゃないもの。お腹をすかせているからあげてるの。気をつけて見ていたらいいじゃない」

そういわれてからゴロウは、じーっとぴーちゃんの居場所のケースを、横目で見ていた。少しでも目を離すとチャンスを失うはめになるので、トイレに行くときには、

「ぴーちゃんに餌をやったら、許さないからな」

と [I] をさす。

「はい、わかってますよ」

エイコはぴーちゃんのケースをのぞき込みながら、まだ、お腹はすいてないみたいねとつぶやいた。

[A]

手を拭《ふ》くのも3そこそこに、ゴロウがやってきた。

[B]

いわれたぴーちゃんは、じーっとゴロウを見上げていたが、アピールはしなかった。

[C]

ゴロウが指を出した。するとぴーちゃんは、ぼわーっと大あくびである。

「そうか、お腹、すいてないか……」

がっくりと [④] を落として、ゴロウはソファに座った。それでも落ち着かないのか、十分おきにタオルをかけたケースをのぞいて、眠ろうとしているぴーちゃんの邪魔《じゃま》をしては、エイコに怒《おこ》られていた。

「お父さーん、ぴーちゃんがお腹をすかせてるわよ」

エイコが教えると、ゴロウはどこにいてもすっとんできた。高枝切り鋏《ばさみ》で庭木の枝を切っているときも、トイレや風呂《ふろ》に入っているときもである。すぐに用が済むわけではないから、

「ぴーちゃん、ちょっと待っててね」

といいながら、あわてている様子である。ドアの外でエイコは、

（あたしゃ、ぴーちゃんじゃないよ）

と腹の中でつぶやくしかない。

「ぴーちゃんが、待ってますよ」

と念を押すと、彼は、

「はーい」

と小学生のような返事をする。実の息子が幼かったときでさえ、あんなふうではなかったのにと、4エイコはため息をついた。

あたふたと出てきたゴロウは、

「ちょーだい、ちょーだい」

とアピールするぴーちゃんを見て、

「おお、そうかそうか。ぴーちゃん、お腹がすいたのねー。お父さんが今すぐあげまちゅからねー」

と満面の笑みである。よく見ると、ズボンの前が半開きになっていたり、襟足《えりあし》に泡《あわ》がついていたりする。そしてエイコが作っておいた餌を、スプーンでやっているときには、この世でこんなにうれしいことはないという表情になっている。ぴーちゃんが口をぱくぱくさせると、ゴロウ

【国　語】（五〇分）〈満点：一〇〇点〉

【注意】○文字ははっきりと丁寧《ていねい》に書くこと。
○特に漢字の書き取りは、トメ・ハネにも注意すること。
○字数に制限がある問いに対しては、その指示をよく確認すること。

一　次の傍線《ぼうせん》部のカタカナを漢字に、漢字をひらがなに改めなさい。

1　シュウトク物を警察に届ける。
2　窓にウツる顔。
3　善悪とはヒョウリ一体だ。
4　ライバルに一矢を報いる。
5　物事の是非について考える。

二　次の文章を読んで、後の問いに答えなさい。

> ゴロウとエイコの夫婦は、ゴロウの定年退職後刺激《しげき》のない日々を送っていたが、あるとき、孫のメグミがセキセイインコのぴーちゃんを夫婦へのプレゼントだと言って持ってきた。店で買った三羽のうちの一羽とのことだった。

ぴーちゃんは一日に五、六回、三、四時間おきに餌《えさ》を食べる。雛《ひな》のときはとにかく眠らせてやったほうがいいので、二人はケースをそーっとのぞきこんでは、ふわふわした雛が目をつぶって寝ているのを見て、

「本当にかわいいねえ」

と ① をゆるめた。ぴーちゃんが目を覚まし、頭の上に指を出してみると、お腹がすいているときは上を向いて、ぱくっと口を開く。すごーくお腹がすいているときは、大きな鳴き声で、

「ちょーだい、ちょーだい」

とアピールする。

「はい、わかりましたよ。ちょっと待っててね」

ゴロウとエイコは分担して餌を準備し、急いでケースの前に陣取《じんど》った。ふと見ると二人ともスプーンを手にしている。

「おれがやるから、お母さんはいいよ」

ゴロウは不満げに ② を尖《とが》らせているエイコを後目《しりめ》に、ぴーちゃんの口の中に餌を流し込んだ。ぐぐぐっと豪快《ごうかい》に呑《の》み込むと、時折、喉《のど》につまるのか、首を前後に動かして、また、嘴《くちばし》をぱくっと開けて、

「ちょーだい、ちょーだい」

をする。

「おーおー。おいちいか。お父さんが作ったからな、特別おいちいぞ」

ゴロウは ③ を細めてぴーちゃんに語りかける。

「お父さんが作ったなんて。それは私が作ったんじゃないの」

「1おれだってお湯をわかしたんだ」

エイコは自分の餌やりの順番を待っていたが、ぴーちゃんの胸のところの餌袋「※嗉嚢《そのう》」がもういっぱいになり、すでに2舟を漕《こ》いでいるような状態だったので、餌やりはあきらめるしかなかった。

少し腹が立ってきたエイコは、それからぴーちゃんがお腹をすかせているのを察知《さっち》すると、ゴロウに知らせずに一人で餌をやるようになった。とにかくぴーちゃんに餌をやりたいゴロウは、エイコが先にやったとわかると、

ア　ウソ　　イ　ホント

問２　空欄ｄ・ｆ・ｉ・ｋ・ｌ・ｍに入る最も適当な語句を次から選び、それぞれ記号で答えなさい。

ア　青　　イ　白　　ウ　黒

問３　空欄ｊ・ｏ・ｐ・ｑには次のどちらが入りますか。それぞれ記号で答えなさい。

ア　遠　　イ　近

問４　空欄ｃ・ｈ・ｒに入る最も適当な漢字一字をそれぞれ答えなさい。

問５　空欄ｎに入る最も適当な語句を次から一つ選び、記号で答えなさい。

ア　正直　　イ　愚《おろ》か　　ウ　幼稚《ようち》　　エ　強情《ごうじょう》　　オ　ウソつき

問６　空欄ｓに入る最も適当な二字の熟語を本文中から抜《ぬ》き出しなさい。

問７　空欄ｔに入る最も適当な語句を次から一つ選び、記号で答えなさい。

ア　人間　　イ　野生　　ウ　美学　　エ　科学　　オ　文学

問８　傍線１「動じない」・２「がんばる」・３「はげまして」の語句の意味として最も適当なものを次からそれぞれ一つずつ選び、記号で答えなさい。

１　ア　動かない　　イ　気にしない
　　ウ　感動しない　　エ　口をきかない

２　ア　努力する　　イ　言い張る
　　ウ　周りに説明する　　エ　泣き叫《さけ》ぶ

３　ア　強めて　　イ　和《やわ》らげて
　　ウ　落として　　エ　変えて

問９　傍線４「少年は富士山を知っている、知っていると思っている。」の表現に近い熟語を、Ⅰの文中から三字以上で抜き出しなさい。

問10　傍線５「多少うるさい感じ」を言い換《か》えた十字の表現を本文Ⅱの古歌より後の部分から、二つ抜き出しなさい。

問11　傍線６「山が山の形をしていることがわかる」とはどういうことですか。空欄にふさわしい漢字三字を本文中から抜き出し、次の文章を完成させなさい。

山の［　　　］が見えること。

問12　傍線７「お役所的」と反対の意味で使われている二字の熟語をⅡの文中から抜き出しなさい。

問13　傍線８「事情のわからぬ者が誤解するのはやむを得ない」とありますが、この場合の富士山に対する誤ったとらえ方を含んだ一文をⅡの文中から十五字以内で抜き出しなさい。（句読点は含みます。）

問14　少年がホンモノだと思っていたのは、どんな富士ですか。Ⅰの文中の語句を使って十字以内で答えなさい。

イコモスは柔軟《じゅうなん》なお役所であるようで、日本側の主張を容《い》れて再選考をして、富士山を世界遺産に認めた。

富士山はそれ自体が美しい。人々はぼんやりそう思っているが、山そのもの、山だけが美しいのではないことをなぜか考えない。

はなれて（　o　）くから眺《なが》めるとき、富士山はもっとも美しいのである。

三保松原はそういう条件を満たしているから、古来《こらい》、三保松原が富士の一部のようになっているのである。8事情のわからぬ者が誤解《ごかい》するのはやむを得《え》ない。

（　p　）くより眺むればこそ白妙《しろたえ》の富士も富士なり※筑波嶺《つくばね》もまた

という古歌《こか》は、美を認めるには距離《きょり》が必要であることがわかっていたことを示すものである。

つまり、麗峰《れいほう》は、はなれて見たときのものであり、山そのものが美しいのとはすこし違うのである。

そうかといってひどく（　q　）くからでは、美しいことがわからない。適当に遠くにあるとき、山だけでなくすべてが美しくなるのは、おもしろい自然の摂理《せつり》なのであろうか。

※従僕《じゅうぼく》に英雄《えいゆう》なし

というのは西欧《せいおう》で生まれたことばらしいが、やはり距離の美学をあらわしている。

世の中でりっぱな人物であると評されていても、その身のまわりで世話をしている従僕には、[r]点の多いただの人のように見える。間近の名山が美しくないのに通じるところがある。

こまかい目障《めざわ》りなものの見えない距離からすると、遠山が青くかすんで美しいのと同じように美しくなる。

近接《きんせつ》すると、おもしろくないところがあらわになり、好ましいと思われない。そういうところが、目に入らないくらいはなれると、ものは色を変えて、醜《みにく》いところがかすんで、美しく見える。

富士山のふもと、一合目《いちごうめ》や二合目《にごうめ》からでは山頂を見ることもできない。全体が目に入るには、はっきりした[s]が必要である。

間近な富士山を認めず、〝ウソの富士だ〟と叫んだ少年も、[t]的にすぐれていたのである。

（外山滋比古「『マコトよりウソ』の法則」さくら舎）

※豁然……視界が大きく開けるさま。
※醜悪……見た目がみにくいこと。
※遊離……他のものと離れて存在すること。
※なまじ……中途半端《ちゅうとはんぱ》に。
※稜線……山の峰《みね》から峰へと続く線。尾根《おね》。
※諮問機関……官庁等から要請《ようせい》を受けて意見を述べる所。
※三保松原……静岡県静岡市三保半島にある景勝地。
※筑波嶺……茨城県にある筑波山の古名。
※従僕……召使い。

問１　空欄ａ・ｂ・ｅ・ｇには次のどちらが入りますか。それぞれ記号で答えなさい。

いま、バスから見えるのは巨大な（　f　）のかたまりである。むしろ。※醜悪《しゅうあく》である。（　g　）の富士山であるに決まっている。

写真で富士山を知っているのが仇《あだ》になって、ホンモノの富士山を否定する、というのは、この少年だけのことではない。先入観があると本当のことが見えなくなってしまうのは、人間の宿命のようなものかもしれない。

知識《ちしき》の豊富《ほうふ》な人間が、間違《まちが》った考えに迷いこむのは、先入観に［　h　］をくらまされているからである。知らなければいいのである。

実際《じっさい》から※遊離《ゆうり》した知識は色メガネのようなもので、実際を見るのに、ときとして、妨《さまた》げになる。

先の少年にしても、※なまじ富士山の写真を見たことがなければ、言われるままに（　i　）い山を富士山だと認めたであろう。先入観があったから、ホンモノを認めることができなかったのである。

一般に、ものの形、姿などは、見るものの距離によって変化する。（　j　）いものほどよくわかるけれども、[5]多少うるさい感じである。山にしても、ふもとに立って山頂を見ると、全体像は見えないで、間《ま》近《ちか》のものが全体を見るのを邪魔《じゃま》する。

すこしはなれて見ると、[6]山が山の形をしていることがわかる。細かいところはわからないが、ふもとにいてはわからなかった※稜線《りょうせん》がはっきりする。

その代わり、いくらか色が変わる。青々していた木々も、黒っぽくかすむように思われる。

さらに遠くから望むと、色は（　k　）くなり、こまかいところはその（　l　）に吸い込まれるのであろうか、美しく（　m　）くかすむのである。

バスの少年の知っていた富士は、この青くかすむ富士だったのである。遠景の富士山だった。間近に望まれる黒いかたまりと同一の山であると認めることはできない。［　n　］なのである。

Ⅱ 世界遺産《せかいいさん》ということがいわれるようになってから、まだそれほどたっていない。日本はむしろ、遅《おく》れていたようである。

しかし日本の歴史的価値のある、土地、建物などをよく保存し、外国の人を呼び寄せようという考えが急速に高まっている。

白川郷《しらかわごう》や日光、小笠原諸島《おがさわらしょとう》などのあとで、遅ればせに世界遺産に登録《とうろく》された富士山。日本一の名山《めいざん》である。当然、すんなり登録されると思っていたところ、意外にもそうはならず、日本人を驚《おどろ》かせた。

世界遺産の審査《しんさ》をするのは、ユネスコ（国連教育科学文化機関）の※諮問機関《しもんきかん》、イコモス（国際記念物遺跡《いせき》会議）である。

イコモスは、富士山だけなら適格《てきかく》であるが、何十キロも離れた※三保《みほの》松原《まつばら》を「富士山の構成資産《こうせいしさん》」にふくめているのはおかしい、対象から除《じょ》外《がい》せよと言ってきたのである。

いかにも[7]お役所的である。文化とか歴史のわからないお役所のすることである。不当である。

富士山を世界遺産にしようという人たちは、イコモスの判断に服《ふく》さなかった。

富士山の価値は、富士山だけでなく周辺をふくめている。ことに三保松原からの富士がもっとも美しい。それを除外することはできないと主張した。

ウ　ずれた観点からコメントすることで、かえって悪い結果を招くこと。

エ　ずれた観点からコメントすることで、自分の願望をさりげなく伝えること。

問７　空欄Ｂ～Ｅの中に入る最も適当なものを次からそれぞれ一つずつ選び、記号で答えなさい。

ア　男たるもの、いちいち細かいことにコメントしない

イ　変化に気づかない

ウ　できるだけいいコメントをしようと思う

エ　男性は必ずコメントを言わなければならない責任がある

問８　本文に書かれている内容に合致《がっち》するものにはＡを、そうでないものにはＢを記しなさい。

ア　コメントを求められた時には、自分の意見を相手に余すことなく伝える必要がある。

イ　コメントを求められた者の責任として、随時《ずいじ》加筆訂正《ていせい》をすることが求められている。

ウ　コメントは、相手の理解を助けるとともに、印象に残るものがよい。

エ　コメント力を磨くためには、必ず何か言うように心がけることが重要だ。

問９　この文章の筆者の主張を踏《ふ》まえたうえで、次の文章に出てくるＡ君について、どのようなコメントをすればよいですか。先生の立場に立って五十字以内で自由にコメントしなさい。（句読点、カッコなども字数に数えて答えなさい。）

> 昨日までは、掃除《そうじ》をしないでおしゃべりばかりしていたＡ君でしたが、先生に注意されたことをきっかけに、今日は率先《そっせん》してぞうきんがけや机運びまでも手伝うようになりました。

三　次の文章を読んで、後の問いに答えなさい。

Ⅰ　バスがいかにものんびりと走っていた。富士五湖《ふじごこ》の近くらしい。あるところに来ると木立《こだち》が切れて、豁然《かつぜん》とした風景になった。右手に黒いかたまりが見える。

小学生をつれている母親らしい人が、

「ほら、富士山よ」

と教えた。こどもは、

「ちがう、あんなの富士山じゃない！」

と叫《さけ》ぶ。

まわりを気にしたのであろう、母親が、

「富士山ですよ」

と声をつよめたが、こどもは１動じない。

「あんなの、（　ａ　）の富士山だ！」

と２がんばる。聞いていて笑いをもらした人もあったらしい。母親はいくらか声を３はげまして、

「（　ｂ　）の富士山ですよ、いやな子ね、この子……」

と言って、［ｃ］をつぐんだ。

４少年は富士山を知っている、知っていると思っている。（　ｄ　）くかすんだ遠景の富士である。それが（　ｅ　）の富士山だ。

いね」と言うのは考えものだ。「この髪型は半年前からずっとこうなのよ。今日は口紅を変えてきたのに」と言われたら、これはもう5やぶへびになる。コメントをするには、変化や違いについて敏感《びんかん》にならなければならない。

つまり「コメント力」という言葉を意識することによって、現実を見る目が繊細《せんさい》になってくるが、その繊細さは、とくに違いについて敏感になる必要がある。逆に言えば以前とは何が違うのか、その違いを指摘《してき》するだけでコメントになる。コメントは比較《ひかく》して違いを言うことが一番簡単である。

（齋藤　孝「コメント力『できる人』はここがちがう」筑摩書房）

※　レスポンス……反応。返答。

※　端的な……てっとり早い様子。わかりやすい様子。

問1　傍線1「コメントという言葉に対する勘違い」とは、どういうことですか。解答欄《らん》にあてはまるように①は八字で、②は九字で本文中からそれぞれ抜《ぬ》き出しなさい。

コメントとは、本来映画鑑賞などに対する［①　八字］であるべきなのだが、［②　九字］と扱《あつか》われてしまっていること。

問2　傍線2「解説者やコメンテーター」にはどのようなコメントが求められていますか。本文中から十四字で抜き出しなさい。（句読点、カッコなども字数に数えて答えなさい。）

問3　空欄《くうらん》Aに入る四字熟語として最も適当なものを次から一つ選び、記号で答えなさい。

ア　無我夢中　イ　用意周到《しゅうとう》　ウ　付和雷同《らいどう》　エ　当意即妙《そくみょう》

問4　傍線3「コメントは流れに杭を打つようなもの」とは、どういうことですか。最も適当なものを次から一つ選び、記号で答えなさい。

ア　相手が気分よく話せるように建設的で効果的なコメントをすることで、対話をつくりあげていくようにすること。

イ　対話の中で相手が忘れないように注意事項《じこう》を繰《く》り返しコメントすることで、相手が忘れないようになるということ。

ウ　順調に流れている対話にあえて否定的なコメントをすることで、相手にも考え直すきっかけを与えることができるということ。

エ　ベストなタイミングで優れた内容のコメントをすることによって、相手の記憶に残すことができるということ。

問5　傍線4「面白いコメントを言う人のところには人が集まってくる」理由として最も適当なものを次から一つ選び、記号で答えなさい。

ア　コメントによってその場での対話が盛り上がり、楽しい時間を過ごすことができるから。

イ　人と違う観点からの鋭いコメントにひきつけられ、自分にも新たな気づきが生まれるから。

ウ　その鋭いコメントを直接聞くことで、自分自身のコメント力を磨《みが》こうとするから。

エ　自分のコメントにアドバイスしてもらうことで、評価してもらいたいと願うから。

問6　傍線5「やぶへびになる」の意味として最も適当なものを次から一つ選び、記号で答えなさい。

ア　ずれた観点からコメントすることで、相手が何をほめてもらいたいのか探ること。

イ　ずれた観点からコメントすることで、相手の誤りに気づかせるということ。

トの持つ意味は薄れてしまう。

その点では[3]コメントは、流れに杭《くい》を打つようなものとも言える。対話はどんどん流れていくものだが、流れていってしまったときに、その時間は楽しかったが、いったい何が残ったのかよくわからないというのが日常の会話だ。

もしもそのとき、「あの言葉、なかなか印象的だったね」というものを、効果的にそのタイミングで残しておくことができれば、たとえ自分の名前は忘れられてもコメントだけは生き残っていく。この人と会って何か得たという印象を、コメントによっていつまでも相手の記憶《きおく》の中に刻んでおくことができるのだ。

周りを見回してみても、この人はいつもみんなとちょっと違《ちが》ったことを言うな、という人がいれば、意見を聞いてみたくなる。同じ映画を見に行っても、みんなと見る視点が違い、角度のある切り口のコメントをする人がいれば、「ああ、そういう見方もあるのか」と新しい視点が見えてくる。

つまり社会生活においても、私生活においても、オリジナリティのある「コメント力《りょく》」はかなり重要だということがわかる。価値がある解説やコメントは、物事や事象に対して新鮮《しんせん》な見方を示してくれるのだ。

会社でのディスカッションはもちろん、友達同士がしゃべっているときでも、[4]面白いコメントを言う人のところには人が集まってくる。「コメント力」は人間的な魅力《みりょく》の大きな部分を占めると言ってよい。

コメントをしっかり言おうと心がけていると、世の中を見る目が変わってくる。ただぼおっと見過ごしてしまうようなことでも、[　B　]と物をしっかり観察するようになるだろう。※端的《たんてき》な例でいうと、女性とデートする場合がそれに当たる。会ったときに、女性の外見が変化していれば、[　C　]。だから、その人のヘアスタイルなり、ファッションなり、見落としがないようにすみずみまでチェックするようになる。

しかし、悲しいかな、日本の男性の中には気がついていても口に出さない人がいる。これはコメントをする体質になっていない人である。[　D　]という戦前の男の体質をそのまま受け継いでしまっているのだ。

だが、今の女性でそれを喜ぶ人はほとんどいないだろう。男性のために、ヘアスタイルなり、ファッションなりにお金をかけ、かつ若干《じゃっかん》の不安を抱《いだ》きながら変えているのだから、一番努力したその部分に何かひと言がほしいわけだ。それなのに、何も言わないということは、コメントの責任を放棄《ほうき》していることになる。

さらに悪いのは、そもそも[　E　]男がいることである。私もどちらかというとそのタイプなのだが、そういう人は何でもいいので必ずコメントする習慣をつければいいのだ（と親切な友人がアドバイスしてくれた）。

デートのときに女性の服装やヘアスタイルについて、必ず何か言うように心がける。服のデザインが今一つだ、と思っても、色をほめるとか、とにかく何でもいいから何かを見つけてほめるのだ。そうすることで、それがなければ見落としてしまうようなことにまで気づくようになる。これが「コメント力」の大きな効果だろう。

もっとも、ヘアスタイルがずっと変わっていないのに「その髪型《かみがた》、い

【国　語】〈五〇分〉〈満点：一〇〇点〉

【注意】○文字ははっきりと丁寧《ていねい》に書くこと。
○特に漢字の書き取りは、トメ・ハネにも注意すること。
○字数に制限がある問いに対しては、その指示をよく確認すること。

一　次の傍線《ぼうせん》部のカタカナを漢字に、漢字をひらがなに改めなさい。

1　問題の解決をハカる。　2　内容をケントウする。
3　ケッパクを証明する。　4　思わず顔を背ける。
5　優しい気性の先生だ。

二　次の文章を読んで、後の問いに答えなさい。

私たちが陥《おちい》りやすいあやまりに、1コメントという言葉に対する勘違《かんちが》いがある。通常、対話のあらゆる発言をコメントと言ってしまう傾向《けいこう》がある。しかし、ここで言うコメントとは、相手が話したことや映画、演劇、音楽を鑑賞《かんしょう》したあとや、事件などがあったあと、それに対してひと言、ふた言言う切れ味のいい発言のことを指す。

たとえばスポーツの解説者が「今のプレイはいかがでしたか」と聞かれたときに、ポンとひと言言う短い発言がコメントで、あまり長いものはコメントとは言わない。「質問力」でいえば、ズバリと本質をつく具体的な質問がコメントになる。

テレビのスポーツ中継《ちゅうけい》やワイドショーでもそうだが、2解説者やコメンテーターと言われる人々は、あるプレイや事件について、適当なひと言を言っていく役割を果している。そのとき視聴者《しちょうしゃ》が求めているのは、そのプレイや事件がどういうものなのかを整理して言ってもらうことだ。

生の素材をそのまま投げ出されても、視聴者はどうしていいかわからない。しかしそれを整理してもらい、ひじょうに気の利いたコメントをしてくれると、新しい見方もできるし、ある程度妥当《だとう》なことを言ってもらうと「ああ、そりゃそうだよな」と納得する。コメントとは認識や経験を確認するための補助である。つまりある事柄《ことがら》に対して、それをまとめるための結晶《けっしょう》化作用としての言葉である。

したがって、コメントを求められたら、自分の思想を延々と語るのではなく、「それはどういうものか」という問いに答える整理された言葉を言わなければならない。長々と説明するよりは、ひと言で「なるほど」と思わせるような、見方が鋭《するど》い、本質をついた言葉を発する必要がある。

つまりコメントとは短いことが重要だ。原稿《げんこう》用紙４００字というのはもうコメントとは言わない。ダラダラ話すのではなく、ひと言、ふた言言った言葉が相手にしっかり入っていくのがコメントだろう。

また、コメントはその内容ももちろんだが、タイミングもひじょうに重要だ。急なタイミングで聞かれたときに、［　A　］に答えるというその※レスポンスがコメントにとっては生命線だ。テレビや電話やインターネットがなく、情報網《じょうほうもう》がそれほど発達していない頃《ころ》は、瞬時《しゅんじ》にレスポンスを返さなくても、時間をもらって調べあげて、解説すればそれでよかった。だが今は即時《そくじ》性、即応性が求められている。

時間がたってから「あのとき言い忘れたのですが、これはこうです」と言ったところで、たとえその内容がどんなに素晴らしくても、コメン

オ　子ども好きの性格が思わず顔を出したためだ。

問５　空欄Ｄに入るものとして最も適当なものを次から一つ選び、記号で答えなさい。

ア　子どもらしくない態度《たいど》に自分の方が年上だということをすっかり忘れて、腹を立ててしまっていたのだ。

イ　子ども相手だからと気が緩《ゆる》み、自分がマニュアル通りに振る舞《ま》っていなかったことにあらためて気づかされたのだ。

ウ　小さいこどもだと思って油断《ゆだん》していたところに思いもよらない返答をされ、思わず気おくれしてしまったのだ。

エ　相手が子どもだからといってオーダーをとるのを知らず知らず後回《あとまわ》しにしていたことを反省したのだ。

オ　こんな小さい子がひとりでかわいそうという、こっちの安っぽい同情を見透《みす》かされたような気がしたのだ。

問６　空欄Ｅに入るものとして最も適当なものを次から一つ選び、記号で答えなさい。

ア　苦笑した。

イ　ほっとした。

ウ　ぞっとした。

エ　いらだった。

オ　くらくらした。

問７　傍線３「この子は必死で自分の今を生きている」とありますが、姉ちゃんは男の子のどのような様子を見てそのように感じたのですか。解答欄にあうように自分で考えて十字以内で説明しなさい。

男の子がクリスマスイブの夜、ファミレスで［十字以内］様子。

問８　本文中には自問自答している箇所《かしょ》があります。その箇所の終わり三字を答えなさい。（句読点、カッコなどの記号も字数に数えて答えなさい。）

問９　本文中には次の一文が入ります。その箇所の直前の五字を抜き出しなさい。（句読点、カッコなどの記号も字数に数えて答えなさい。）

「お姉ちゃん、サンタさん？」

問10　傍線５「ハッとわれにかえった」とありますが、姉ちゃんはすぐにあることに気がつきました。どのようなことですか。自分で考えて四十字以内で説明しなさい。

［G］元をすくわれた気がした。

この子はきっと、自分のところにはサンタはこないんじゃないかと疑っているのだ。そして、ひょっとしたらサンタのかっこうをした、このお姉ちゃんがプレゼントを持ってきてくれるんじゃないかと、かすかに希望をつないでいるのだ。

不安をにじませつつも真剣なその子の表情に4気《け》おされた姉ちゃんは、思わず、

「はい」

と答えてしまった。

「やったあ」

ぴょんぴょん飛びはねながら店をでるその子を見送ってから、姉ちゃんは、5ハッとわれにかえった。

――どうしよう。

激《はげ》しく後悔《こうかい》した。

（八束澄子《やつかすみこ》「オレたちの明日に向かって」ポプラ社）

※堪能……十分に満足すること。

※厳命……厳しく命ずること。

※天使の輪……光沢《こうたく》・艶《つや》のある頭髪に出来る光の反射による輪のようなもの。

※忙殺……非常に忙しいこと。

※キッズミール……レストランなどの子ども向けのセットメニュー。キッズセット。

問1　傍線《ぼうせん》1「瞬間湯沸かし器みたいに沸騰して玄関に走った」に含まれる表現法として適当なものを次から一つ選び、記号で答えなさい。

ア　直喩《ちょくゆ》（明喩《めいゆ》）　イ　隠喩《いんゆ》（暗喩《あんゆ》）　ウ　倒置法《とうちほう》

エ　仮定法《かていほう》　オ　反復法《はんぷくほう》

問2　傍線2「いぶかりつつ」4「気《け》おされた」の意味として最も適当なものを次からそれぞれ一つずつ選び、記号で答えなさい。

2「いぶかりつつ」

ア　面倒《めんどう》くさいと思いながら

イ　不安な気持ちをおさえながら

ウ　心配そうな様子を見せながら

エ　不審《ふしん》に思いながら

オ　不満を口にしながら

4「気おされた」

ア　納得《なっとく》させられた

イ　背中を押された

ウ　圧倒《あっとう》された

エ　困惑《こんわく》させられた

オ　同情させられた

問3　空欄《くうらん》BCFGには体の一部を表す漢字が当てはまります。それぞれ答えなさい。（同じ漢字を二度使ってはいけません。漢字で書くことができない場合は平仮名でもかまいません。）

問4　空欄Aに入るものとして最も適当なものを次から一つ選び、記号で答えなさい。

ア　ただでさえ忙《いそが》しいのに子どもに対応してなどいられないと思ったのだ。

イ　ファミレスでバイトをはじめたばかりで慣れていなかったのだ。

ウ　心細い思いをさせてしまったと胸が痛《いた》んだのだ。

エ　早く仕事を終えて帰宅しようと思っていたのだ。

やさしく問うと、男の子は不機嫌《ふきげん》そうにメニューの※キッズミールを指さした。いっしょにのぞくふりをしながら、[B]元でたずねた。

「お父さんか、お母さんは？」

「おしごと」

[C]を怒《いか》らせたその子は、「それがどした」といいたげに、キッと姉ちゃんをにらんだ。その目の強さに、

「ドリンクはセルフになっておりますので、ご自由にお取りください」

早口でいいおいてさがりながら、姉ちゃんはものすごく動揺《どうよう》してしまった。[D]そんなものを寄せつけない強さが男の子の目にはあった。

それから以後は、その子のことが気になって気になって、しかたがなかった。キッズミールのおまけのはいったバスケットを持って、ふたたび男の子の席にいった。

「どうぞお好きなのをお取りください」

バスケットをさしだすと、その子はいかにもうれしそうに迷った末、青いミニカーを選んだ。その子どもっぽいしぐさに、思わず[E]

そのうち、シートでつながった隣《となり》のテーブルに、四歳《さい》くらいの男の子を連れたお父さんが入店し、いつのまにかその男の子とふたりでミニカーで遊びはじめた。やっぱりひとりで退屈《たいくつ》してたのだろう。

そんないじらしい男の子のようすを横[F]でうかがっているうち、なぜか突然《とつぜん》、姉ちゃんの胸にものすごく熱い感情がこみあげてきた。仕事中にもかかわらず涙ぐみそうになった。

——ああ、生きるって、せつない。どんなに小さくても、どんなに弱っちくても、生きる切実さは、おとなも子どもも平等だ。3この子は必死で自分の今を生きている。

そして、気がついた。

——ああ、うちはあまったれてた。友だち関係がうまくいかない？　それがどした！　オカンが口うるさい？　それがどした！　うちは、この子ほど真剣に毎日を生きていたか？

恥《は》ずかしくてたまらなくなった。

そのうち、「バイバーイ」と手をふって、楽しげに父子《おやこ》連《づ》れが帰り、続いてその男の子がレジカウンターの前に立った。

「ありがとうございます。四百九十九円です」

姉ちゃんがいうと、男の子は伸《の》びあがるようにして、小さな手ににぎりしめていた五百円玉をカウンターにおいた。硬貨《こうか》はその子の体温で、すっかりあたたかくなっていた。

そのまま立ち去るかと思ったら、男の子はきらきらした瞳《ひとみ》で姉ちゃんを見あげて、突然聞いたんだそうだ。

「へっ？」

そういえば、イブのその日は制服のかわりにサンタの赤い衣装を身に着けていた。

「違う、違う」とふりかけた手をいそいでおろした。

今日はクリスマスイブだ。せめて、この子の夢をこわしたくない。

「そうだよ」

にっこり笑って見せると、男の子は突然、思いがけないことをいった。

「仮面ライダーの変身ベルトをください。お願いします」

めに対し親身になって対応したり、カウンセラーの設置をすすめたりしたからである。

三　次の文章を読んで、後の問いに答えなさい。

おれが小学生のころ、中学生だった姉ちゃんはばりっばりの反抗期《はんこうき》だった。

日夜オカンとバトルをくりひろげていて、そのころのオカンの興味関心の95パーセント以上は姉ちゃんにいっていたから、おかげでおれはのびのびした小学生生活を※堪能《たんのう》することができた。その点では、おれは姉ちゃんに感謝している。

その姉ちゃんが、ひと晩でひとが変わったようになったのは、高校生になってファミレスでバイトをはじめて間もないころだった。

クリスマスイブの夜だった。「クリスマスぐらいは残業《ざんぎょう》しないで早く帰ってよ」と、オカンから※厳命《げんめい》されていたオトウもいて、姉ちゃんこそぬけていたけど、ケーキを真ん中にめずらしく家族チックな夜だった。

そこに、目を真っ赤に泣きはらした姉ちゃんがバイト先から帰ってきた。

「ど、どした！」

缶《かん》ビールひとつで真っ赤になっていたオトウの顔が、さっと青ざめた。

「どこのどいつや！」

いつも暗い夜道をひとりで自転車で帰ってくる姉ちゃんを心配していたオトウは、1瞬間《しゅんかん》湯《ゆ》沸《わ》かし器《き》みたいに沸騰《ふっとう》して玄関に走った。

「ち、ちがうよ！」

食卓《しょくたく》につっぷした姉ちゃんの頭の※天使の輪が、電灯《でんとう》の明かりにふるふるゆれていた。その光景をなぜかおれは、いまでもくっきりと覚えている。

洟《はな》をかんだり、涙をふいたりで、しょっちゅう中断される姉ちゃんの話はわかりづらかった。

夜の八時過ぎ、イブを祝うカップルや家族連れでにぎわう店内に、小さな男の子がひとりではいってきた。年は幼稚園《ようちえん》の年長さんくらい。あとから誰《だれ》かおとながくるかとうかがったが、誰もはいってくる気配はない。外はそうとう冷えこんでいるというのに、薄手《うすで》のトレーナー一枚だ。

「こちらのお席にどうぞ」

2いぶかりつつ禁煙席《きんえんせき》の一番奥に案内した。

その後、気にはなったものの、あちこちのテーブルから鳴る呼びだし音に※忙殺《ぼうさつ》された姉ちゃんは、いつのまにか男の子の存在を忘れかけていた。すると、

ピンポーン

ひときわ高い呼びだし音が鳴ってかけつけると、その子が待ちくたびれたようすで、長いすにポツンとすわっていた。その姿はいっそう小さく見えた。

「あー、遅《おそ》くなってごめんね」

マニュアルを忘れてつい素《す》の言葉がでた。 A

「なににいたしますか」

エ　自分たちが〈いじめ〉について、いくら大人たちに助けを求めても、一向に改善されない現実に対して、不満とあきらめの気持ちを抱《いだ》いているから。

問５　傍線３「こんな減り方は、原因になるものを一つ一つ減らして得られたものではない。」とありますが、この減り方の原因を筆者はどのように考えていますか。解答欄に当てはまるように、本文中から二十二字で探し、最初と最後の五字を抜き出しなさい。

問６　傍線４「合点が行った」とありますが、この言葉と似た意味を持つ慣用句として最も適当なものを次から一つ選び、記号で答えなさい。

ア　膝《ひざ》を打つ　　イ　膝を折る

ウ　膝が笑う　　エ　膝をまじえる

問７　傍線５「学校は、その努力をしていないように見える」とありますが、それはなぜですか。次の中から適当でないものを次から一つ選び、記号で答えなさい。

ア　〈いじめ〉は最後にはなくなってもらわなければならないと考えているから。

イ　学校教育の本分は、〈いじめ〉をも解決させるものだという、思いいれがあるから。

ウ　学校は〈いじめ〉をする生徒のせいにして、何の対応もしてくれないから。

エ　学校での〈いじめ〉がまだなくなっていないから。

問８　傍線６「ぼくの対応」とありますが、これについて次の問いに答えなさい。

１　文部省がこれまで出してきた対策はどのようなものでしたか。本文中の言葉を使って、二十五字以内で答えなさい。（句読点、カッコなども字数に数えて答えなさい。）

２　「ぼくの対応」として最も適当なものを次から一つ選び、記号で答えなさい。

ア　深刻な〈いじめ〉を壊滅《かいめつ》させるまで戦うことを、社会に対してアピールしていくこと。

イ　〈いじめ〉をなくすための法改正を行い、〈いじめ〉を抑止《よくし》する効果を高めていくこと。

ウ　〈いじめ〉は許しておいてはならないものだという考えを一人ひとりが持ち続けること。

エ　一つ一つの〈いじめ〉の事例を丁寧《ていねい》に検証し、それぞれに対応していくこと。

問９　本文に書かれている内容・表現と合っているものには○を、間違っているものには×を答えなさい。

ア　文部省発表の統計によれば、それぞれの学校や自治体の努力によっていじめは激減してきており、作者は大きな進歩ではないかと思っている。

イ　わかりやすい具体例やエピソードを会話形式で取り入れるという、読み手が共感・納得しやすい工夫がなされている。

ウ　〈いじめ〉がまだなくなっていないことが問題なのであって、本質的な解決に至っていない数字の増減だけにだまされてはいけない。

エ　〈いじめ〉の数が減ってきたのは、各学校がそれぞれのいじ

「同じ学校の二つの〈いじめ〉だって、それぞれに処方せんを書かねばならないだろう」

「ええ、当然です。それなのに、〈いじめ〉の対策として通達を出すだけだった。一つ一つのケースのきちんとした研究報告も出してこなかった。こう先生はいいたいのですね」

ぼくはそうだ、と答えた。

「なるほど」

「これまで、文部省は通達を出すだけだった。カウンセラーを雇《やと》え、くらいの助言はしたかな」

（なだ　いなだ「いじめを考える」岩波書店）

※この数字……一五万五千件あった〈いじめ〉が翌年に五万件に減り、それがさらに次の年に三万件に減ったという統計による。

※文部省　……現在の文部科学省にあたる。

問１　傍線１「真っ赤な嘘が、善意の人によって信じられる」とは、どういうことですか。最も適当なものを次から一つ選び、記号で答えなさい。

ア　統計上では、深刻な〈いじめ〉が増えているのにも関わらず、「減っている」と文部省がごまかしているということ。

イ　数字上では、〈いじめ〉はどんどん減っているにも関わらず、「増えている」と嘘の情報をメディアが流しているということ。

ウ　〈いじめ〉が増えていると騒いでいる人自体が、そもそも存在していないのに、さもいるかのように情報操作をしているということ。

エ　〈いじめ〉があること自体が許せないため、まだいじめが問題になっているのは増えているからではないかと思いこんでしまっているということ。

問２　空欄《くうらん》Ⅰ〜Ⅲに入る語句として最も適当なものを次から一つずつ選び、記号で答えなさい。

ア　〈いじめ〉は減っていく　　イ　〈いじめ〉は増えていく

ウ　〈いじめ〉をする　　エ　〈いじめ〉などしなくなる

問３　空欄Ａ〜Ｄにあてはまる文の組み合わせとして最も適当なものを次から一つ選び、記号で答えなさい。

①山田君は少し首をかしげていた。

②山田君はうんうんとうなずきながら聞いていた。

③山田君は首を横にふっていった。

④あたりまえじゃないか、という顔を山田君はした。

ア　Ａ③　Ｂ④　Ｃ①　Ｄ②　　イ　Ａ①　Ｂ③　Ｃ②　Ｄ④

ウ　Ａ②　Ｂ③　Ｃ①　Ｄ④　　エ　Ａ②　Ｂ①　Ｃ④　Ｄ③

問４　傍線２「無気力状態が子どもを支配していく」とありますが、子どもたちはなぜ無気力状態になってしまうのですか。最も適当なものを次から一つ選び、記号で答えなさい。

ア　全国で起こっている〈いじめ〉による事件に胸を痛めてしまい、他のことが全く手につかなくなってしまうから。

イ　学校側が〈いじめ〉による事件が起こらないようにするために、自分たちのことを厳しく徹底《てってい》管理してくるから。

ウ　〈いじめ〉が全国で減少したという結果だけが取り上げられ、今自分たちの身近で起こっている深刻な〈いじめ〉については解決されないから。

「ぼくたちは、〈いじめ〉を、人間が許しておいてはならないものと考える。だから、まだあるのか、まだなくならないのか、といらだつのだね。その気持ちが、学校や、現在の教育のあり方に向けられる。その不満が〈いじめ〉は増えていると、間違って信じさせてしまった、と考えるのだけれど」

「なんだか意外な方向へ連れてこられたような感じがしますが、そうなんでしょうね」

C

ぼくたちは山道を歩きだした。森の匂《にお》いがぼくたちを包んでくれた。気持ちがなんとなく落ちつく。

「じゃあ、現実を見すえて、いったい〈いじめ〉には、どう対応したらいいんですか」

これからは現実なるものを見せたあなたの責任だ、という口ぶりで、山田君はいった。

「分かった。じゃあ、[6]ぼくの対応を提案するよ。その前に、日本にたくさんある学校は、けっして同じ条件にないことを認めてくれよ」

「ええ、認めますよ」

「大都会の学校もあり、山の分校のようなところもある」

「ええ、あります」

「〈いじめ〉にも犯罪的なものから、よりふつうの日常的な心理的なものまである」

「ええ、あります」

D

「ところが、これまで出された〈いじめ〉対策・〈いじめ〉への処方せんは、日本全国共通だった」

ぼくがそういうと、山田君は「えっ」と聞きなおした。

「文部省は全国の学校に同じように通達を出していたんじゃないかね」

「そうです」

山田君はうなずいた。

「ところでぼくは、医者をやっている。治療《ちりょう》は一人ひとり診察《しんさつ》したうえでだ。たとえば同じ風邪《かぜ》の患者《かんじゃ》でも、同じ薬をのませればいいというわけじゃない。薬にアレルギーのある者もいるし、はじまりの風邪も、慢性《まんせい》になりかけた風邪もある」

「分かります。それぞれ治療が違うんでしょう」

「もし、ぼくが風邪引きの代表を診察し、その人間にいい薬だからと、同じものを他の何十人に出す。同じ人間じゃないか。それに同じ風邪だろ。これをのみなさい。ぼくがそういったら、患者さんたちは怒《おこ》らないかね」

「そりゃあ、怒ります。感冒《かぜ》ぐすりを自分でのんでいるようなものです。だったら医者はいらない。ふざけるな、一人ひとり、診察しろ、と迫《せま》るでしょう」

「そうだよね。では、たくさんある学校の〈いじめ〉に、同じ処方せんを出すことは」

「おかしいですね。一人代表を診察して、全員に同じ薬を出すのと同じです」

山田くんはなるほど、という顔をした。

もし同じような事件が起きたら、とびくびくする。そして、ただひたすら事件が起きなければいいと、規則を厳しくし、監視《かんし》の目を光らせる」

［　A　］

「そして、事件は起きないが、いっぽうで2無気力状態が子どもを支配していくってことですね」

それが文部省※の〈いじめ〉減少の数字の物語るものだとぼくは考える。もし、この数字を一応信じるとする。一五万五千件あった〈いじめ〉が翌年に五万件に減り、それがさらに次の年に三万件に減る。3こんな減り方は、原因になるものを一つ一つ減らして得られたものではない。けっして自然なものではない。減るなら、なだらかに減っていくものだ。

ぼくたちは顔を見合わせた。

「ぼくが数字を見せると、ぼくが〈だから騒ぐことはない〉といっているように誤解されそうだ。でも考えてもらいたいんだ。テレビは〈いじめ〉が増えているから問題だと騒ぐけど、じゃあ、減っているんだったら問題じゃない。そういえるだろうか」

［　B　］

「いいえ、まだなくなっていない、と問題にするべきなんです。今、そのことに気がつきましたよ。〈いじめ〉というのは、本来あってはならないものなんです。だから、なくそうと努力してきた。でも、まだなくならないので、ぼくたちはいらいらしている。そう考えたほうがいいでしょう」

ぼくは質問した。

「じゃあ、減ってきたのはなぜだろう」

「先生は、理論的には、未熟なものほど、〈いじめ〉をするといわれましたね。それなら、誰《だれ》でも子どものころ、未熟なころ［Ⅰ］。だが、成長すると、［Ⅱ］。だから、［Ⅲ］。そういう図式が考えられるんじゃないですか」

「そうだといいのだがね。そして、それでもまだ、しつこく残っているのは」

「なかなか、精神的に成長できない者がいるからです。その人が、〈いじめ〉を続ける。だとすると、それは一種のこころの病気のようなものですね。それだから、ある程度まで減っても、それからが、なかなか減らないんですねえ」

山田君は4合点《がてん》が行ったといいたそうな顔をした。

「その通りだ。世の中の犯罪だって同じことだ。一つもあって欲しくはない。犠牲《ぎせい》になった者の家族はそう思うだろう。だが、一般《いっぱん》の犯罪に関するかぎり、完全になくすことはできないことを納得する。でも〈いじめ〉は減った、というだけでは納得できない。減ってきたことは確かなんだ。じゃあ、それなら、なぜ問題にするかだね。

人権という点から考えると、それは最後には、なくなってもらわなければならないことだからという点もある。それ以上に学校に対する思いいれがある。学校がこういう不幸はなくしてくれる、教育はそのためのものだ、という思いいれがね。ところが、ぼくたちの前にある5学校は、その努力をしていないように見えるのだ」

「ええ、見えますねえ」

【国　語】〈五〇分〉〈満点：一〇〇点〉

【注意】○文字ははっきりと丁寧《ていねい》に書くこと。
○特に漢字の書き取りは、トメ・ハネにも注意すること。
○字数に制限がある問いに対しては、その指示をよく確認すること。

一　次の傍線部《ぼうせんぶ》のカタカナを漢字に、漢字を平仮名に改めなさい。

1　友人と言葉をカわす。
2　先生からご意見をウケタマワる。
3　その本は子どもをタイショウとした本だ。
4　気になったらその都度確認する。
5　お客様のご所望のカタログをお持ちしました。

二　次の文章は、精神科医である筆者と、いじめを受けたことのある高校生、山田君との対話の場面です。よく読んで、後の問いに答えなさい。（設問の都合上、一部省略しています。）

団地の中は、ほんとうに人通りが少ない。老人の町といった感じだ。子どもの道路遊びも減った。そうしたことを考えながら、ぼくはいった。

「ディズレイリという英国の政治家は〈嘘《うそ》には三つある。大きな嘘と、真っ赤な嘘と、数字だ〉といったそうだ。数字というのは騙《だま》すことがあるのは確かだけど、※この数字は嘘ではないと思うよ。となると、深刻な〈いじめ〉が増えていると騒《さわ》いでいるほうが、真っ赤な嘘ということになるんじゃないかね」

「ええ、そういう可能性がありますね」

「では、なぜ、1真っ赤な嘘が、善意の人によって信じられるのだろう」

「どうしてでしょう。ぼくも信じていたわけだけど」

ぼくは自分の考えをいった。

「〈いじめ〉はあって欲しくない。一つだって、あって欲しくない。そう思っているからだ。〈いじめ〉を何とかなくそう、そう思っている人には、減っているといっても、それでもまだ、我慢《がまん》がならないほど多い。だから、まだまだこんなに多いのは増えているせいではないか、そう思うのじゃないかな……」

「かもしれません」

「それは、どういう人たちかな」

「もちろん、自分の子どもがいじめられている親や、いじめられている本人でしょう。その人たちにとって、統計的に減った、確率が低い、などという事実は、なぐさめにならないですものね」

「ことに〈いじめ〉にあって自殺した子どもの親は、その思いが強いだろうね。自殺に追いこんだ〈いじめ〉を犯罪として取りあげることができないから、なおさらだ。

しかし、ここが問題なんだ。それが、現実を間違《まちが》って見せてしまうこともある。被害者《ひがいしゃ》の家族がそう思うのは自然だし、無理もない。だけど、テレビはその家族の視点だけに立ってしまう。そしてテレビに促《うなが》されて出てくる対策は、どうしても、数字だけ減らすように無理に抑《おさ》え込むものになるんだ。

全国の学校に圧力がかかり、先生や校長さんたちは、自分の学校に

解答用紙集

○月×日　△曜日　天気（合格日和）

◆ご利用のみなさまへ
＊解答用紙の公表を行っていない学校につきましては、弊社の責任において、解答用紙を制作いたしました。
＊編集上の理由により一部縮小掲載した解答用紙がございます。
＊編集上の理由により一部実物と異なる形式の解答用紙がございます。

人間の最も偉大な力とは、その一番の弱点を克服したところから生まれてくるものである。――カール・ヒルティ――

東京学参株式会社

城北埼玉中学校(特待)　2024年度

◇算数◇

※ 152％に拡大していただくと，解答欄は実物大になります。

1

(1)	(2)

(3)	(4)
時速　　km	頭

(5) ①	(5) ②
cm^2	cm

(6) ア	(6) イ
度	度

(7)
cm^2

2

(1)	(2)	(3)
分後	分速　　m	m

3

(1)	(2)	(3)
cm^2	cm^2	cm^2

4

(1)	(2)
cm^3	cm

(3)
FP : PJ
:

5

(1)

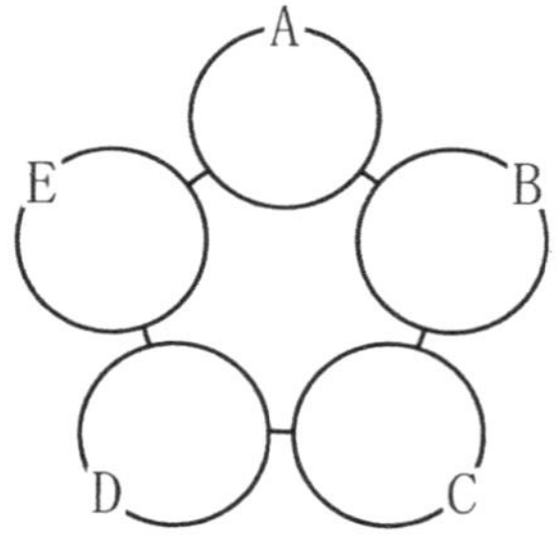

(2)

(3)
倍

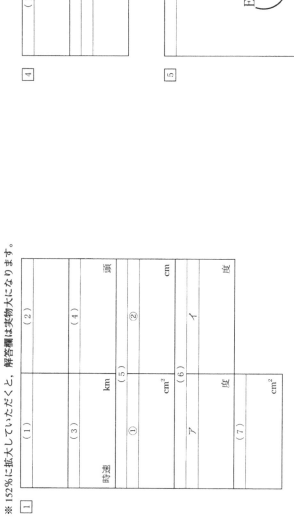

城北埼玉中学校(特待)　2024年度

◇理科◇

※ 125%に拡大していただくと，解答欄は実物大になります。

1

問1	(1)　　g	(2)　　cm
問2	(1)　　g	(2)　　cm
問3	(1)　　g	(2)　　cm
問4	(1)　　g	(2)　　cm

2

問1	
問2	g
問3	g
問4	%
問5	g
問6	g

3

問1	
問2	
問3	
問4	
問5	

問6	①	②	③	④

4

問1		
問2	ア	イ
問3		
問4		
問5		
問6		
問7		

城北埼玉中学校(第１回)　2024年度

◇算数◇

※ 152%に拡大していただくと，解答欄は実物大になります。

1

(1)	(2)	(3)
		m

(4)

(5)	(6)	(7)
個	cm^2	度

(8)
cm

2

(1)	(2)	(3)
	cm	秒後

3

(1) ①	(1) ②
通り	通り

(2)
通り

4

(1)	(2)	(3)
番目		

5

(1)	(2)	(3)
cm^2	cm^2	cm^2

城北埼玉中学校(第１回)　2024年度

◇理科◇

※ 132％に拡大していただくと，解答欄は実物大になります。

1

問１ mL　問２　問３ mL

問４　問５ mL　問６

2

問１　問２ (1)　(2)

問３ g　問４ g　問５ g

3

問１　問２ (1)　(2)

問３

問４ (1)　(2)　問５

4

問１　問２　問３

問４　問５　問６

城北埼玉中学校（第１回）　2024年度　　◇社会◇

※ 139%に拡大していただくと，解答欄は実物大になります。

1

問1	1	2	3	4
	5	6	7	8

問2	(1)	(2)	(3)

問3	

問4	

問5	

問6	

問7	(1)	(2)

問8	

問9	

問10	→ → →

問11	

問12	

問13	

問14	

問15	

問16	

問17	(1)	(2)

問18	(1)	(2)

問19	

問20	

問21	

問22	

城北埼玉中学校(第1回)　2024年度

◇国語◇

※ 143%に拡大していただくと，解答欄は実物大になります。

一

1

2

3

4

5

6　か

7

二

問1　20　ように仕付けてくれていたと思っている。

問2

問3

問4　ア　イ　ウ　エ

問5

問6

問7

問8　人間が　25　と解釈している。

問9

問10

問11

三

問1　Ⅰ　Ⅱ　Ⅲ　Ⅳ

問2　a　b　c　d

問3　気持ち。

問4

問5

問6

問7

問8　こと。

問9　80　50

問10　ア　イ　ウ　エ　オ

城北埼玉中学校(特待)　2023年度

◇算数◇

※ 154％に拡大していただくと，解答欄は実物大になります。

1

(1)			

(2)			
ア	イ	ウ	エ

(3)	(4)	(5)
日間	円	

(6)	(7)	(8)
通り	度	cm^2

2

(1)	(2)	(3)
円	倍	

3

(1)	(3)
	cm

(2)

図 1

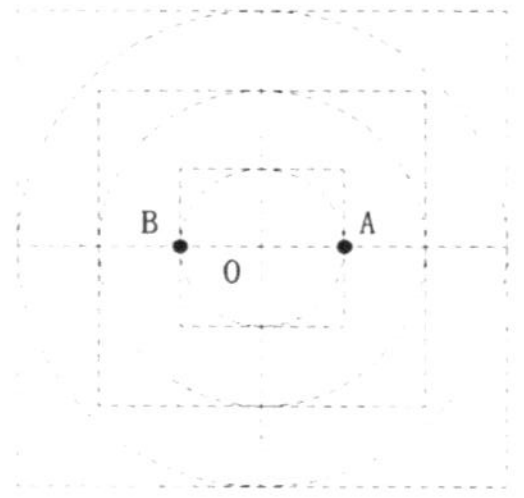

4

(1)	(2)	(3)
cm^2	cm^2	cm^2

5

(1)		
ア	イ	ウ

(3)	(4)
エ	
	通り

(2)

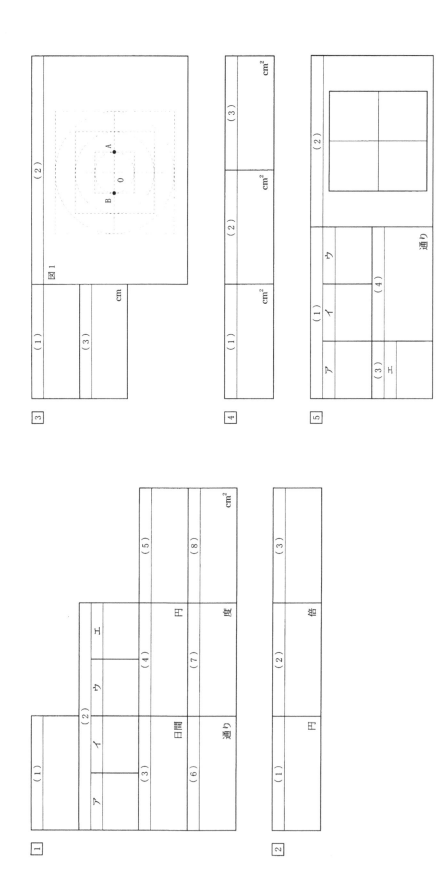

城北埼玉中学校(特待)　2023年度

◇理科◇

※ 125%に拡大していただくと，解答欄は実物大になります。

1

問1 g　問2 g　問3

問4 g　問5 cm　問6 %

問7	比重		姿勢	

2

問1　問2

問3 g　問4 g

問5 g　問6

3

問1	(1)	(2)

問2

問3 %　問4　問5 %

問6 g / L　問7

4

問1	①	②	③

問2	①	②

問3　問4

城北埼玉中学校(第１回)　2023年度

◇算数◇

※ 152％に拡大していただくと，解答欄は実物大になります。

1

(1) ①	(1) ②	
(2)	(3)	(4)
	g	通り
(5)	(6)	(7)
円	個	度
(8)	(9)	
cm	cm	
(10) ア	(10) イ	

2

(1)	(2)	(3)
m	分　秒	分　秒後

3

(1)	(2)
cm	cm^2
(3) BG : GF	
:	

4

(1)	(2)	(3)
cm^3	個	cm^3

城北埼玉中学校(第1回)　2023年度

◇理科◇

※132%に拡大していただくと，解答欄は実物大になります。

1

問1　問2　問3

問4　問5

2

問1　問2

問3　cm^3　問4　cm^3　g

問5　色　問6　cm^3　g

3

問1　問2　問3

問4

問5　①　②　③

問6　cm^3

4

問1　問2

問3　問4　問5

城北埼玉中学校(第１回)　2023年度　◇社会◇

※ 141％に拡大していただくと，解答欄は実物大になります。

1

問1	1	2	3	4
	5	6	7	8

問2	

問3	

問4	（1）	（2）

問5	

問6	（1）	（2）

問7	

問8	→ → →

問9	

問10	（1）	（2）

問11	（1）	（2）

問12	

問13	

問14	

問15	

問16	

問17	

問18	（1）	（2）

問19	

問20	

問21	（1）	（2）

問22	

城北埼玉中学校（第１回）　2023年度

◇国語◇

※ 145％に拡大していただくと，解答欄は実物大になります。

一

①　む

②

③　めた

④

⑤

二

問1　A　B　C

問2　X　Y

問3

問4　2　4

問5

問6

問7

問8

問9

三

問1　a　b　c　d

問2

問3　あ　い　う　え

問4　今、このようなロボットに高い関心が寄せられているのは、　〜　から。

問5

問6

問7

問8

	50			80			

問9

問10　ア　イ　ウ　エ　オ

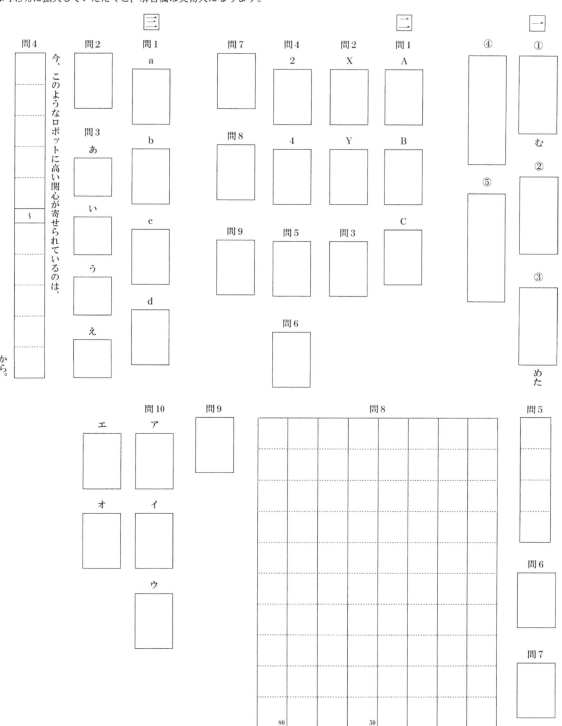

城北埼玉中学校(第１回)　2022年度

◇算数◇

※ 154％に拡大していただくと，解答欄は実物大になります。

1

(1)	(2)
	分

(3)	
①	②
	個

(4)	
2 教科とも 80 点以上	国語が 80 点以上
人	人

(5)	
ア	イ
度	度

(6)	
(記号)	(理由)

2

(1)	(2)	(3)
時　分	毎時　km	km

3

(1)	(2)	(3)
cm^2	cm^2	cm^3

4

(1)	(2)	(3)
通り	通り	通り

5

(1)	(2)
AH : HI	
:	cm^2
(3)	(4)
OC : CP	
:	cm^2

城北埼玉中学校(第１回)　2022年度

◇理科◇

※ 133％に拡大していただくと，解答欄は実物大になります。

1

問１　度　問２

問３　秒　問４　問５

2

問１　問２

問３（１）　（２）

問４　物質Ｄ　物質Ｆ　問５

3

問１　問２　問３

問４　問５　問６　①　②

4

問１　問２　記号

問３　問４　問５

問６　問７

城北埼玉中学校(第１回)　2022年度

◇社会◇

※ 149%に拡大していただくと，解答欄は実物大になります。

1

問１	1	2	3	4
	5	6	7	8

問２	

問３	

問４	(1)	(2)

問５	(1)	(2)
	市	

問６	

問７	(1)	(2)

問８	

問９	県

問10	

問11	

問12	

問13	

問14	(1)	(2)

問15	

問16	(1)	(2)

問17	(1)	(2)

問18	

問19	

問20	

問21	

問22	(1)	(2)

城北埼玉中学校（第１回）　2022年度

◇国語◇

※ 149％に拡大していただくと，解答欄は実物大になります。

一

1

2

3 べ

4

5 り

二

問１

問２

問３

問４

問５

① 〜

② 〜

問６

問７

問８

問９

が

に嘘をつく。

問10

三

問１

問２

問３

問４

問５

〜

問６

問７

〜

ということ。

問８

問９

問10

問11

問12

問13

問14

50

60

70

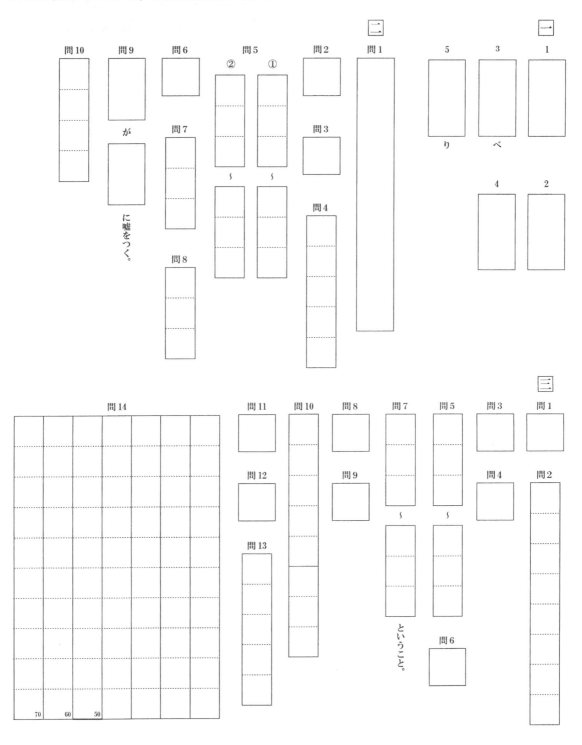

〈ダウンロードコンテンツについて〉

本問題集のダウンロードコンテンツ、弊社ホームページで配信しております。現在ご利用いただけるのは「2025年度受験用」に対応したもので、**2025年3月末日**までダウンロード可能です。弊社ホームページにアクセスの上、ご利用ください。
※配信期間が終了いたしますと、ご利用いただけませんのでご了承ください。

中学別入試過去問題シリーズ

城北埼玉中学校　2025年度

ISBN978-4-8141-3229-4

[発行所] 東京学参株式会社
〒153-0043　東京都目黒区東山2-6-4

書籍の内容についてのお問い合わせは右のQRコードから　⇒

※書籍の内容についてのお電話でのお問い合わせ、本書の内容を超えたご質問には対応できませんのでご了承ください。

2024年4月17日　初版